特攻セズ

美濃部正の生涯

克彦
suhiko Sakai

方丈社

「上級司令部の作戦計画、作戦指導に計画性なく、概ね場当たり式に終始し、ために下級司令部に作戦及び用兵の適正を期する余裕を与えず。（中略）新兵器、新戦法に対する熱意極めて欠如しありて大東亜戦争中何ら見るべきものなし。しかるに敵は作戦において常に創意工夫を凝らし、且つ戦訓を機敏に取り入れ、斬新なる戦備、戦法等を以て極めて合理的に我を圧倒せり。これ我が軍として最も反省自戒すべき所なり」

――1945（昭和20）年9月20日「敗戦に関する戦訓所見」海軍佐世保鎮守府司令部

目次

第7章　翻弄される指揮官

第8章　芙蓉部隊発進せよ

第9章　最後の決戦秘密基地

凡例
①引用した資料は原則として常用漢字と平仮名で表記し、適宜句読点を付した。
②引用資料中の年月日のほか、艦隊や航空隊の番号は全て洋数字で表記した。

［序章］

特攻作戦と美濃部少佐

敗色が濃厚となった太平洋戦争末期、海軍上層部が推し進める無謀な体当たり攻撃「特攻」を公然と拒み、通常戦法による米軍襲撃を終戦まで貫いた航空部隊があった。夜間攻撃を専門とする「芙蓉《ふよう》部隊」である。整備員らも合わせ総勢1000人もの隊員を統率したのは、美濃部正《ただし》という29歳の少佐だった。

海軍の「神風特別攻撃隊」に代表される航空特攻は、爆弾を抱えた飛行機を搭乗員もろとも敵艦に突入させる究極の戦法である。1944（昭和19）年10月にフィリピン・レイテ沖海戦で開始されて以降、拡大の一途をたどり、特攻隊員として散った若者は陸海軍合わせて4000人近くに上った。「九死に一生」どころか、生還できる可能性がない「十死零生」の自爆攻撃のため、特攻要員の選抜は表向き「志願」の形を取っていたが、後期の実態は「志願という名の強制」に等しかったといわれている。

特に沖縄戦が近づいた頃からは、各地の部隊を丸ごと特攻隊として編成し、訓練も行き届かない若年搭乗員や鈍速の練習機まで駆り出して出撃させる非情の命令が乱発された。特攻はもはや特別な攻撃ではなくなり、一種のルーティンと化していった。技術力と物量を誇る米軍相手の作戦立案に行き詰まった海軍上層部は、防空壕の奥からやみくもに特攻命令を下す以外、手も足も出なくなったからである。

ところが、一介の前線指揮官にすぎない美濃部は、航空特攻作戦の生みの親とされる大西瀧《たき》治郎《じろう》中将を相手に特攻の非効率性を指摘したばかりか、沖縄戦での全機特攻方針が示された作戦会議の場で、並み居る幕僚や上官を前に真っ向から異議を唱え、夜間攻撃の有効性を主張した。そして、過酷な訓練と新兵器の採用、綿密な戦術と基地の秘匿でそれを実証してみせたのである。

特攻編制から除外された経緯を、美濃部は「奇跡に近い」と振り返っているが、死を回避するかのような言動を異端視し、「一億総特攻」「一億玉砕」といった空虚で無責任な精神論が幅を利かせていた当時の日本に、正攻法で戦う信念を曲げず、合理的思考と創意工夫で限界に挑んだ軍人がいたこと自体、まさに奇跡と言うほかない。

芙蓉部隊は、海軍の戦闘804、812、901の3飛行隊によって1945（昭和20）年1月から3月にかけて静岡県藤枝基地で編成された夜間戦闘機（夜戦）部隊の総称で、基地から仰ぎ見る富士山の別名（芙蓉峰）にちなんで美濃部が自ら名付けたものである。人員や機材の消耗で航空部隊の編制替えが頻繁に行われた大戦末期、これら3飛行隊の位置付けも曲折をたどり、最終的には千葉県香取基地の第131海軍航空隊（131空）に所属した。

海軍には当時、虎部隊、豹《ひょう》部隊、嵐部隊、龍部隊といった、いかにも勇ましそうな異名を持つ航空隊があった。芙蓉部隊はそれとは対照的で、軍隊のイメージからは程遠い。

芙蓉はもともとハスの花の美称である。一般的には、木に咲くモクフヨウを指す。朝咲いて夕方にはしぼむ一日花で、淡いピンクの花びらは、いかにもはかない。修羅場を前にした危急の時に、ことさら闘志をひけらかすことをせず、気高いほどの美しさを形容する言葉を部隊名に採った点にも、並みの軍人にはない美濃部独特の感性がうかがえる。

単なるニックネーム、それも自称にすぎなかった芙蓉部隊という風変わりな名前は、やがて活躍ぶりが存在感を発揮し始めると、むしろこれが本来の呼び名であるかのように海軍の公的文書でも用いられ、一種の独立部隊として扱われるようになった。美濃部自身も131空の飛行長（司令、副長に次ぐナンバー3）という書類上の立場を離れ、部隊の錬成から作戦、補給、兵力移動に至るまで、この異色の集団を統括する事実上の司令とみなされるようになった。

元隊員らが編んだ部隊史によると、発足時点で複座（2人乗り）の艦上爆撃機「彗星《すいせい》」60機、単座（1人乗り）の戦闘機「零戦（ゼロ戦）」25機を保有。米軍の沖縄進攻に伴い、部隊の主力は藤枝を出て鹿児島県の鹿屋《かのや》基地、さらには秘密基地である岩川《いわがわ》基地に移動し、終戦までに出撃回数81回、出撃機数は延べ781機に上った。沖縄が米軍の手に落ちた後も最前線の南九州に踏みとどまり、しかも常時40機を超す可動機を維持して出撃を繰り返した航空部隊は他にない。

部隊史に記録された戦果は「戦艦、巡洋艦、大型輸送船各1隻を撃破、沖縄の米軍飛行場大火災6回（うち1回は伊江島飛行場に揚陸された艦載機600機の大半を焼く）、空母群発見6回、撃墜2機」。一方で47機が未帰還となり、戦死搭乗員は76人に達した。この中には、戦闘中の被弾などで帰投を諦め、あるいは出撃前からの決意に従い、体当たりによる自爆を敢行した隊員も含まれている。

オーストラリア人ジャーナリストのデニス・ウォーナーらが1982（昭和57）年に日米両国で出版し、大きな反響を呼んだ「THE SACRED WARRIORS（神聖なる戦士たち）」（邦題「ドキュメント神風　特攻作戦の全貌」＝妹尾作太男訳）で、美濃部は「特攻に反対した指揮官」として描かれ、日本だけでなく海外でも、太平洋戦史に関心を持つ人々の間にその名が知れわたった。

もっとも、特攻作戦から除かれた航空部隊は芙蓉部隊だけではない。特攻への疑問や批判を口にした指揮官は美濃部の他にもいた。本土防衛のため最新鋭の迎撃用局地戦闘機「紫電改」が集中配備された愛媛県松山基地の第343海軍航空隊（343空、通称「剣《つるぎ》部隊」）がその一つである。飛行長の志賀淑雄少佐（旧姓四元）は海軍兵学校で美濃部の2期先輩に当たり、開戦時のハワイ真珠湾攻撃でオアフ島空襲の隊長を務めるなど、歴戦の精鋭パイロットの一人として勇名をはせていた。

終戦の2カ月ほど前、既に343空が鹿児島の最前線から長崎県大村基地に移っていた頃にあった司令の源田実《みのる》大佐とのやりとりを、1979（昭和54）年7月に放映されたNHK特集「紫電改　最後の戦闘機」の中で志賀本人が次のように語っている。

「ある日、源田司令が鹿屋の司令部から帰ってきまして、『飛行長、特攻出せって言ってきたよ』と私に言われたもんですから、『誰が言いましたか』と。『うん…』と。行きましょ。その代わり、私が一番先に行きます。それから、隊長と兵学校出を全部やってください。予備士官はやっちゃいけません。優秀な人間を出せばいいですよ。必ず戦果は上がります。その代わり司令、あなたは最後に行って、それで終わり。ただし、もう一つ条件があります。その参謀ね、『特攻やる特攻やる』って、どういうものか。私の後ろに乗っけるから、最初に来なさいと。それだけの気持ちがあるんであれば、343空だけで見事にやります。そう言ったんですね。で、源田さんも『全くだ』と。それっきり特攻の話はありませんでした。343空には」

海軍では他にも、203空の岡嶋清熊少佐や、人間爆弾「桜花」を擁した攻撃機で自ら死地に赴いた721空（通称「神雷部隊」）の野中五郎少佐らが特攻作戦に反対していた。陸軍では、特攻出撃訓練の命令に抵抗して更迭された第62戦隊長の石橋輝志少佐らの例がある。隊内での議論や、気心の知れた上官・同僚との会話で特攻を批判した軍人は、多くはないにせよ確かにいた。だが、そうした意見が所属部隊の枠を越えて大っぴらに語られることはなかったし、ましてや軍の上層部にまで達して理解を得た例はない。

美濃部の言動が際立つのは、やはりその点である。

航空参謀の経験が長く、海軍の最高司令部である軍令部にも勤務していた奥宮正武中佐は、1980（昭和55）年に刊行した『海軍特別攻撃隊　特攻と日本人』で美濃部に言及し、「大西中将の部下の中で、正面切って特攻に反対したほとんど唯一の飛行将校であった」と記している。


美濃部が取った行動は、特攻という悲劇を生んだ太平洋戦争の小さな一コマにすぎないが、それで片付けてしまうわけにはいかない大きな意味合いを含んでいる。

既に決まった大方針がいくら不合理なものだとしても、たった1人でそれに水を差すことがどんなに難しいかは、何らかの組織に属した経験のある人なら容易に理解できるだろう。と言うのも、この国には「空気」と呼ばれる不思議な力があるからである。

海軍を素材の一つにした山本七平著『「空気」の研究』によると、いったん「空気」なるものが醸成されると、それは明確な根拠も論理的な説明もはねのけ、全ての人々の意思決定を支配し、統制し、強力な規範となって、各人の口を封じてしまう。後になって決定過程を検証しようにも、決めたのは人ではなく、目に見えない「空気」なのだから責任も問えない。「あのときの空気では、あ あせざるを得なかった」という答えしか出てこないのは、そのためである。

太平洋戦争に先立って日米双方の国力をさまざまな統計で比べれば、恐らく中学生でも無残な結末を予想できたはずである。ところが、引くに引けない状況に追い込まれると、そうした客観的なデータは無視され、反対論も慎重論も、論理的な判断基準とは別の空気的な判断基準によって、いとも簡単に吹き飛んでしまった。

開戦の2カ月ほど前、決断を渋る近衛文麿《このえふみまろ》首相に、東条英機陸相（直後に首相就任）はこう言い放った。

「人間たまには清水《きよみず》の舞台から目をつぶって飛び降りることも必要だ」

国家の存亡が懸かった大戦争に一か八かで踏み切った後、緒戦に思いがけない勝利が続くと、空気はますます猛威を振るった。科学を軽視し、情報の分析を怠り、失敗から目をそむけ、極端な精神論を振りかざして死を美化していく過程には、批判を許さない空気の存在があったと言わざるを得ない。そして、敗退に敗退を重ねた末の絶望の淵から生まれたのが、「ここまできたら特攻以外に国を救う手段はない」という空気だった。

海軍の伝統は「指揮官先頭」「率先垂範」である。命令への服従が絶対の原則であるとはいえ、前向きな意見具申はむしろ推奨されてもいた。だが、軍令部の幕僚をはじめとする海軍兵学校出身のエリート士官の多くは、統率の正道を外れた特攻を学徒出身の予備士官や下士官・

兵ら下級者に押し付け、口をつぐんだ。

「ビルマの竪琴」の作者として有名な竹山道雄は1955（昭和30）年、雑誌「心」に連載した随筆で戦前・戦中を振り返り、太平洋戦争への導火線となった満州事変に対するインテリ層の態度を「やましい沈黙を守るか無関心だった」と評している。

やましき沈黙――。特攻作戦に対して海軍のエリートたちが取った態度は、まさにそれだった。彼らにも良心はあった。だが、「間違っている」と思っていても口に出せず、得体の知れない組織の空気にのみ込まれていった。無力感から諦めざるを得なかったのかもしれないし、本能的あるいは意識的に保身を図ったのかもしれない。そうした経験がないと言える人は、たぶん少ないだろう。

美濃部の態度は違った。自分の頭でとことん考え抜き、良心に照らして正しいと信じることを公言し、実行した。これは簡単にできることではない。なぜなら「特攻拒否」は、一つの戦法に対すると言うより、海軍という巨大組織を覆っていたいびつな空気に対する異議申し立てだったからである。


「全力特攻で沖縄作戦を指導するというやり方は無策極まるやり方だと。そういう意味で私は、その会議の席上でただ一人異議を申し立てたわけです。それが拒否したと取られると、ちょっと心外ですが……」

1985（昭和60）年12月に静岡第一テレビが放映した芙蓉部隊の特集番組で、美濃部はそんなふうに語っている。命令の一歩手前の段階だったから、「言うべきことは言わなきゃならん」と思ったまでのことであると。

「それでもやれと言われるなら、もう何をかいわんや。命令を拒否するなんてことは軍律上許されるもんじゃないんです」

実際のところ、美濃部は下級者だけを捨て駒として扱うような「特攻の乱用」に反対したのであって、特攻を頭から否定していたわけではない。「特攻の是非は単純には決し難い」とも書き残している。

戦争が終わり、絶対的な力で人々を縛っていた空気が消え去ると、特攻をめぐるさまざまな記事や論評、手記が世の中にあふれ出た。全ての特攻隊員が愛国の至情から自ら志願したと強調するものや、特攻こそ日本民族の誇りであると賛美するものから、特攻は犬死に以外の何物でもなかったと指摘するもの、自分は特攻には反対だったと告白するものまで、美談、醜聞、秘話、弁明、責任論がおびただしい量の活字となった。

海軍で特攻を推進した側にいた人たちまでが、戦後の新たな空気に誘われるように口を開いていったのに対し、美濃部は長い間、逆に沈黙を守った。少なくとも、公の場で特攻についてのあれこれ言うことは避けた。自身の考えを明かすようになったのは、終戦から四半世紀近くがたってからのことである。

一つ例を挙げると、1969（昭和44）年、高知県防衛協会から出版された手記「まぼろしの戦斗部隊史」の中にこんな記述がある。

「戦後よく特攻戦法を批判する人がありますそれは戦いの勝ち負けを度外視した戦後迎合的統率理念にすぎません。当時の軍籍に身を置いた者は、負けてよい戦法は論外と言わねばなりません。私は、不可能を可能とすべき代案なき限り、特攻またやむを得ずと今でも考えています。戦いの厳しさはヒューマニズムで批判するほど生易しいものでもありません」

もう一つの例は1992（平成4）年、雑誌「プレジデント」8月号に載った芙蓉部隊に関する記事である。航空自衛隊を最高位の空将で退官し、既に77歳になっていた美濃部は、特攻について、作家の保阪正康の取材にこう答えている。

「ああいう愚かな作戦をなぜあみだしたか、私は今もそれを考えつづけている。今の日本も経済だけでものを考えるという意味では同じ過ちを犯しているとも思う。特攻作戦をエモーショナルな部分だけで語ってはいけない。人間統帥、命令、権威、人間集団の組織のこと、理性的につめて考えるべきである。あの愚かな作戦と、しかしあの作戦によって死んだパイロットとはまったく次元がちがうことも理解しなければならない」

いずれも特攻についての一面的な見方を戒めたものである。抑制の利いた言い回しから伝わってくる真摯な思いは、ずっしりと重い。文字通り生死を賭けた戦いの場にリーダーとして立ち、合理と情理の矛盾に苦しみながらも、ぎりぎりのところで折り合いを付けてきた人間にしか語れない言葉である。

いったい美濃部正とは、どんな人物だったのだろうか。

昭和史の実証的研究で知られる保坂は、自らインタビューした4000人もの関係者を、印象に残る順、あるいは証言の確かさの順にABCDでランク付けし、特に印象に残る人物には「特A」を付けてきた。この「特A」に含まれるのが美濃部だという。

保阪は「昭和史　忘れ得ぬ証言者」の中で、こう記している。

「信念の強さ、勇気のある言動、そして人を魅きつけるフェロモンのような香《かおり》を発しているのが、『特A』の特徴で、美濃部はまさにそのような人物であった」

1997（平成9）年6月12日の朝、美濃部は満81歳で生涯を閉じた。14日が友引だったこともあって、葬儀は慌ただしく13日に愛知県豊田市の洞泉寺《とうせんじ》で営まれた。海軍兵学校の同期生を代表して、同じ愛知出身の石田捨雄元海上幕僚長が弔辞を読んだ。

「クラスの中で最も正義感にあふれ、かつ竹を割ったような真っすぐで小気味のよい君の性格と言動はたちまちクラスメイトの敬愛を一身に集め、そのほとばしるような情熱は常にクラスの活動の原動力であった」

石田は、2年後に遺族が自費出版した美濃部の遺稿『大正っ子の太平洋戦記』にも序文を寄せ、彼の人物像を表す要素として「先見性、洞察力、不撓《ふとう》不屈の意志力、燃えるような情熱、周密な思慮、勇気と反骨精神」を挙げている。

確かに美濃部はこれらの要素を兼ね備えていた。特攻作戦が始まる前に戦死でもしていたら、「武人の鑑《かがみ》」とたたえられたことだろう。だが、実際の彼は決して豪傑でもなければ英雄でもなかった。普通に迷い悩み、家族や部下を思い、命を大切にする等身大の人間だった。石田が挙げた要素とは別の観点から美濃部を捉えるなら、常識と至誠を貫いた人物という表現がふさわしい。あの時代には、それが一番困難な生き方だったはずである。

特攻を拒否したときの美濃部の思いは、亡くなる8年前の夏に記した次の言葉に集約されている。

「私には特攻を指揮する自信がなかった。それを部下に命ずる自信もなかった」

［第1章］

大正っ子、空に憧れる

貧乏地主の次男坊

美濃部正は1915（大正4）年7月21日、愛知県碧海《へきかい》郡高岡村吉原《よしはら》（現豊田市吉原町）で、太田喜四郎、こと夫妻の次男として生まれた。美濃部姓は結婚で婿養子に入ってからのもので、もともとの姓名は「太田正」である。

今でこそ吉原一帯は伊勢湾岸自動車を挟んでトヨタ車体の吉原工場やデンソーの安城《あんじょう》製作所などが立ち、主要な道路沿いには商業施設や住宅が集まってにぎやかな街になっているが、太田正が生まれた頃と言えば、森や雑木林の合間を幾筋もの小川が流れ、田んぼの周りに大小の百姓家が点在しているだけで、まだ三河鉄道（現名古屋鉄道三河線）も開通していない。前年に発表された文部省唱歌「故郷《ふるさと》」の歌詞をそのまま絵にしたような辺鄙《へんぴ》な片田舎にすぎなかった。

吉原という地名は「芦《よし》原」に由来している。江戸時代の初期までは、大人の背丈を越すほどのヨシが見渡す限りの湿地に生い茂る荒野だった。1632（寛永9）年、刈谷《かりや》城主に移封されてきた松平忠房はこの地を視察後、家臣の間に新村開墾の希望者を募った。最初に応募した16氏のうちの一つが太田氏である。入植後も苗字帯刀を許され、何代にもわたって開拓した農地を受け継いで明治維新を迎えた。吉原村はその後、若園村への統合を経て、1906（明治39）年に人口約9000人で発足した高岡村の一地区となった。

父の喜四郎は1885（明治18）年の生まれである。今ならサッカー場が7面ほども取れそうな耕地5町歩（1町歩は約1ヘクタール）の中地主の長男で、才気あふれる快活な人物だった。

義務教育が4年制の尋常小学校だけだった時代、月謝のかかる余計な学問など見向きもされなかった寒村では珍しく、喜四郎は高等小学校でさらに4年の教育を受けた。卒業すると村役場に入り、5年ほど後には西尾税務署に勤め始めた。珠算の腕前を見込まれたらしい。毎朝3時に起きては、高岡村のはるか南、矢作《やはぎ》川のまだ先の西尾町（現西尾市）まで、20キロの道のりを歩いて通った。若さと言ってしまえばそれまでだが、何より外の世界を見聞できる楽しみの方が勝り、全く苦にならなかった。

もともと喜四郎が抱いていた淡い夢は巡査になることだった。今のそれとは格式も異なり、詰襟の制服にサーベルを下げた姿は、地方では国家の権威を象徴する存在だった。愛知県警察に願書を出し、どうやら採用されそうだという段になって、恐る恐る父親（正の祖父）にこのことを打ち明けた。反応は予想していた通りだった。

「長男が家を離れると言うか。親不孝者」

父親にぴしゃりとたしなめられれば、明治の世ではそれきりである。昔からの因習に逆らってまで押し通そうとしていた話でもないから、親をうらんだり、将来を悲観したりすることもなかった。甘い希望と自分の境遇が一致しなかっただけのことだと考え直し、それならば大農業家として身を立てようと決心した。

税務署勤務を通じて世の中の仕組みや金融経済の流れを一通り学んだ喜四郎は、25歳のとき、吉原信用購買販売組合（後の農業協同組合の母体）を自宅に設立して理事組合長に就任した。1歳下のこと**が**太田家に嫁いできたのはこの頃である。自警団（消防団の前身）の創設にも取り組んで団長を務めるなど、若くして村の名士となった喜四郎は、正が生まれた翌年には村会議員に初当選し、49歳で早世するまでその職にあった。

1920（大正9）年、第1次世界大戦後の不況と暴風雨による逢妻《あいづま》川の堤防決壊で村が苦境に陥ると、喜四郎は開墾助成法の公布を知って同志と図り、吉原の北東の山林高地の開墾を計画した。県庁や郡役所との調整、さらには単身上京して農林省への陳情、工事の研究や地主の説得、村民への協力訴えに「昼夜兼行、寝食を忘れて百方手を尽くした」と伝えられている。3年後、国の補助認可が下りていよいよ決行となるや、直ちに吉原耕地整理組合を組織し、初代組合長に推された。後年、正が軍人として示した行動力や統率力は、父親譲りのものだったのかもしれない。

キツネやタヌキのすみかだった鬱蒼《うっそう》たる森林は、10年がかりの開墾工事によって、正が旧制中学を出る前には55町歩の水田に生まれ変わる。吉原一帯の農地では補助用水開通工事や排水工事、農道改修工事も行われ、米・麦の二毛作が可能になった。

1956(昭和31)年の町制移行を機に編纂《へんさん》された「高岡村誌」は、半世紀にわたる村の歴史に名を刻んだ功労者の一人として喜四郎を取り上げ、「公職と公共事業に一生を捧げた」「死力を尽くして郷土開発に貢献した」とたたえている。

実は、この一大プロジェクトの構想が芽生え始めた時期、太田家は没落の瀬戸際に立たされていた。結構な額の資金を投じていた養蚕の不振に加え、喜四郎がある投機に手を出して大きな損失を負ったためである。正は20歳《はたち》の頃の手記に「我が家の礎石が動いた」と書いているが、何があったのかまでは知らない。喜四郎は「大ヤマの失敗」と苦々しげに語るだけで、詳しい経緯は死ぬまで明かそうとしなかった。

幸い、地主の信用力で愛知県農工銀行から融資を受け、家屋敷や田畑《でんぱた》を手放すような事態は免れたものの、その後しばらく太田家には借金の重荷がのしかかった。

正が生涯「田舎の貧農の出」と自称したのは、物心がついた頃の記憶にそうした実家の苦境が投影されていたせいもある。そもそも地主とはいえ、手を汚さずに小作料だけで裕福に暮らしていけるような豪農とは訳が違う。80戸ほどの吉原地区に地主が3軒あり、太田家は規模では2番目の家柄だったが、「小学校に通うのにゴム靴は買ってもらえなかった」というから、倹約ぶりは周辺の小作農家と似たり寄ったりだった。

明治用水の開通により、大正後期には「日本のデンマーク」と呼ばれるほどの穀倉地帯に発展した西三河《みかわ》地方の一角にありながら、丘陵地の裾野に開墾された吉原一帯はまだ水の便も悪く、やせた農地が多かった。正の記憶では、1反（約10アール）当たりの玄米の収量は5俵半（1俵は約60キロ）がせいぜいだった。うち2俵が年貢米と決められていたのに、小作人からはたびたび「2俵はえらい（しんどい）から」と引き下げ交渉を持ち掛けられ、両親がよく「今年は1俵半しか出ない」とこぼしていたのを覚えている。

しかも吉原辺りの農業は、正が回顧談で指摘する「弥生時代そのまま」は言い過ぎにせよ、脱穀一つをとってもいまだに千歯こきが頼りという江戸期さながらの状況が続いていた。太田家でさえ、足踏み式脱穀機の導入で能率が多少上がるようになったのは昭和に入ってからのことである。

父の喜四郎は大きな負債を抱えた後も、昼間は外での活動に飛び回っていた。いきおい、家業の一切は母のことが小さな肩に担うほかなかった。

――師走の夕刻、稲むらの陰に泣きながら農作業の終わりを待つ。第1次大戦後の不況は農村を苦しめ、手いっぱいの自作地をさらに増やしたため、12月になっても採り入れが続いた。

カラスも帰り、おなかはすく。鼻水たらしながら「まだか」と泣いていた――。「公職無収入の父を助け、質素勤勉だった」という母の働く姿は、そんな原風景として幼い正の脳裏に刻まれた。

父母の面影

太田正は兄1人、弟2人、妹2人の6人きょうだいの次男である。長男の守は3歳上。3人目の男の子が生後1カ月で死んだため、すぐ下の弟になる裕が生まれるまでの6年近く、正は母親べったりの甘えん坊で、学校に上がる直前までおっぱいを吸っていた。それを弟に奪われた後は、しばらくおねしょが止まらなかった。いつも意識の底で母親のぬくもりを恋い求めていたためか、ことの思い出には寒い季節の場面が多い。

冬の夕べ、かまどで暖を取りながら、食事支度をする母から繰り返し聞かされた躾話《しつけ》も、正の耳にこびり付いて一生離れなかった。

食事。「ご飯粒は拾え」「箸《はし》持つ手に汁碗取るな」「あちこち移り箸するな」「男は鍋底さらうな」――。汁粉の残り物をこっそり失敬し、ことに「みっともない」ときつく叱られたこともあった。

言動。「嘘《うそ》つきするな」「貧乏ゆすりするな」「よそ様の物に手を出すな」――。

安全に関しては特に念入りに、身を守るための実践的な注意をたたき込まれた。「川や野山の遊びは独りで行くな」「山に入った時は枝を折り曲げて進め。方角が分からず迷子になったら、折れ枝が帰り道の目印になる」「草むらは走り込むな。マムシがいるから足でさばきながら入れ」「柿の枯れ枝に手足を掛けるな。もろく折れて落ちるから」――。

昨今の過保護ママと違い、「川や野山には行くな」「草むらには入るな」「木には登るな」などとは決して言わない。行動そのものを禁じるのではなく、今ふうの言葉で言い換えれば「リスク（不確実性）に対処した上で行動せよ」というのである。「たくましく育ってほしい」という母心の裏返しでもあった。

こうした素朴な教えは飛行機乗りにも通じるところがあった。前後左右上下に目を配って飛んでいるつもりでも、戦場では一瞬の油断が命取りになる。見張りの対象は敵だけではない。攻撃目標に気を取られ、銃爆撃に成功して退避行動に移った途端、続いて急降下してきた味方機に接触して墜落死するケースも実際よくあった。後に正が逆説的な意味で「最も臆病なパイロット」を自認するようになったのは、空の恐ろしさを何度も味わい、臆病であることこそが細心、周到、訓練徹底の秘訣だと思い知らされたからである。根底には、わが子の無事を願う母の教えがあった。

生きていく上での最低限の常識や基本的なマナーを子供たちが身に着けると、ことはもう余計な口は差し挟まなかった。学校のことに関しては特にそうだった。村のほとんどの大人たちと同様、彼女は小学校4年までしか卒《お》えていない。

——無学の母は勉強、成績に関しては無言で見つめているのみ。しかし祈りの心が伝わってきた。これが明治の母の一つのタイプだった——。

父の喜四郎に関する思い出は、なぜか暑い季節が多い。夏の夕べ、上半身裸になって、肥えた胸をなでながら縁側で涼む父の姿が正の目に焼き付いている。他にも、蛍狩りに神社の夏祭り。ラジオ体操に似た独特の体操を編み出し、よく小さな子供たちを順番に持ち上げては左右に振り回して楽しんでいた。子煩悩で、正には「朗らかな父」という印象が強い。

朝は決まって氏神様に参拝する。当時普及し始めていた国産自転車「パーソン号」に恰幅《かっぷく》のいい体でまたがると、悠々と耕地整理組合の事務所に通い、日が暮れると鼻歌交じりで裏口から帰ってきた。炊事場の母親の傍らにたむろしていた子供たちは、裏の戸口が開く音を聞きつけると、一斉に「お父さん」と迎えに走るのである。

補助金の陳情で年に2回は上京し、地元選出の代議士とともに農林省を訪問した帰りには、いつも子供たちへの土産に静岡の甘納豆を買ってきた。借金の返済が進み、喜四郎肝いりの耕地整理事業も軌道に乗った昭和初期の太田家には笑い声が絶えなかった。

明治生まれの父親というと謹厳実直な石頭の頑固親父を想像しがちだが、喜四郎は剛直なだけでなく柔軟な一面があり、因習に囚《とら》われない自由な発想の持ち主でもあった。若い頃、長男であるがゆえに巡査志望を断念せざるを得なかった反動からか、自分の息子は土地には縛らず、世に出してやろうという考えを持っていた。

ある晩、家族相手に面白おかしく昔話をしていた喜四郎が、ふと声を落とし、

「あの当時巡査を志願した者はとっくの昔に署長になり、今頃は高等官として歴々たるものだ……」

と、珍しく複雑な思いを漏らしたのを正は覚えている。

既に6年に延長されていた義務教育の尋常小学校を息子たちが卒《お》えると、喜四郎は彼らを5年制の中学校に通わせた。経済的に余裕があったことが大きいが、父親の期待に違《たが》わず勉強はみんなよくできたから、自然にそうなった面もある。中学進学率が全国平均で10％に届かなかったこの時代、太田兄弟といえば高岡村では知らない人がいないほど有名な存在だった。上の3人は海軍兵学校に進み、末っ子の朗は喜四郎の死後、名古屋陸軍幼年学校を経て陸軍士官学校に入った。「高岡村誌」の人物史伝には、彼ら4兄弟も「武人」として名をとどめている。

開明的に見えた喜四郎も、信心深さの点では村の古老たちに引けを取らず、神社崇拝には人並み以上のこだわりを持っていた。といっても宗教的な色合いは薄く、「境内の澄み切った雰

囲気や参拝時の無心の心境を尊んでいた」というのが正の観察である。生家近くの吉原八幡宮には、喜四郎が1932（昭和7）年に奉納した大鳥居が今も残っている。

勝負事には目がなく、とりわけ囲碁に熱を上げた。正も幼い頃から、「セイモクフーリ」と呼んでいた置き碁で父の手ほどきを受けた。「星目風鈴中四目《せいもくふうりんなかしもく》」といって、ハンディキャップの大きい初級者にあらかじめ17個の石を置かせる対局方法である。正がコツをつかんでくると、局面によっては喜四郎も本気にならざるを得ない。思わず身を乗り出し、ロイド眼鏡越しに碁盤をにらむ。そうして舌打ちしながら、

「うまいことしやがったな」

「知ってけつかったか」

などと悪態をついては正を得意がらせた。

行動力や統率力、あるいは説得力、交渉力もそうだが、どうも正はこの父親に似たところがある。囲碁はもちろんのこと、いつどこで覚えたのか麻雀《マージャン》にもはまった。戦後、正と何度か雀卓を囲んだ海軍兵学校時代のクラスメイトがいて、その思い出を同期会の会報誌に書き留めている。

「真面目一方という印象を持っていた彼が、麻雀をすると知って驚いた。彼は自らを『東海の博徒』と称して肩を怒らせていた」

航空自衛隊在職時から株にも凝った。父親が投機で大損した教訓からか、ハイリスク・ハイリターンの銘柄に集中投資するような下手なまねはしないが、自らの品定めで値上がり確実と読み切った銘柄は強気で攻め続けた。資産を運用するというより、「戦略眼を養う」「あくまでマネーゲーム」と割り切って相場を張るのである。勝負師の一面をうかがわせるそんな記述が、遺品のノートに残されている。

谷間の世代

太田正、後の美濃部正が亡くなって2年近くがたった1999（平成11）年5月、遺稿となった手記『大正っ子の太平洋戦記』が遺族の手で私家版として出版され、ゆかりのある人々に配られた。「大正っ子」はいかにも聞き慣れない言葉である。地名に引っ掛けて「江戸っ子」や「博多っ子」とは言う。けれども「明治っ子」という言い方はしないし、昭和生まれの人間を「昭和っ子」と一括りにすることも普通はしない。

なぜまた「大正っ子」なのか。彼の娘たち以下の世代には、刷り上がった本を見て「変わった題名だねえ」と首をかしげる向きも少なくなかった。

大正時代は大正天皇の在位期間を指す。それは、1912年7月30日から1926年12月25

日までのわずか14年半にすぎない。米騒動や関東大震災などの大きな出来事もあり、「大正デモクラシー」や「大正ロマン」といった言葉も残ってはいるものの、明治と昭和という強烈なイメージを帯びた二つの時代に挟まれ、どこどなく影が薄い。そんな時代もありましたねと、一言で片付けられてしまいがちなところがある。

ちょっと無理やりな感じもする「大正っ子」という造語に、美濃部はいつから自分を重ね合わせるようになったのだろうか。1972（昭和47）年に田中角栄《かくえい》が内閣総理大臣に就任した際、「大正生まれで初めて」と騒いだマスコミも、田中のことを「大正っ子」と呼んだりはしなかった。

触発されるものがあったとすれば、その10年ほど前に徳間書店から刊行された『我ら大正っ子』という4巻のエッセー集がそれに当たるかもしれない。各巻5人、計20人の大正生まれの著名人が来《こ》し方を綴ったもので、本の帯には「国の運命をみずからの運命とした世代の波瀾《はらん》に満ちた人間記録」とあった。どこかで美濃部がこの本を手に取っていたなら、一風変わった題名と帯の文句がずっと心に引っ掛かっていた可能性はある。

日本人の特徴を年号で区切って比較することにあまり意味があるとは思えないが、大正世代を一つの塊として捉えると、明治、昭和の世代とは懸け離れた特徴を見いだすことができる。それは、14年半の間に生まれた約1400万人の男のうち、ざっと200万人、実に7人に1

人が35歳までに戦死したという事実である。大正生まれの女たちの苦労も並大抵ではなかった。要するに大正世代は、満州事変から数えて15年にも及んだ戦争という国策に、全員が翻弄された世代だったのである。

日本が高度成長を成し遂げた後の1976（昭和51）年にテイチクレコードから出た「大正生《うま》れ」という歌謡曲が、かなり長い間、ごく限られた年齢層で静かなブームになったことがある。小林朗《あきら》作詞、大野正雄作曲、藤木良《りょう》という歌手が吹き込んだもので、軍歌調のメロディーは戦友会や同期会などの集まりでも定番の一曲になった。

大正世代の一人である作詞者の小林は2005（平成17）年3月、母校の旧制和歌山中学校（現和歌山県立桐蔭高校）の同窓会ホームページに、この歌をめぐる経緯を歌詞全文とともに寄稿している。大正世代が抱いてきた共通の思いは、たぶん小林の書いたその歌詞に凝縮されている。

（1）大正生れの俺達は／明治の親父に育てられ／忠君愛国そのままに／お国の為に働いて／みんなの為に死んでゆきゃ／日本男児の本懐と／覚悟を決めていた　なあお前

（2）大正生れの青春は／すべて戦争《いくさ》のただ中で／戦い毎《ごと》の尖兵《せんぺい》は／みな大正の俺達だ／終戦迎えたその時は／西に東に駆けまわり／苦しかったぞ　なあお前

（3）大正生れの俺達にゃ／再建日本の大仕事／政治、経済、教育と／ただがむしゃらに幾十

年／泣きも笑いも出つくして／やっと振り向きゃ乱れ足／まだまだやらなきゃ　なあお前
（4）大正生れの俺達は／幾つになってもよい男／子供も今ではパパになり／可愛い孫も育ってる／それでもまだまだ若造だ／やらねばならぬことがある／休んじゃならぬぞ　なあお前／しっかりやろうぜ　なあお前

恐らく戦後の美濃部の胸中もこの歌詞の通りだったに違いない。「日清、日露の戦争で勝利を収めた明治の高官、先輩に、大正生まれのわれわれは頭が上がらなかった」という戦前。昭和飛躍の先兵となり、戦争の矢面《やおもて》で最大の犠牲を強いられた戦中。そして、復興再建の中核を担わされた戦後。貧乏くじばかり引かされた末に、大した報いもなく、半ば忘れ去られた格好になったのが、大正生まれという谷間の世代である。そうした複雑な感慨とともに、どこか切なく愛《いと》おしいニュアンスを、彼は「大正っ子」という言葉に感じ取ったのではないだろうか。

もちろん、愛知の片田舎で暮らす太田正という大正っ子は、まさかそうした波乱に満ちた人生が自分に待っていようなどとは微塵も思っていない。遅い乳離れの後、彼が高岡第二尋常小学校（現豊田市立若園小学校）に上がったのは1922（大正11）年4月のことである。日本は第1次世界大戦の戦勝国として、5大国の一角を占めるまでになっていた。

死にかけた野生児

大正デモクラシーの自由主義的な風潮や、国際連盟の常任理事国入りで芽生えた世界平和への貢献意識は、当時の学校教育の中核に据えられていた修身（道徳）の国定教科書にも一定の影響を与えた。しかし、国民道徳の柱である「忠孝」や「忠君愛国」など、天皇を頂点とした家族国家観に基づく授業内容に目に見えるほどの変化が起きたわけではない。教育勅語や明治憲法に則り、幼い正も「日本国民は天皇の赤子《せきし》。皇国護持のためには水漬《みづ》く屍《かばね》草生《む》す屍となって忠節を尽くす」ように躾《しつ》けられていった。

「水漬く屍草生す屍」とは、万葉集にも採られた奈良時代の歌人大伴家持《おおとものやかもち》の長歌の一節「海行かば水漬く屍　山行かば草生す屍　大君《おおきみ》の辺《へ》にこそ死なめ　かえりみはせじ」に出てくる言葉である。「海や山の戦場に屍《しかばね》をさらすことになろうとも天皇の下で死のう。後悔はしない」という意味だが、この一節は最後の七音が「長閑《のど》には死なじ」（平穏な死に方はしない）となっている別バージョンがあって、明治時代の後期にできた瀬戸口藤吉作曲の行進曲「軍艦」（軍艦マーチ）の間奏部分で歌われてきた。

「かえりみはせじ」の方の歌詞は、日中戦争の勃発後、政府の国民精神総動員キャンペーンのテーマ曲として発表された信時潔《のぶときききよし》作曲の「海ゆかば」でさらに広く知られるようになり、やがて学校教育を含む社会全体が重苦しい戦時体制に組み込まれていく。

もっとも、それはもう少し後のことである。小学生時代の正の周りには、貧しいながらも自然豊かな農村の、のどかな景色がどこまでも広がっていた。

高岡村の吉原一帯は丘陵地の裾野で逢妻《あいづま》川の水源にも近い。あちこちの清水、湧き水が幾筋もの小川となって流れ、アユ、ハヤ、モロコ、フナ、ハゼコチに似た10センチ程の小魚、ドジョウ、エビガニが豊富に泳いでいた。学校は学校で楽しいが、授業が終われば一目散に跳んで帰る。夏は近所の友だちと竹箕《たけみ》を使った魚捕りに熱中した。

ところが、小学2年の夏、8歳になったばかりの正の身に一大転機が訪れる。魚捕りの最中、水草の中であえいでいる大ウナギを見つけた。元気はなかったが家に持ち帰り、蒲焼きにして一家みんなで食べた。いちばん小さな正がこれにあたってしまったのである。ただの食中毒ではなかった。下痢と高熱が1カ月も続き、髪の毛が抜け落ちた。腸チフスと診断され、医者も一時は見放したほどだった。幸い全快はしたものの、このことが原因で学校衛生上は虚弱児に分類される体質になった。胃腸が弱く、太れない。体力増強は生涯にわたって彼の最優先テーマとなった。

海軍兵学校時代には、自習室の机の蓋《ふた》を開けて瓶を取り出し、錠剤を口に入れていたのをクラスメイトに目撃されている。栄養剤の「わかもと」や肝油ドロップのたぐいだったらしい。任地にはゲンノショウコという健胃薬草のタネを持参し、大事に栽培して煎じて飲んだ。南洋諸島の戦地でも薬草作りは怠らず、手記には「高温多湿で育ちが早い」と驚き喜んだことが記されている。

それでも身長は165センチまで伸びた。兵学校時代に柔道や相撲で組んだクラスメイトは、正の体格を「やせ型なのに骨っ節がたくましい」と記憶している。ウナギにあたって死にかけはしたが、治ればケロリとした顔で近所の子たちと表を駆け回った。そんな毎日が続くうちに、いつの間にか鍛えられたのかもしれない。来る年も来る年も、夏は川辺で魚捕り、秋は野山でキノコ狩り。「野生児同然だった」といい、のどが渇けば畑のスイカをたたき割ってかぶりついた。向こうっ気も好奇心も強く、冒険好きだったから生傷は絶えないし、滝で溺れかけたこともあった。

ある日のこと、いつもの近所友だちと遊んでいたところに八卦見《はっけみ》がやってきて、正一人だけ手相を見られたことがある。

「この子は大きくなると故郷を離れる。老いて再び帰ってくる。69まで生きる」

「えっ」と息をのんだ。祖父母は短命だったと父から聞いていたから、面食らって言葉も出ない。仲間にはやされて「そんなに長生きできるもんか」と茶化し、その場は終わった。

八卦見といっても本職ではない。畳箒《たたみぼうき》の材料になる藁《わら》の芯の「稃心《みご》」買いで村々を回る、しがない爺《じい》さんである。だが、子供心にも気にはなった。結局この不思議なご託宣を忘れることはできず、危険な戦場では護符のごとく念ずるようになった。

航空自衛隊を退職して10年ばかりたった1981（昭和56年）年の暮れ、彼は取材に訪れた作家の森史朗から、いつ何がきっかけで空を飛びたいと思うようになったのかと問われ、

「先天的に空と相性がいいっていうのか、鳥も好きでね。何となく魅力を感じていたんでしょう」

と答えたことがあるが、はっきりしたことは自分自身でも思い出せない。

手記に「大空への憧れ、夢が芽生えた」と明確に書いているのは、恐らく年号が大正から昭和に変わる直前、11歳の頃の記憶である。東の空から突然、1機の重爆撃機が轟音を響かせて現れ、正の見上げる空を悠然と飛んで西の山の向こうに消え去った。東京・立川から浜松飛行場に移駐してきたばかりの陸軍第7飛行連隊の試作機（後の87式重爆撃機）だったと思われる。

「西の山に消えるまで随分時間がありました。5、6分かかりましたよ。スピードは60キロぐらいじゃなかったかな、あの当時は。あれを見てね、秋空に。いいなあと」

それからはもう、暇さえあれば「飛行機乗りになりたい、飛行機乗りになりたい」と考えるようになった。家では、兄の守のために父が取り寄せていた月刊雑誌「少年倶楽部《くらぶ》」のとりこ

になった。お下がりが回ってくるのが待ち遠しくてたまらない。本棚に並んだバックナンバーから宮崎一雨《いちう》の連載小説「日米未来戦」を見つけだし、想像上の爆撃機が太平洋を進撃中の敵艦に突入する挿し絵にわが身を重ねながら読みふけった。

1928(昭和3)年4月、正は愛知県刈谷《かりや》中学校(現県立刈谷高校)に進学した。同じ碧海郡の刈谷町(現刈谷市)にある5年制の旧制中学で、当時は男子校である。開校10周年を迎えたばかりの新設校だが、「質実剛健」を校訓に掲げ、文武両道で実績を上げていた。英国の名門パブリックスクールであるイートン校をモデルに創立時から「日本のイートン」を目指し、既に全国的に人気が高まっていた野球を禁じて、サッカーを奨励したことでも知られている。

入学式には喜四郎が付き添ってくれた。「父と一緒に外出することはめったになかったので非常に愉快で心強かった」という記述が残っている。喜四郎は次男坊を教頭先生に引き合わせ、「兄も在学中ですが、弟も今度入ることになりました。よろしく願います」と、にこにこしながら言った。

刈中の生徒数は各学年とも150人で、それが甲乙丙の3組に分けられる。正の入った1年丙組の同級生に、日本がドイツと対峙《たいじ》した第1次世界大戦の頃、中国山東省の青島《チンタオ》攻略戦でパイロットとして活躍した父親を持つ山田忠男という生徒がいた。彼にその話を聞き、ますます空への憧れが募った。

2年後、少年倶楽部では山中峯太郎の実録小説「敵中横断三百里」の連載が始まった。日露戦争のさなか、満州蒙古のロシア軍の勢力地に潜入し、兵力輸送などの実態を探る決死的な軍事調査を命じられた建川美次《たてかわよしつぐ》陸軍中尉以下6人の斥候隊の冒険譚《たん》である。波乱万丈の物語に「胸を躍らせた」という正自身も、後にベトナムで同じような任務を命じられることになる。

兄の一言

海軍兵学校は、海軍の兵科将校、つまり戦闘を担当する士官を養成する教育機関である。「兵学校」とも「海兵」とも略す。他に、軍艦の動力装置などを受け持つ機関科将校、つまりエンジニアを養成する海軍機関学校と、会計や糧食、備品などを扱う主計科将校を養成する海軍経理学校があり、これらを海軍3校と総称した。陸軍には陸軍士官学校があり、「士官学校」または「陸士」と略称された。

太田正が兵学校を志したのは兄の守の影響が大きい。小さい頃から何をやってもよくできたのが、この3歳上の長男である。餓鬼大将で怖いもの知らずの正も「守兄さん」にだけは頭が上がらない。頼れる存在である半面、周囲からは何かにつけて比べられるため、人前で一緒にいるのは遠慮したくなる存在でもあった。

高岡村の吉原地区から中学に進んだのは、お寺の坊さんの子を除くと、守が初めてだった。しかも刈谷中学では開校以来の秀才とうたわれ、卒業を待たずに4年修了で兵学校に入校した。3歳違いの兄が兵学校で正の4期上になったのはこのためである。

当時、兵学校は第一高等学校（旧制一高、現東京大学教養学部）と並ぶ超難関校とされていた。刈中から初めてこれを突破したのが、7回生の太田守と岡田静一《せいいち》である。一度に複数の兵学校合格者を出した学校当局は驚喜し、2人を翌年の新年拝賀式に招いた。ネイビーブルーの第1種軍装に短剣を吊り、颯爽《さっそう》と母校の式典に臨席した彼らの姿は「あこがれと羨望《せんぼう》の的であった」と、1年下の後輩が同窓会の記念誌に書いている。夏休みの帰省時はスマートさを絵に描いたような純白の制服（第2種軍装）が田園の緑によく映え、とにかく兵学校の生徒は女学生にもてた。年頃の少年たちが2人をうらやんだのには、そんな理由もある。

ちなみに兵学校を含む海軍生徒の軍装は1920（大正9）年4月に士官とほぼ同じ様式に改められていた。上着の丈が腰までしかない独特の短ジャケットが復活するのは、正が入校した翌年、1934（昭和9）年4月のことである。

刈中の講堂では、新年拝賀式に出席した全校生徒の中で2年生の正だけが、誇らしさと劣等感の入り混じった複雑な気持ちで兄の凛々《りり》しい姿を見つめていた。後に正が兵学校に入ると、

4期上の60期の優等生を兄に持つクラスメイトが他に2人いた。賢兄愚弟同士、妙に親近感を覚え、「俺たちは実戦派だ」と慰め合ったのは、このときの屈折した思いが尾を引いていたからかもしれない。

小学校6年のとき、将来のパイロット志望を話した担任の先生に「君は体力が不足。勉強よりスポーツをやれ」と励まされたこともあって、正は刈中で柔道部の稽古に精を出した。暗記勉強は止め、本に書いてあることは内容を理解することに重点を置いた。そのためか学校の試験の結果はいつも平凡で、刈中で「幕の内」と呼ばれた10番以内に入ったことなど一度もない。

さてどうするか。将来の夢と現状とのギャップに悩み始めていた中学3年の春、海軍が少年航空兵を募集していることを知った。「予科練」で有名になる飛行予科練習生の第1期生募集である。兄の守に相談すると、意外な答えが返ってきた。

「パイロットになりたければ兵学校に入れ。その方が勉強になる」

この一言で進路が決まった。しかも一般の高等学校と違い、軍部学校は授業料どころか衣食住まで全て官費で賄われる。10銭でライスカレーが食べられた時代、兵学校の生徒には月額4円50銭の手当まで支給される。金銭面で親に負担をかけることがないという点も魅力だった。米ウォール街の株価大暴落に端を発した世界恐慌の波は日本経済を直撃し、東北の農村では娘の身売りが相次いでいた。浮浪者を意味する「ルンペン」が流行語になったのもこの頃である。

ただ、担任は「兄さんと違い、君の成績ではねえ」と乗り気ではなかった。

最終学年の5年生の春には、父兄会に出席した喜四郎も「今の成績（150人中38番）では無理」と諭され、

「兵学校は難しいと言われたよ」

と心配顔で戻ってきた。

正にとっての好材料は、前年度まで130人だった兵学校の採用予定数が150人に増えたことくらいだったが、それなりの受験準備はして自信もついていた。今さら先生に何を言われようと諦めるつもりはない。

「兄が兵学校で130人中10番以内。その弟だ。150人も採用される中には入れるよ。もし駄目なら八高（旧制第八高等学校、現名古屋大学）受験さ。問題は身体検査」

逆に父親を励ますような口ぶりで言い返すと、この話題はそこで立ち消えとなった。「明治生まれの親父たちは怖いが、勉強や成績には干渉しなかった」と正が述懐するように、世間の進学観も戦後と比べればのんびりしたものだった。

兵学校受験

身体頑健にして頭脳明晰《めいせき》、学業成績が抜群に優秀な子でないと、とても合格できない。それどころか、学力によほどの自信がなければ受験することすら躊躇《ちゅうちょ》されたといわれる海軍兵学校だが、正が入校を目指す64期の志願者は5586人に上った。

採用試験は身体検査と学術試験の2本立てである。どちらも全国の主要24都市で一斉に実施され、例年まず身体検査で5割前後が失格となる。この年も通過者は45％（2562人）にとどまった。

学術試験を経て最終的に採用されたのは、当初の予定数よりさらに増えて170人。これを中学校の席次別に見ると、首席が13％もいた。しかも有名な伝統校ばかりである。100人換算の累計では、5番以内が54％、20番以内が89％。正（100人換算で25番）のような「それ以下」はほとんどいない。刈中の教師から見ると、正の難関突破は奇跡と呼ぶにふさわしい快挙だった。

実は採用枠の拡大以外にも、この試験には彼に有利な点が幾つかあった。

最大の懸案だった身体検査は1933（昭和8）年1月7日（土）にあり、中京地区の試験会場となった名古屋市の愛知県明倫中学校（現県立明和高校）には約450人の受験生が集まった。

検査項目は体格や肺活量から、いわゆる「M検」（陰部）まで多岐にわたる。がり勉型の優等生にとっての最大のハードルは両眼1・0以上を要求される視力で、次が片手懸垂だといわれていた。天井から一握りほどの太さのロープが下がっていて、受験生はまず左手を後ろに回して右の足先をつかみ、5メートル手前から左足で跳んで行く。そしてロープの端に右手で5秒以上ぶら下がる。終われば左右入れ替えて同じ動作をする。

不合格者の多くが毎年、視力か片手懸垂のいずれかで引っ掛かるのだが、子供の頃から野山を駆け回って遠目が利き、柔道で握力も鍛えられていた正には何と言うこともなかった。要するに野生児向きの検査だったのである。

学術試験は、身体検査を通過した約200人を対象に1月13日（金）から4日連続で行われた。試験科目は数学（代数と幾何）、英語、物理、日本歴史、国語・漢文、作文と口頭試問。ただし、全員が全科目を受けて総合点を競うわけではない。毎日勝負が決まる「逐次ふるい落とし方式」で、1科目でも落第点を取ると次の日の受験資格は与えられず、その日のうちに消えていく。総合点でやられたら、正には厳しかったに違いない。

初日は午前に代数（2時間）、午後に英語（3時間）。2日目は午前が幾何（2時間半）、午後が物理（2時間）。前半にこうした科目が並ぶのを見れば、海軍がいかに理数系と英語を重視していたかが分かるが、手っ取り早く採点できるという理由もある。この時間割が正に味方した。本人も言う通り、数学と物理が大の得意だったからである。

試験の結果は夕方、掲示板に張り出される。初日は受験生が多いため、名古屋会場では発表が20時ごろにずれ込んだ。不合格者の受験番号は朱線でどんどん消されていき、試験場も初日の大会議室から日ごとに狭い部屋に移っていった。

数学はそれぞれ5問出題され、どちらも正解が3問以上ないと即アウトだと噂《うわさ》されていた。2日目の幾何の第5問はかなりの難問だったが、正はこれも解いたらしい。

「定直線lとその上に在らざる定点Aとあり。l上に任意の点PをとりAPを一辺として与えられたる三角形に相似なる三角形APQを作り、その重心をGとす。今P点がl上を動くときGの画《えが》く軌跡を求めよ。但しPの動くに随《したが》いて三角形APQも相似のままその大きさを変ずるものとす」

当時の幾何のカリキュラムにはない複素数平面という概念に属する応用問題である。複素数平面は戦後の一時期、新制高校の数学で扱われたものの、いつしか学習指導要領から消えてしまい、最近になって理系の生徒を対象にした数学Ⅲで復活した。

余談になるが、戦前の旧制中学の数学教育は平面幾何に相当な力を入れていた。三角定規とコンパスを使い、例えば二つの三角形のここと ここの角度が同じなら、この辺の長さはこうなって、この部分の面積はこうなるといった証明をする、あの勉強である。自分で手を動かし、補助線を引いたりしながら理詰めで解いていくから、目で見てよく分かる上に、途中で間違いがあればすぐに気が付く。論理的思考力を磨くにはもってこいだと考えられていたのである。

採用試験3日目は、午前が日本歴史（2時間）、午後が国語・漢文（2時間）と作文（1時間）だった。この年の作文のテーマは「健康」で、正にはうってつけのものだったに違いない。既に数十人に減っていた受験生は、ここでまたふるいに掛けられ、最終日の口頭試問に残ったのは12人だった。面接を終えた者から順に兵学校の制服、帽子、靴の寸法を採られ、ようやく試験から解放された。

しかし、この時点ではまだ採用候補者にすぎない。学術試験通過を意味する「継続者」は全国で673人いた。彼らの答案は兵学校に集められ、科目ごとに専門の教官が改めて正式に採点する。その成績と、身体検査官、口頭試問官による「最適」「適」「やや適」「不適」の判定、中学校から提出された内申書などの上に、陸軍の憲兵隊（軍隊内の警察組織）による厳重な家庭調査の結果も添えて、採用予定者を選考するのである。

正の合格の決め手が何だったのかは今となっては分からない。強いて推測すると、幾何の答案が採点者に強い印象を残した可能性はある。例の応用問題である。兵学校入校後、彼は数学の教授から「あれを解いたのは2人しかいなかった」と聞かされた。

もう一つは口頭試問だろうか。前年度に兵学校教官に採用され、名物英語教授として知られた平賀春二《ひらがしゅんじ》（通称「源内先生」）が回想録にこんなことを書いている。ある年、地方の採用試験に出張する前に校長から受けたという訓示である。

「一見いかにも軍人にふさわしい少年よりも、ああよく伸びているなあ、いい少年だなあ—、定めし睦まじい家庭の子であろう、というようなのを採ってこい」

入る前から軍人精神に凝り固まって目が血走っているような子は要らないというのである。こうした柔軟な着眼点が、正のように田舎で伸び伸び育った少年を拾い上げた可能性は十分にある。

もともと鳥も好きだったという話は前に書いたが、彼は生涯に何度か鳥にまつわる印象的な夢を見ていて、その記憶を書き留めている。

受験から約1カ月後、紀元節（現建国記念の日）の2月11日朝。

——農村の昼下がり。私の懐から鷹が飛び出して、澄み切った蒼空《そうくう》にどこまでも飛んで行った——。

目が覚めて、何と気持ちのいい夢だったろうと思った。午前中、刈中での紀元節拝賀式に出た後、帰宅したところに電報が届いた。

「カイヘイゴ　ウカクイインテウ」（海兵合格　委員長）

海軍生徒採用試験委員長からだった。名古屋会場受験者では8人。愛知県では、小牧中学（現県立小牧高校）の石田捨雄ら3人（石田以外の2人は浪人生）と、刈谷中学の太田正の4人がこの電報を手にした。

［第2章］

江田島海軍兵学校

海軍生徒を命ず

海軍兵学校は、瀬戸内海の広島湾に浮かぶ江田島《えたじま》にあった。住所で言うと広島県安芸《あき》郡江田島村（現江田島市）である。今は橋が架かって呉《くれ》市と地続きになっているが、戦前はポンポン船が島と本土を結ぶ唯一の交通手段だった。

１８６９（明治２）年に東京・築地に開設された海軍操練所が翌年に海軍兵学寮と名を改め、その６年後に再び改称されて海軍兵学校となった。首都の喧騒《けんそう》を逃れ、風光明媚《めいび》な江田島に移ったのは１８８８（明治21）年のことである。浮世の俗塵《ぞくじん》の全く及ばない孤島のため、教育に専念でき、しかも軍艦が錨《いかり》を下ろせる入り江があることが移転の決め手になった。戦後は広大な跡地を海上自衛隊が引き継ぎ、幹部候補生学校と第１術科学校が置かれている。

太田正が入校する４カ月前の１９３２（昭和７）年11月19日、兄の守が兵学校を巣立った。60期の卒業生１２７人中５番という好成績だった。正が幾分やっかみ交じりに「兄は４番で恩賜の短剣拝領」と書き残している理由は不明である。ひょっとしたら父の喜四郎がそんな話をしたのかもしれない。

喜四郎は母こ**と**と四男の朗を伴って守の卒業式に参列し、大感激の体《てい》で戻ってきた。実際に天皇からの御下賜品を授与された卒業生は席次4番までだったのだが、父親のひいき目には4番も5番も一緒である。つい土産話が膨らんで「うちの長男も恩賜組」という伝説が生まれたとしても不思議ではない。少尉候補生となった守が翌年3月6日に練習艦隊で米国への遠洋航海に出発するときも、喜四郎は横須賀まで出掛けて歓送式典に臨み、乗員家族のために用意された船で沖合から見送ったほどだった。

それから3週間ほどたって、今度は正の番である。ところが、家の近所の吉原八幡で村人たちが壮行会を開いてくれたものの、見送りはそこまでだった。喜四郎の胸には横須賀港内の軍艦という軍艦が満艦飾《まんかんしょく》（艦全体を万国旗などで飾り立てること）と登舷礼《とうげんれい》（乗組員全員が甲板に整列して敬礼すること）で練習艦隊出航を見送った華やかな光景の余韻が残ったままだったようで、正によると「二番煎じでは、当時難関の海兵も珍しくなかったらしい」

結局、正は独りで江田島に旅立った。満17歳と8カ月。小学生時代、八卦見《はっけみ》の爺《じい》さんが「この子は大きくなったら故郷を離れる」と予言した通りになった。採用予定者の集合日に指定された3月28日、初めて見る瀬戸内は春の小雨に霞《かす》んでいた。

1933（昭和8）年4月1日。海軍兵学校64期の入校式が白亜の大講堂で挙行された。辞令「海軍生徒を命ず」

校長は松下元《はじめ》少将。田舎育ちの少年にとっては、まさに雲の上の人である。列席の武官教官は勲章きらびやかな佐官、大尉ら約60人。軍人以外の文官教官約30人も山高帽にフロックコート姿で、いかにも重々しい。真新しい制服に身を包んだとはいえ、軍人の使命も海軍とは何たるかも理解しないまま出てきた正には、自分だけが「場違いのはぐれ者」のように心細く感じられた。

2年前の満州事変を機に、国内では「非常時」という言葉が盛んに叫ばれていた。前年1月には上海でも日中両軍が衝突（第1次上海事変）。5月には海軍青年将校が犬飼毅《つよし》首相を暗殺するテロ事件「五・一五事件」が発生していた。満州に傀儡《かいらい》国家を建国した日本が国際連盟脱退を宣言したのは、入校式のわずか5日前のことである。しかし、松下校長はこうした時局の緊迫化には一言も触れず、次のように訓示した。

「本校の教育は、一般高等学校の文科及び理科を兼ね併せたような学科と、修道院のような真面目な修養と、兵営のような猛烈な訓練とを同時に諸君に課する必要があるので、本校の教程を履修せんとする諸君は、まず、この困難な修業を完成しようとする大勇猛心を発揮して、新生活の第一歩を踏み出す必要がある。およそ新生活に入ろうとする者は、まず旧生活を清算しなければならない。古来、仏教やキリスト教の諸宗派において、新たに道に入ろうとする者に対して懺悔《ざんげ》を要求して、その過去の一切の生活に対する自己批判の機会を与えているのは、実にこの要求に基づくものである」

軍隊では外部の一般社会を「娑婆《しゃば》」と呼ぶ。娑婆から隔絶された全寮制の兵学校は、ある意味で確かにカトリックの修道院に似たところがあった。

生徒は入校と同時に海軍兵籍（軍籍）に編入され、現世に別れを告げて一身を国家に捧《ささ》げる覚悟を求められる。このため最初の1カ月間は新入生から娑婆っ気を抜くための入校教育期間とされた。小銃をかついでの陸戦訓練や、精根尽き果てるまでオールを漕ぎ続ける12挺《ちょう》立てのカッター（短艇）訓練でスパルタ式にしごき上げ、徹底的な躾《しつけ》教育を施すのである。

新入生は10人くらいずつ分隊に配属される。分隊は全校生徒を縦に等分した訓育上の区分で、正の入校時は16個編制だった。4個分隊ごとに部を編成し、教務上は部の中の同学年40人前後が基本単位になる。部を全てまとめて生徒隊を組織した。

分隊には「おやじ」と呼ばれる少佐か大尉クラスの分隊監事が置かれたが、最上級生の中から人格・成績ともに優れた者を伍長に選び、日々の分隊員の指導に当たらせた。軍艦の分隊士（陸軍の小隊長に相当）のような立場である。こうして1年間、学年混合の分隊の自治により、生徒館で起居を共にするのである。

正の配属先は第7分隊（分隊監事・櫛引誠雄《くしびきのぶお》大尉）で同期は11人。「娑婆の垢《あか》落とし」と称する最初の入浴を入校式当日の早朝に済ませると、彼らは今まで着ていた服を全て小包で故郷に送り返し、下着から何から新品の物に着替えさせられた。そのとき、池田勇という生徒のワイシャツが制服の袖から随分とはみ出しているのを、7分隊の着替えを手伝っていた下士官の教員が見つけた。

「池田生徒、輪になったゴムの、ワイシャツの腕留めがあったでしょう」

「これですか」

池田はズボンの裾をまくってみせた。靴下留めにしていたのである。一同大笑いとなった。しかし、そんな砕けた雰囲気は入校式を境に一変した。

分隊生活

兵学校では最上級生を「1号」、次を「2号」、その下を「3号」と呼ぶ。一番下の「4号」は入校初日の夜、各分隊の自習室でまず「姓名申告」の洗礼を受ける。「4号集まれっ！」という伍長の号令で集合し、1号ら上級生を前に1人ずつ出身中学と氏名を自己紹介するのだが、大抵はまず「聞こえん！」「声が小さいっ！」と叱られる。気を取り直して大声でやれば「分からん！」「底力がないっ！」とまた叱られる。絶叫と怒号の応酬の後、「よし、次っ」と伍長の許しが出るまで何度も何度もやり直しを命じられるのである。

まだラジオの普及率が大都市でようやく3割前後に達した時期だったし、入校した170人のうち標準語を話す東京出身は16人にすぎない。あとは鹿児島出身11人を筆頭にお国訛《なま》り丸出しの生徒ばかりである。発音のアクセントもイントネーションもさまざまだったから、初の姓名申告は悲壮な中にも滑稽な掛け合いが展開された。

新入りの4号の中でも分隊ごとに先任者と呼ばれる責任者が任命される。1～4分隊では入校試験の成績順、5分隊以下では背丈の高い者が先任者となった。何をやらされるのも先任者からで、殴られるのも一番先だった。幸か不幸か正はいずれにも該当せず、その点では気安い立場だった。

05時30分起床、21時30分就寝。日課はびっしり組まれていた。特に「総員起こし」のラッパが鳴り止むと同時に跳び起き、ベッド上の整頓や着替えなどを済ませる起床動作から、体操、自習、朝食を挟んで08時00分の「課業始め」に備えた整列までは分刻みのため、きりきり舞いの連続で立ち止まる余裕すらない。

何事も準備完了は「5分前」。生徒館内の移動は基本的に駆け足である。それも階段を昇るときは2段ずつ、降りは1段ずつと決まっていて、踊り場で駆け足のスピードを落とすことも許されない。階段の上では週番生徒の1号が仁王立ちして4号の動作に目を光らせ、しょっちゅう「待て！」がかかる。

「もっとキビキビやれっ。やり直し！」

まごまごしていると、1号から「修正」と呼ばれる鉄拳制裁が飛んでくる。短時間に決することが多い海戦では一瞬のもたつきが勝敗を左右するため、全艦隊の総兵力が有機的に結合し、一糸乱れぬ規律で物事をテンポよく運ぶことが欠かせない。部下の生死は指揮官のとっさの判断に懸かっている。そのことを体で覚えさせるのである。

整理整頓も厳格だった。机やチェストの中の物の位置は「常時最善」。衣服や毛布は定規を当てたように端々をそろえて畳んで重ねる。軍帽はどこに置く場合でも庇《ひさし》を中央廊下の整頓基準線に向ける。軍艦内のほんのわずかな整備の緩みや整頓の乱れが大事故につながることを、4号は修正の痛みとともに肝に銘じていった。

正たちが卒業した年から、海軍士官のOB団体である海軍有終会が毎年「海軍士官を志す人の為に」という中学生向けの受験参考書を出し始めた。1941（昭和16）年度版には、「A・K生」を名乗る生徒が4年前に書いた「江田島の健児より海軍兵学校志願の後進に寄す」という一文が載っていて、分隊生活を次のように紹介している。

「上級生徒と下級生徒との関係は親密なる兄弟以上である。もちろん軍人である以上、上級生徒の下級生徒を指導する上において厳格なる修正を加えることもある。しかし修正する者も、される者も虚心坦懐光風霽月《きょしんたんかいこうふうせいげつ》である」

つまり、殴る側、殴られる側、互いに何のわだかまりもなく、心はさっぱりと澄み切ってい

るというのである。そして、

「生徒館内の自律はすべて上級生徒の熱心なる指導と、下級生徒の厳然たる軍人精神に発する自覚とによって保たれていく。ゆえに生徒館生活は、いわゆる男の中の男らが将来の大任を自覚して切磋琢磨《せっさたくま》している修練の場である。きついことも（生徒は決して苦しいということを言わない）数多くあるが、それだけ完成を喜ぶ人間本性の嘉悦を味わうことができる」

兄の守から聞いていた通り、正から見ても大抵の上級生は下級生の面倒見が良かったが、扱い方は聞きしに勝る手荒さだった。作家森史朗の取材に応じた際の肉声が残っている。

「まあ率直なところ、行ってみたらやかましくてね。ええところ来ちまったなと。こんなんなら大学行った方がよかったなと」

まだ入校して4、5日しかたっていない頃のことである。夜の自習の休憩時間中、窓の向こうに見えた満開の桜に誘われて表に出てみた。江田島は桜の名所でもある。そうして生徒館の赤レンガの壁にもたれ、

「ああ、いい桜だな。うちの方ももう咲いとる頃だな」

うっとりした気分で見とれていると、いきなり「こらあ待てっ！」と怒声が聞こえた。他分隊の伍長を務める1号が駆け寄ってきた。

「壁なんかにもたれかかるやつがあるかっ」

何が起きたのか、正にはさっぱり分からない。修正はされなかったが、お達示《たっし》を聞いて驚いた。要するに「しゃんと立っとれ」と言うのである。

「幹部たる者、少々くたびれても、物にもたれかかるとか地面に腰を下ろすとか、そういうだらしのない態度はまかりならん。ちゃんと立ってるか、椅子にきちんと腰掛けろ」

言われてみれば分からないでもないが、生まれて初めて聞く話である。

「こっちは百姓で飛び回って、至る所で地べたに座り込んだりあれしたり、壁にもたれかかるくらい朝飯前でやっとったのがねえ。いきなり行って1週間足らずのうちにそれで怒られたときにね、これから俺はこんなとこでやっていけるかな。今なら遅くない。辞めて帰ろうかなと思ってね」

もちろん、軍籍に入った以上、その程度の理由で退校などできるわけがない。それに「鉄拳制裁は黄金時代だった」とはいえ、負けん気が強く、町の人間と違って野っぱらで年がら年中駆けずり回っていた正にとって、「歯を食いしばれ」ときちんと警告された上でほっぺたをぶたれるくらいは、そうびくびくするほどのものでもなかった。規律規律に日々面食らいながらも、

「まあしかし、兄貴がやったんだから俺にできんことはねえという気持ちはありました」

しばらくすると、7分隊の4号には妙な連帯感が生まれてきた。当時のこんなエピソードを

彼は同期会の回想録に記している。

「誰が考え出したのか、起床すると靴の紐《ひも》が両足結んでいる。アーマーのボタンが襟元まではめてある。1分15秒で寝室を飛び出さないと鉄拳が待っている。互いに新手《あらて》を使って足のひっぱり合い。1人だけ遅れるよりも、連れだって殴られる方が気楽であった。不思議な事に邪魔をした奴の詮議《せんぎ》は深入りしなかった」

アーマーは厚手のネルの下着のことである。4号全員を横一列に並べて端から殴っていく「整列修正」を毎朝続けていては、鬼の1号も拳が持たないのは明らかだった。

ある教官が「勉強よりも腹のできた人物をつくるのが本校の特徴である」と言っていた通り、1カ月の入校教育期間が終わる頃には4号の覚悟も決まってくる。明治初頭に海軍が導入した脚気《かっけ》対策の名残らしいが、硬めの食パン半斤（これに砂糖をまぶして食べる）に味噌汁という風変わりな朝食にも慣れ、動作もバネ仕掛けのようにピンと締まって海軍生徒ぶりが板に付いてくる。激しい訓練や体育に加えて数学や理化学など普通学の授業が始まり、日課はますます多忙になったものの、クラスメイトだけで受ける授業は天国のようなものだった。

4号に対する鉄拳制裁がひときわ厳しさを増すのは、ごまかしや保身を見破られたときである。言行を飾ろうとする卑劣な心根を放置していては戦果報告などの水増しや捏造につながりかねないから、徹底的に修正された。一方、率直に手落ちを認めた場合は、お達示だけや、おとがめなしで済むことが少なくなかった。

入校教育が終わってしばらくたった初夏のある日、四国松山の三津浜を目指す分隊巡航訓練が行われた。分隊監事の教官が艦長を務め、航海長や機械室当直、伝令といった配置を分隊の各学年生徒に割り当てて乗艦実務を体験させるのである。

訓練が一段落して汁粉を作ることになり、当番の正ら4号の数人が甲板に野戦釜をしつらえて小豆を煮始めた。煮立ってくると、砂糖を加えながら味を調える。どうもピンとこない。「そうだ、隠し味の塩だ」と気付いて探し回ったが、肝心の塩が見当たらない。仕方がないので海水をくんできて間に合わせた。再び味見。やはりおかしい。

艦橋にいる1号から「汁粉はまだか」と声が掛かる。急いで食器に配食して運んだ。ややあって「ちょっと変な味だなあ」の声。万事休す。甲板から大声で報告した。

「塩が見当たりませんので、代わりに海水で味付けしました！」

期せずして艦橋は爆笑の渦。そして、何事もなかった。

海水混入の着想と報告は「東日出雄《ひがし》だったか、あるいは太田正だったか」――。7分隊で一緒だった同期の矢口瑞苧《みずお》の回想である。

五省

夕食後の生徒館の自習室。「夜間自習止《や》め5分前」の20時55分、ブザーのような「G一声」のラッパが鳴り響くと、生徒は一斉に書物やノートを蓋《ふた》式の机に収め、姿勢を正す。自習室正面には、日露戦争で日本海海戦を大勝利に導いた東郷平八郎元帥自筆の「聖訓五箇条」が掲げられている。1882（明治15）年に明治天皇が下した「軍人勅諭」にある5項目の訓戒である。当番の生徒がまずこれを静かに奉読する。

一《ひとつ》、軍人は忠節を尽くすを本分とすべし
一、軍人は礼儀を正しくすべし
一、軍人は武勇を尚《とうと》ぶべし
一、軍人は信義を重んずべし
一、軍人は質素を旨とすべし

続いて生徒は瞑目《めいもく》し、きょう一日を振り返って「五省《ごせい》」の5項目を自らに問い掛ける。

一、至誠に悖《もと》るなかりしか
一、言行に恥ずるなかりしか

一、気力に欠くるなかりしか
一、努力に憾《うら》みなかりしか
一、不精《ぶしょう》に亘《わた》るなかりしか

五省というと海軍兵学校長年の伝統とみられている節があるが、実際に扱われたのは正が入校した前年の1932（昭和7）年5月から終戦までのわずか十数年にすぎず、むしろ戦後それを受け継いだ海上自衛隊での歴史の方が長い。考案者は松下校長で、勅諭下賜50周年を機に導入されたものである。

夜の自習室での五省と同時に、朝の大食堂では聖訓五箇条の黙誦《もくしょう》も始まった。空きっ腹の生徒全員が席に着いた後、軍人勅諭の訓戒を心の中で唱え終えたのを見計らってから当直監事の教官が「掛かれっ！」の号令を下し、ようやく談笑が許されてパンと味噌汁の朝食となるのである。

自省心の涵養《かんよう》が重要なのは当然だとしても、兵学校のそれまでの卒業生たちから見れば、こうしたやり方で生徒を精神主義の型枠に押し込むことには違和感もあったらしい。型にはまらないスマートな感覚こそが、海軍将校のモットーだったからである。

日露戦争以降、兵学校の訓育では、船乗りの心構えとして「シーマンシップの3S精神」が強調されてきた。スマート（機敏）、ステディー（確実）、サイレント（寡黙）の3Sである。

ここで言う「スマート」は、洗練された身のこなし方だけでなく、頭の回転の速さや思考の柔軟さ、ユーモア、明朗さなどをひっくるめて表す言葉と捉えられていた。

「スマートで目先が利いて几《き》帳面　負けじ魂これぞ船乗り」

山本五十六《いそろく》と同期の太田質平《しちへい》が大正末期に作ったと伝わるこの有名な標語にもある通り、スマートさは常に海軍精神の筆頭に挙げられていた。

背景には、日本海軍が古くから英国流のジェントルマン教育を標榜《ひょうぼう》してきたという歴史的な経緯がある。「士官である前に紳士であれ」というリベラルな気風は、海軍士官の卵を育てる兵学校でも脈々と受け継がれ、哲学や心理学など教養としての文科系教育も重視されていた。

「源内先生」として生徒に敬愛された前出の英語教授平賀春二の回想によると、兵学校の教育方針は「授業も訓練も作業も行事も、すべて天皇陛下のおんため、即ち国家のために、海の武人として即応できる人物をつくる」という大目標を中心に、生徒の徳性、知性、身体のたくましさを同心円で伸ばすことに主眼を置いていた。同心円で伸ばすとは、ひずみのない人物を育てることを意味する。軍事学についても「重んじ過ぎると下士官教育になってしまう」と警戒していたほどだったという。

下士官として64期の受け持ち教員を務めた及川八郎の回想には、生一本の生徒たちに個性が移る弊害を防ぐため、学年指導の教官や教員が同じクラスを持ち上がるのも原則として禁じていたことが記されている。

兵学校の間口の広さを示す開明的な校風は、英語との向き合い方にも表れた。

正が卒業した後、日中戦争の拡大で米国との関係が悪化すると、マスコミがあおった浅はかで偏狭なナショナリズムに押され、英語を「敵性語」として排斥する動きが広がった。陸軍士官学校は太平洋戦争が始まる前に早々と採用試験科目から英語を除外し、開戦から2年後には中学校での英語教育が必修科目から選択科目に変更された。しかし、そうした風潮に兵学校が雷同することはなかった。

戦う相手の言語、それも国際語を理解できずに近代戦争を遂行できるわけがない。米国は開戦と同時にアナポリスの海軍兵学校に日本語の講座を開設したといわれている。

そもそも日本海軍は草創期から英国海軍を手本としていた。開始の号令「掛かれ！」は大声でやると語頭が抜けて「かれー！」と聞こえるが、元はと言えば「CARRY ON！」が転じたとの説があるほどで、艦船・飛行機の装備名や航行・操縦の術語、さらには艦隊・基地での日常生活用語から士官の隠語に至るまで、和製英語も含めた多くの英語が使われていた。今さら日本語化しろと言われても無理だったのである。

中学校での英語教育が一気に衰退した頃、兵学校でも採用試験科目の英語廃止論が持ち上がったが、時の校長井上成美《しげよし》中将が一蹴して沙汰止みとなった。戦後、兵学校の教え子たちが編纂した伝記に、そのときの井上の発言が記録されている。

「およそ自国語しか話せない海軍士官などは、世界中どこへ行ったって通用せぬ。英語の嫌いな秀才は陸軍に行っても構わん。外国語一つもできないような者は海軍士官には要らない」

父の死

正が兵学校に入校した年の11月18日、1号の61期が卒業し、2号以下はそれぞれ1級繰り上がって64期は3号となった。と言っても新入生がやって来るのは翌年春なので、それまでは最下級生であることに変わりはない。

同時に分隊の編制替えがあり、正は同期9人とともに第9分隊に配属された。分隊監事は愛知一中（現県立旭丘《あさひがおか》高校）出身の能村《のむら》次郎大尉。同県人のよしみで正がことに親近感を覚えた砲術科の教官である。後に大佐として戦艦「大和」の副長を務め、沖縄水上特攻にも出撃。出航直前の退艦命令に反発する40人余りの少尉候補生（兵学校74期）を説得して退艦させ、自身も奇跡的に生還した。穏やかな人柄で、正たちが日曜日にみんなで官舎に押し掛けると、夫人が決まって汁粉を出してくれた。

あるとき仲間の誰かが、

「いや、あれは食い気盛りの生徒をもてなすうまい手で、まず汁粉で腹をいっぱいにさせておけば、後は安上がりにつく」

などと聞いてきたようなことを口にしたが、汁粉の後には洋菓子など、当時の生徒にはぜいたくなおやつも出た。

夏の遠泳訓練や、分隊対抗の秋の弥山《みせん》登山競技を無事に乗り越え、毎週のように行われる江田島名物の棒倒しにも慣れた64期生の表情には余裕の色が見え始めていた。

だが、正には一つ気掛かりなことがあった。実家の異変である。手記には「昭和8年3月を頂点として我が家は逆境に転じた」とある。

8月1日からの夏休みに帰省すると、あのよく肥えていた父の喜四郎が、4カ月見ないうちに随分やせてしまっていた。兄の守の遠洋航海出発、正の兵学校入学と春先に慶事が続き、疲れでも出たのか、脚気《かっけ》と胃腸障害で医者に通っていると聞かされた。

秋になると嘔吐を繰り返すようになったのに、喜四郎は胃下垂だと言い張っているらしく、実家からの便りを読んだだけでは状況がつかめない。おまけに遠洋航海から戻った守までが体調を崩して一時帰郷し、艦隊勤務を解かれた後は、療養を兼ねて横須賀の海軍通信学校の学生になっているとのことだった。

兵学校生徒の冬休みは12月21日から1月9日までである。実家に着くと、守が既に戻っていた。喜四郎の病がただ事でないことは、もう誰の目にも明らかだった。それでも本人は「そのうち治る」と強がりを言い、家族がいくら入院を勧めても首を縦に振らない。

12月23日朝、皇太子（現天皇）の生誕を知らせるサイレンが田舎の村々にも鳴り渡った。喜四郎は大喜びで、久々に家族と一緒に神社に参拝した。そうしたら夕方には臥《ふ》せってしまい、祝いのお囃子《はやし》を見に行きたいとせがむ末っ子の菊代に「お母さんと行っておいで」と答えるのがやっとという状態に陥った。守と正の説得にようやく折れて名古屋医科大学付属医院（現名古屋大学付属病院）に入院したのは、暮れも押し詰まった29日のことである。胃がんだった。

年が明けて1934（昭和9）年1月4日。名古屋地方には朝から珍しいほどの大雪が降り積もった。最終検査を受けるため、息子2人に付き添われて病室からレントゲン室に向かう廊下で、喜四郎は思わず足を止めた。

「いい雪だなあ。丈夫なら一杯飲むところだに」

6日の大手術は無事に乗り越えたものの、絶対安静の緊張した時間が続いた。

翌々日、正は不安な思いを抱えたまま、病床の父の耳元で帰校することを告げた。すると、眠っているとばかり思っていた喜四郎がおもむろに目を開いた。言葉を発することはなかったが、目を潤ませたのが正にははっきり分かった。

「武人として生きよ」

無言でそう励まされた気がした。

兵学校の冬季の起床時刻は06時00分と普段より30分だけ遅くなる。1月中旬から2月中旬までの厳冬期間はさらに遅くなってもよさそうなものだが、ここは全く逆で、また05時30分に戻る。厳冬訓練のためである。

厳冬期間中は土曜も日曜もなく、まだ真っ暗な05時45分から寒風に鼻水垂らしながらのカッター訓練が連日行われる。霜の降りた太いオールを握る生徒の手のひらは豆だらけとなり、拳《こぶし》の霜焼けはあかぎれに変わる。尻の皮が擦りむけて純白の事業服のズボンに血がにじみ、やがてどす黒く変色する。

1月13日の土曜日。正は週明けからの厳冬訓練に備えて同期の連中とカッター漕ぎの練習に取り組んだ。ところが、なぜか手に力が入らない。冬休みが明けて以来、物憂い気分が募って授業にも身が入らなくなっていた。

その日の夕方、当直監事の教官から電報を渡された。

「チチキトク　マモル」

教官から「すぐ帰れ」と急《せ》かされて江田島を離れ、翌日の昼前に病院に駆け付けたが遅かった。亡くなったのは13日の17時30分ということだった。兄の守が臨終に間に合ったことが救いだった。「お母さんを呼べ」が最期の言葉で、遺言らしいものはなかったという。その年に予定されていた耕地整理事業の完成を見ることもなく、父の喜四郎は49年の短い生涯を閉じた。

留年の危機

元気で快活だった父があっけなく不帰の客となった事実に、19歳の正は生まれて初めて脳天から打ちのめされたような衝撃を受けた。父の病状に不吉な予感を覚えたこともあったのに、帰省して1週間も同じ屋根の下にいながら、なぜもっと早く入院手続きを取らなかったのか。判断を誤ったのは明らかで、「一代の不覚」と自分を責めた。

それだけではない。母のことはどうなるのだろう。13歳の弟以下、末は5歳の妹まで4人の子を抱えての野良仕事が待っているのである。今際《いまわ》の際《きわ》に母を呼んだ父の無念に思いを巡らせ、これからの母の身の上を考えると、やりきれない気持ちに襲われた。

父の葬儀を終えて江田島に戻った正は、入校以来の疲れに心労が重なったためか体調を崩し、微熱が続くようになった。厳冬訓練どころではなくなり、ついに我慢できなくなって診察室を訪ねた。兵学校の軍医官は即断即決である。

「よし、入室！」

重症者は呉の海軍病院に送られて入院するが、そこまでは不要と診断されたケースは「入室」となる。生徒館を離れ、御殿山と呼ばれる裏山の麓の病室で療養するのである。

正の入室は2カ月に及び、とうとう3学期は単位不足となった。分隊監事の能村《のむら》大尉からは留年を勧められた。

生来の反骨心がこんなときにも頭をもたげる。

「留年するなら退校します」

ふと、中学時代に習った二つの漢詩の一節が脳裏で交錯し、「しっかりせよ」とささやいた。

「少年老い易《やす》く学成り難《がた》し」（朱子）

「学もし成らずんば死すとも還《かえ》らず」（月性《げっしょう》）

男子が志を立てて郷里を出たからには、初志を貫徹するまでである。

「兵学校の成績は積算方式。第1学年の悪い成績が一生影響するよ」

能村は親身になってそう忠告してくれたが、パイロット志望の正は席次や出世などは気にしていなかった。

能村が言ったのは、「ハンモックナンバー」と呼ばれる兵学校同期生の先任順位のことである。クラスメイト間で生涯続く「貴様と俺」の対等関係も、海軍在職中はたとえ同期の同階級でも厳然たる順位が定められていた。兵学校の自習室の席が、教壇から見て最後列右端をトップに、隣が次席、その隣が3席と成績順に決められたのと同様、少尉任官後の指揮系統の序列や整列時の並び方もハンモックナンバーによって決められた。

しかも、その基となる兵学校の成績評価は、昭和初期に導入された「積み上げ方式」によって第1学年の成績が大きな比重を占めるようになっていた。第2学年の成績は第1学年の成績に積み上げ、以後も同様に積算していく。学年が進んでから急に試験で好成績を上げても、順位には大きな変動が出ない仕組みになっていた。

任官後の席次は毎年の勤務考課によって多少の変化は出る。しかし、兵学校卒業時のハンモックナンバーがほぼそのまま付いて回ると言っていい。高等官の席次は「任補の日同じきときは叙位の前後により、叙位の日同じきときは前官職の席次による」と定められていたため、同時に進級していく限りは卒業時の席次が踏襲された。ただ、クラス全員が進級できるのは大佐までで、少将から上はハンモックナンバーで大きな差が開いた。

米軍が太平洋戦争の開戦と同時に抜擢人事に踏み切ったのと違い、日本の陸海軍は平時の硬直的な人事制度を基本的に改めることができないまま終戦を迎えた。兵学校の分刻みの日課の中ではどうしても、暗記力に優れた者が試験成績の上位を占める傾向が生じる。そうした試験成績の優等生が戦争全体を指導し、あるいは艦隊の司令長官となって作戦を指揮していたのである。

結局、正はさんざんな成績で第2学年に進級した。入校時170人の兵学校64期は、在校中の帰郷・死亡が9人、上級からの編入が5人、次期への編入が6人いて、卒業時は160人となったが、正の席次は97番。やはり初年度の成績不振は最後まで尾を引いたのである。とはいえ、彼にとって病室での2カ月間の療養生活は、さまざまなことをじっくりと考えるいい機会になった。

20歳の誕生日を迎えて間もなく、2度目の夏休みがやってきた。故郷の幼友達も徴兵検査を終え、年上の遊び仲間は既に兵隊となって入営していた。父が手掛けた耕地整理事業によって、吉原一帯には美しく区画された水田が広がっていた。実り始めた稲穂をぼんやりと眺めながら、正は考える。

「兵と幹部将校の間で、どこの何が違うか」

――忠君愛国の至誠、人間社会における礼節、信義、砲煙弾雨の中での冷静な気力、才能足らずとも精いっぱいの精進努力。この五つの資質習練の差異だろうか。自分は凡庸な生まれつき。体は虚弱、成績も平凡である。だが、指揮官となるべき資質の涵養《かんよう》、習練には心血を注いでいる。この道を愚直に突き進む以外にない。海軍士官ともなれば、田舎では大出世ではないか。とにかく人に笑われない士官になりたい――。

成人したばかりの正が、弟や妹を教え諭すつもりで綴《つづ》った一文が残っている。文語体と口語体が入り交じり、書き殴ったような粗削りの文章だが、それだけに当時の彼の思いがストレートに映し出されていて、むしろ自らに言い聞かせているかのような印象を受ける。原文のまま抜粋しよう。傍点も彼が付けたものである。

「二十年、我又何をか成せる。今父を亡《うしな》ふ。悲嘆何ものに例へん。されど余は已《すで》に世人の目する成人なり。体軀《たいく》又帝国武人として恥ずる所なし。身は已に家のものならず、己《おのれ》のものならず」

「多数の山畑を田園と化し、青苗蒼々《せいびょうそうそう》として靡《なび》く世となった。完成の盛儀も見ずに逝った父の十年に及ぶ大事業。勿論《もちろん》功名のためにされたるに非《あら》ず。一意の誠よりなり」

「弟妹等《ら》よ記せ。吾人《ごじん》の一生は、功を求むる勿《なか》れ。常に人知られざる誠と努力。これこそ吾人が邦家《ほうか》に尽くす所以《ゆえん》ならずや。高位は望む勿れ。人らしき道を歩め」

「又教ゆ。父の努力に対して報酬を考ふる勿れ。知らずや伝家の精神は身を殺すに在り。父は満足し、十年の苦心が吉原に咲き誇るを見て一片の未練もなく去られ給《たま》ひき。父を望まんと欲せば、神前《しんぜん》橋付近より田園を眺めよ。御霊《みたま》は今猶《なお》此処《ここ》に宿り給ふらん」

「子たらんもの父の恩を思ひ母の慈愛を目撃せば奮励力行、天晴《あっぱ》れ成人して一日も早く母様の御心を休め参らさばや。青春に芽ぐむ我等、父上の死により承《う》けた無言の大きな力を感じ、躍進致さん。現在の我が家は、母を守るは幼き弟妹のみ。守兄さんの心又此処にあり。努めんかな同胞よ、母に奉仕せんを」

初級士官心得

太田正、後の美濃部正の人格形成に海軍兵学校の教育が大きな影響を与えたことは言うまでもない。特に彼ら64期を挟んだ3クラスは、修業年限がそれまでの3年8カ月から4年に延長され、兵学校の歴史の中で最も教育内容が充実した時代だったといわれる。

戦時体制の強化に伴い、生徒採用数は1期下の65期が200人に増員されて以降、右肩上がりで増え続け、太平洋戦争の開戦後に入校した74期は1000人を突破。前線での士官の損耗を補充する必要が生じた戦争後期には分校の開設も相次ぎ、75期以降の採用数は3000人台、最後の兵学校生徒となった78期は4048人に膨れ上がった。こうしたマンモスクラスが誕生する前の66期から修業年限は短縮の一途をたどり、開戦後は在校期間2年4カ月の速成教育で卒業証書が渡された。

64期の在校中はラグビーやサッカー、各種の陸上・水上競技が体育の訓練として導入され、英会話の授業はネイティブの英国人教授が受け持っていた。洋食のテーブルマナーも将校集会所で実地指導があり、最上級生の1号になると、日曜日ごとに広島の騎兵連隊で乗馬訓練が行われたほか、校内に何台かあった自動車を使って運転を練習することも許された。これに卒業後の遠洋航海を加えれば、64期はまさに、海軍将校としての嗜《たしな》みを十分に身に付ける余裕のあった最後の世代だったと言っていい。欧州航路や米国航路、オーストラリア航路といった正規コースの遠洋航海は、国際情勢の悪化によって64期を最後に取り止めとなったからである。

戦争を生き延びた兵学校出身者が官公庁や民間企業で重要な地位を占めるようになった高度成長期あたりから、「海軍初級士官心得」をたたき込んだ兵学校の厳しい躾《しつけ》教育や人材育成法が組織マネジメントの手本としてもてはやされ始め、出版界やマスコミで一種のブームになった時期があった。例えば「5分前」であり、「報告はマメに」であり、「出船《でふね》の精神」である。出船の精神とは、事前の準備を完璧にしておくことを言う。軍艦は港に入ると必ず艦首を沖に向けて停泊する。全員が乗艦を終えると同時に出航できる態勢を整えておくためである。

サントリーの創業家出身で副社長、名誉会長を務めた鳥井道夫は京都大学経済学部2年生だった1943（昭和18）年10月21日、徴兵猶予措置の撤廃を受けて開催された明治神宮外苑競技場での出陣学徒壮行会で、雨に濡れながら、あの悲壮な行進をした一人である。1万2000人に上る海軍第4期予備学生に採用された彼は、基礎訓練で娑婆《しゃば》っ気を抜かれた後、神奈川県藤沢市の海軍電測学校を出て少尉に任官した。戦局悪化に伴う兵力不足を補うための代用消耗品「予備士官」である。

戦争の最末期、鳥井少尉は配属先の呉警備隊から部下30人を率い、通信隊の小隊長として鹿児島の岩川《いわがわ》基地に派遣された。そこで出会ったのが、芙蓉部隊指揮官の美濃部正少佐だった。たった3カ月ほどにすぎなかった美濃部との交流を、鳥井は戦後もずっと「海軍時代最大の幸運」と感じていた。岩川基地の完璧な擬装にも目を見張ったが、何があっても動じない美濃部の冷静さには、とりわけ強烈な印象を受けた。

副社長時代の1984（昭和59）年、雑誌「プレジデント」5月号に掲載された「サントリーに生きる『5分前』の精神」の取材で、鳥井は美濃部の態度に「初級士官心得の〝見本〟を見た」と語っている。

「熱と意気を持ち、純真であれ」
「広量大度《こうりょうたいど》（広い心）で常に快活であれ」
「旺盛な責任観念を持て」
「常に部下とともにあれ」
「感情に訴えるような部下指導は避けよ」
「ユーモアのないところに人間関係は生まれない」

初級士官心得にあるこうした教えを、鳥井は身近に接した美濃部の言動を通じて学び取ったという。そして、会社を経営する自分自身の指針としただけでなく、支店長や営業所長らを集めた社内の会議でも事あるごとに説いて聞かせた。

反骨のクラスカラー

同じ兵学校で同じ日課をこなし、同じ物を食べ、同じ心得をたたき込まれたはずなのに、クラスによって期風には違いが表れる。同期に皇族がいるだけで前後のクラスとは違った雰囲気が醸し出されたし、出身地の分布や時代背景が影響する場合もあった。また、2号ともなれば精神的な余裕も出てきて、1号の指導方法を批判的に見るようになるから、卒業式を境に揺り戻しが起きる。荒っぽいクラスと穏やかなクラスが交互に生まれる傾向があったのはこのためである。

64期のクラスカラーを一言で表現するのは難しい。ただ、大言壮語や阿諛《あゆ》迎合、前例踏襲を嫌う反骨精神の旺盛な人物が多く輩出した印象はある。そうした気質の生徒がもともとたくさんいて、彼らが互いに刺激し合いながらクラス全体のムードを牽引《けんいん》していった面もあったのだろうが、64期の学年指導官を2号、1号時代に珍しく2年続けて担当した亀田寛見《ひろみ》少佐の影響を見逃すことはできない。

山形県立米沢中学校（現米沢興譲館高校）出身で、兵学校は48期。海軍大学校の選科学生として東大哲学科に学んだ経験を持ち、海軍軍人としては一味も二味も変わったタイプの人物だった。当時はまだ30代の後半である。偉丈夫ながらも温厚実直な人柄と山形訛《なま》りの独特の語り口に魅せられ、64期の生徒たちは仲間内ではいつも「亀田おやじ」「亀さん」と親しみを込めて呼んだ。

彼らがよく真似をした亀田の口癖がある。

「一概にそうでないんであってして」

「そういうことも考えられるが、こういう考え方もあるんであってして」

論理学や統率学、戦史の授業、あるいはクラス全員を集めての訓育の場や乗艦実習で繰り返し聞かされた「亀田節」は、物事を多角的に考える土台を64期生に植え付けた。要するに、何か問題を解くに当たっては

「一つの考え方だけにとらわれてはいけない」

「それ以外に解決の方法はないと思い込んではいけない」

ということである。さらに「自分の考えが正しいんだ」と軽々に断定することを戒め、決め付けるような言い方ではなく「私はそう思う」と言うべきだと注意を与えた。

それまでの2年間、局限的な環境下で初級士官としての心得を骨の髄まで仕込まれ、教条主義的な固い頭で物事を処理する習慣に染まっていた64期生の多くは、亀田の熱弁を初めて聞いたとき、「海軍にもこんな人間らしい柔軟な広い識見の持ち主がいるのか」と驚かされた。と

きに哲学や宗教の話を交えるユニークな訓話に「変わった話をする人だなあ」と戸惑っていた生徒たちも、日がたつにつれて亀田という人間の懐の深さと自由な物の考え方に引き込まれていった。そして、独善と不合理を排し、物事を合理的に処理することの大切さを学んでいった。

授業や訓育の時間に、あるテーマについて生徒が意見を述べ合うときも、亀田は他の教官と違って、「その考え方は間違っている」とか「こうでなければならない」という決め付け方は決してしない。軽い笑みをたたえながら、山形訛りの例の口調で「まあ確かに、そういう考え方もあるんであってして」と、まずは生徒の意見を尊重し、その上で教官としての考えを披歴する。だから生徒は堂々と自らの所信を口にすることができた。

正と3号時代に9分隊で一緒だった児玉武雄は次のように回想している。

——兵学校には「がり勉」蔑視の風潮があった。自分には「将来、兵科将校として重責を果たすため懸命に努力することの何が悪い」といった反骨の精神が常に心の底に燃えていた。そんな自分に大きな力を与えてくれたのが亀田教官である——。

1936（昭和11）年3月19日に63期が卒業し、正たち64期が1号になったとき、亀田に感化された彼らの特徴が早くも表れた。やがて4号が入校してくるのを前に、クラスで鉄拳制裁の是非が問題となり、その存否について激論が交わされたのである。

実は鉄拳制裁は、建前としては禁じられていた。

このひと月ほど前、東京で陸軍部隊によるクーデター未遂事件「二・二六事件」が発生している。青年将校らに襲撃されて瀕死の重傷を負った鈴木貫太郎侍従長が、海軍中将として兵学校の校長をしていた1919（大正8）年12月2日の訓示で、鉄拳制裁の禁止を言い渡していた。「陛下のお指図もないのに、生徒に制裁等の特権などあるはずがない」「これは一種の暴行行為であり、武士道にも反する」といった理由からである。亀田は、鈴木校長が鉄拳制裁禁止令を出したときの1号生徒だった。

その後10年ほどは禁止令が守られていたらしい。昭和の初期には再び黙認されるようになり、64期が入校した頃は、正が言うように黄金時代を迎えていた。

鉄拳制裁の大半は誠心誠意からのものだったし、声涙共に下る感激の訓戒も多かったといわれる。しかし、私憤を交えた鉄拳を乱用して下級生の恨みを買う者もいた。61期と62期が鉄拳制裁による強力な指導を行った反動で、63期は表向き鉄拳を否定した。そのことが新たな問題を招いた。4号に対する指導がかえって陰湿化したのである。

教官たち立ち会いの下、大食堂で開かれた64期のクラス会は白熱し、鉄拳はむしろあった方がいいという意見も多かった。議論が煮詰まったのを見て、最後に断を下したのが学年指導官の亀田だった。クラス一の名物男である田中常治《つねじ》が、戦後に出版した著書「海軍兵学校」の中で、そのときの亀田の言葉を紹介している。

「64期生は、その名のごとく六四（むし）でなければならない。無私の心境で下級生を導くには、断固として鉄拳を廃止すべきである。鉄拳がなければ下級生を指導できないようでは、お前たちの人格も知れている。徳をもって人を導け」

こうして、64期の鉄拳制裁返上は実行に移された。教官室では生徒館内の規律保持を懸念する声が上がったが、彼らは結局、やればできるのだということを身をもって示した。1年後、64期が卒業した途端に鉄拳制裁が復活したのは言うまでもない。

ところで、この田中常治という生徒は、ずうずうしいほどの落ち着きぶりで知られ、入校早々に「整備旗《せいびき》」というあだ名が付いた。整備旗とは、作業完了を知らせる際に軍艦に掲げる信号旗のことである。訓練その他で64期が集合する場合、いちいち全員を点呼する必要はなく、田中が来ているかどうかを確かめた方が早い。

「田中常治いるかー？」

「ここにいるよお」

たったこれだけで「全員そろっております」と担当教官に届けても、万に一つも間違いがなかった。どんな時でも自分のペースを崩さず、平然と「やあー遅くなってすまん」と最後に現れる。遅刻すら茶飯事で、海軍が誇る「5分前」の伝統も1号の鉄拳制裁も彼には全く通用しなかった。

任官後は艦隊で勤務した。戦闘時に田中が示した冷静的確な状況判断に、同僚のクラスメイトは畏敬のまなざしを向けた。守備隊の玉砕《ぎょくさい》（全滅）につながったアッツ島沖海戦には大尉時代、第5戦隊旗艦「那智」の主砲発令所長として参加。事もあろうに海戦後の研究会で作戦失敗の経緯をすっぱ抜き、上層部を慌てさせた。戦後は東大法学部を出て弁護士になった。娑婆の学校のいい加減さにあきれ果てたといい、総代を務めた卒業式では、教授陣に痛烈な講評を加える答辞を読んで参列者の度肝を抜いた。

64期の反骨ぶりを示すエピソードを挙げていったら、それだけで1冊の本ができるかもしれない。ここではあと2、3の例にとどめておく。

クラスヘッド（首席）の川島立男は開戦後、魚雷を担当する「水雷屋」から潜水艦に転じ、周囲を驚かせた。日露戦争の日本海海戦で勝利を収めた日本海軍は、あくまで艦隊決戦を戦術思想の主流に位置付け、航空機の優位性が明白になってからも大艦巨砲主義を捨て去ることができなかった。兵学校の恩賜組といえば、水雷屋か、大砲を扱う「鉄砲屋」を進路に選ぶのが常識だった。地味な潜水艦勤務は「ドン亀」と蔑まれて人気がなく、人材も不足していた。川島は潜水艦作戦運用の旧態依然ぶりに危機感を覚え、自ら専攻を変えたのである。空母より惜しいと言われた逸材だったが、１９４４（昭和19）年6月、「呂36潜水艦」の艦長としてサイパン島付近で作戦中に撃沈され、海の藻くずと消えた。

その5年前の夏、海軍の一大根拠地である京都府舞鶴で「舞鎮《まいちん》司令長官ご寵愛《ちょうあい》のSが若い中尉にさらわれかかっており、中将と中尉が張り合っている」という噂《うわさ》が流れたことがある。舞鎮は舞鶴鎮守府の略称。鎮守府は艦隊の後方統括機関で、他に横須賀、呉、佐世保に置かれていた。S（エス）はSINGERの略。芸者を意味する海軍の隠語である。

当時舞鶴航空隊にいた日辻常雄は、ある宴席で舞鎮の航空参謀に話し掛けられた。

「64期は頼もしいのがそろっているなあ。長官のSを横取りしたのは、お前らの仲間の大川中尉だよ」

兵学校時代から何物をも恐れなかった大川秀四郎の面目躍如たる逸話を聞き、日辻は思わず拍手喝采したという。大川は3号時代、9分隊で正とも寝食を共にしている。戦後は海上自衛隊に入り、海将として舞鶴地方総監も務めた。海上幕僚監部人事課長時代には、南極観測船「ふじ」の初代艦長にクラスメイトの本多敏治を選んだ。本多も大川の期待によく応え、昭和基地再開の難事業を成功に導いた。

美濃部正の葬儀でクラスを代表して弔辞を読んだ石田捨雄は、海自トップの幕僚長を退職する直前にトラブルに巻き込まれた。ある海上自衛官が防衛庁防衛研修所（当時）の研修員として書いた論文が、制服組の権限を逸脱するものだと新聞で批判されたのである。時の防衛庁長官は石田に対し、その自衛官を懲戒処分するよう執拗に迫った。石田は学問の自由を盾に動かず、大臣の要求をきっぱりと拒否した。

こうした錚々《そうそう》たるクラスメイトとの4年にわたる切磋琢磨《せっさたくま》、そして苦労を共にしたことで育まれた固い友情と団結は、太田正、後の美濃部正の生き方に決定的とも言える影響を及ぼした。何よりも、人間の鑑定眼を養うことができた。地位や金や名声といったメッキを剥がしたときに表れる、裸の人間の良し悪しを見分ける力である。

64期の団結の強さを象徴するエピソードがある。対米開戦の直前、入港する機会の最も多い横須賀の良長院という寺にクラスの位牌を安置したことである。亡くなった仲間を合祀《ごうし》するためだった。この時点で既に10人の犠牲者を出していたが、その後も戦死の知らせが伝わるたびに、集まれる者が横須賀でクラス会を開いた。結局、同期160人のうち、戦死者（病死、事故死を含む）は81人に達した。終戦直後にさらに1人が自決、1人が事故死した。毎年春の法要は戦後も半世紀以上にわたって続けられた。

「海軍兵学校六十四期之霊位」という位牌とともに良長院に納められた過去帳には、1人だけ、クラスメイトではない人物の氏名が記されている。1962（昭和37）年3月に死去した亀田寛見である。64期生にとって、亀田はそれほど大きな存在だった。

ヨーロッパ遠洋航海

1937（昭和12）年3月23日。天皇の名代である伏見宮博恭王の臨席の下、海軍兵学校64期の卒業式が白亜の大講堂で行われた。晴れて少尉候補生を命じられた160人は、日露戦争にも参加した旧式軍艦「八雲《やくも》」と「磐手《いわて》」から成る練習艦隊に乗り組み、その日のうちに聖地江田島を後にした。司令官は古賀峯一《みねいち》中将、八雲艦長は宇垣纏《まとめ》大佐、磐手艦長は醍醐《だいご》忠重大佐である。正は磐手乗り組みとなった。

練習艦隊はまず内地のほか朝鮮、満州への近海巡航を行い、5月9日にいったん横須賀に戻ってきた。2週間の休暇・帰郷を許された後、皇居での天皇拝謁、靖国神社参拝、海軍大臣招宴などの諸行事を経て6月7日に横須賀を出港。4カ月半に及ぶ地中海遠洋航海（スエズ運河経由）の途に就いた。先に触れたように、日中戦争の拡大に伴う国際情勢の緊迫化で、正規コースの遠洋航海は64期を最後に取り止めとなった。留年を拒んだがために卒業成績は中の下にとどまった正だったが、大戦前に欧州の実情を自分の目で確かめ、国際的な視野を広げる貴重な機会を得たのである。

古賀司令官は出港に際し、少尉候補生を前に次のように訓示した。

「第一に申し述べたいことは、一生を通じて連綿不断の研鑽《けんさん》修練を怠らないことである。諸君は過去十有余年の修学時代を経て、まさに実務に就かんとしている。しかし、これをもって勉学の時代は終わったと考えるならば大きな誤りである。今後の長い海軍生活において、たゆまず研鑽努力する者と、小成に安んじて無為に過ごす者とは、年を経ないうちにその人物識量に格段の差を生じる。諸君は深くこの点に注意し、ますます人格の修養と学術技能の向上に努めなければならない」

練習艦隊は台湾の基隆《キールン》、マニラ、シンガポールに寄港した後、マラッカ海峡を抜け、セイロン島コロンボ経由でインド洋を西へ西へと進んだ。熱帯の太陽に照らされる航海中も、少尉候補生たちは天測実習や当直勤務、さらには砲術をはじめとする各種術科など多忙な訓練で日夜しごかれた。

エリートコースを外れたその他大勢を海軍では「両舷直組《りょうげんちょくぐみ》」と呼ぶ。それを自認する正が配属された磐手第7班の候補生室は、発電機などがある補機室に近かったため、壁を通じて伝わる熱気に夜ごと悩まされた。唯一のオアシスが部屋の真ん中に置かれた扇風機だったが、ある夜、真上のハンモックで寝ていた班の先任者川島正順《まさのり》がこれを足で蹴飛ばしてしまった。さすがに耐えかねた正たちがなじったところ、彼は、

「俺は蹴飛ばさないとは言わない。しかし、みんな寝ていて俺が蹴飛ばしたのを見た者もいな

い」

と、平気な顔で言い返した。普通なら口論になってもおかしくない場面なのに、こんな屁《へ》理屈を許してしまう雰囲気がクラスメイトの間には出来上がっていた。

アラビア半島とアフリカ大陸に挟まれた灼熱《しゃくねつ》の紅海を北上してスエズ運河を抜けると、いよいよ地中海である。アフリカのジブチでの石炭積み込み作業で疲弊していた候補生たちも、ようやく吹き込んできた涼風に生き返ったような気がした。地中海では、イタリア海軍の演習を参観する機会に恵まれた。

トルコの首都イスタンブール、ギリシャの首都アテネ、イタリアの良港ナポリ。各地で大歓迎を受けた練習艦隊は8月21日、フランスのマルセイユに入港した。ここからは陸路である。夜行列車で翌朝リヨン駅に着いた一行がホームに降り立ったとき、近くで「ポーン!」という音がした。彼らが一斉に振り向くと、旅から帰った若い女性を夫らしき男が抱き締めている。派手なキスの音だったのである。

汽車を乗り継いで向かった花の都パリは、万国博覧会の真っ最中だった。その翌日だったか、正は仲の良い白根斐夫《あやお》と街に繰り出した。白根の父親はあちこちの官選知事や内閣書記官長(内閣官房長官の前身)を経て貴族院議員を務めており、パリにも知り合いがいた。その人物に凱旋《がいせん》門近くのレストランで昼食をご馳走になった。

ところが、食後に2人で市内を見物しているうちに夕刻の集合に遅刻し、その夜の大使館主催の歓迎パーティーでは罰として禁酒を命じられてしまった。2人ともスエズ運河通過前の熱気で腕時計が狂っていたらしい。正は「白根は金持ちで時計も良いはず。こいつに任せておけばよい」、白根は白根で「時間のことは太田に任せておけば安心だ」と、互いに相棒に頼り切っていたのが失敗のもとだった。

パリ散策、ベルサイユ宮殿見学、欧州大戦の古戦場ベルダン訪問。10日間のフランス滞在は夢のように過ぎていった。

練習艦隊が日本を離れた後、中国大陸では7月7日の盧溝橋《ろこうきょう》事件に端を発した日中間の戦闘が各地に飛び火していた。8月9日には第2次上海事変が起き、戦火は一気に全土に拡大した。8月31日にマルセイユを出港して帰国の途に就いた練習艦隊も、パラオやサイパンに立ち寄るはずだった復路のコースを急きょ変更し、予定を2週間ほど早めて10月19日に横須賀に帰投した。

［第3章］

水上機パイロット

航空「大熱望」

話が前後するが、兵学校の最高学年である1号生徒には航空実習が課せられていた。乗艦実習と同様、軍事学の授業で得た知識を実物に触れることで深めるのが目的で、江田島に近い呉や山口県岩国の航空隊に数班に分けて派遣され、体験飛行や機上訓練によって偵察、爆撃、航法などの基礎的な航空実務を学ぶのである。

海軍当局のもう一つの狙いは、実習の最終段階で行う適性検査の結果と生徒の志望調査を擦り合わせ、卒業後の進路を決める予備調査を実施することだった。兵学校の生徒採用数を増やしていたのも、近代戦で飛行機が果たす役割をにらみ、士官搭乗員を大量に確保するためだった。ただし、なるべく一人息子は採らない方針だったともいわれる。飛行機で飛ぶこと自体、当時はまだ危険視されていたからである。

正の志望は入校当初からパイロット一本槍《やり》だった。手記の一節にこうある。

「重視されていた砲術や水雷術、陸戦には無関心。まだ軽く見られていた航空、運用、航海に興味を持っていた。正規の科目になかった人文科学にも関心があり、独習していた。数学は得意だったが、これでは試験成績の総合点が秀才ぞろいの級友に劣るわけ。分隊監事からしばしば注意されたが、成績には興味がなかった」

母のことは息子がパイロットになることに反対らしかったが、口には出さなかった。

64期の1号時代には、夏休みに先立ち、水上機母艦「能登呂《のとろ》」が江田島にやって来て各種の同乗飛行や適性検査が行われた。屋内での検査では、回転椅子に座って目をつむったところをぐるぐる回され、急停止後に直立静止するまでの時間を測られたり、地上演習機と呼ばれる模型で水平感覚を調べられたりした。

1937（昭和12）年10月19日、遠洋航海から帰国した64期の少尉候補生160人のうち、157人に「霞ケ浦《かすみがうら》海軍航空隊付を命ず」という辞令が出た。予科練で知られた茨城県阿見村（現阿見町）の霞ケ浦航空隊で、再び航空実習と各種の地上検査に臨むのである。長い間、海ばかり眺めて暮らしていた候補生たちは、久しぶりに山や川や野や畑を見て、改めて日本の風景の美しさを実感した。しかし、正はそうのんびりした気分に浸ってもいられない。これが、飛行機乗りになる夢をかなえる最後の関門だからである。

霞空《かすくう》行きがクラスの総数より3人少なかったのは、この3人が兵学校卒業前の志望調査で航空を「不望」と書いたためとみられる。1期上の63期は、中国戦線での航空隊の活躍が影響してか全員が一応は航空を希望し、中には「超超超熱望」「決死的大熱望」などと書いて出した生徒もいたらしい。日辻常雄によると、64期は「大熱望」「熱望」「望」「不望」の中から選ぶよう指導されたが、実際に３人の不望者が出たことで、霞空の教官たちからは「最近の海兵教育はなっとらん！」と八つ当たりされたという。正が「大熱望」で出したのは言うまでもない。彼らが霞空で受けた航空適性検査の検査官に水野義人《よしと》という青年がいた。心理検査の際は、１人ずつ彼の前に立たされた。けれども、それが人相を見るためだと気付いた候補生はいなかった。

ありていに言うと、水野は占い師である。海軍航空本部は前年の12月５日付で彼を嘱託として採用し、観相による適性検査法を研究させて予科練や兵学校での検査に用い始めた。操縦のうまい教員の顔に共通する特徴を類型化し、それを基準に「適」「不適」を鑑定する。水野はこれを「形態性格学」と呼び、太平洋戦争中は20人もの弟子を従えて全国を行脚した。終戦までに占った飛行機乗りの志望者は30万人を数えたといわれる。

兵学校最後の卒業生となった75期生の回想には、心理検査の思い出で「人相を観察せられ、最後に墨で両手の手形を取られたのですが、不思議に思っていました」といった話が出てくる。戦争末期になると海軍は、手相までも搭乗員選考の判定材料にしていたのである。

けれども結局のところ、若い搭乗員の多くは特攻などで戦死してしまい、人相や手相と航空適性の間にどれほどの関係があったのかは分からずじまいだった。

飛行学生拝命

航空実習と適性検査を終えた64期生は1937（昭和12）年11月5日付で艦隊配属となり、第2期の候補生訓練に入った。いわゆる「甲板《かんぱん》士官」である。言ってしまえば何でも屋の雑用係で、ズボンの裾をまくり上げて艦内をくまなく巡検し、「初級士官心得」の実践を通じて下士官・兵の統率の在り方を学んでいく。

正が同期の候補生5人とともに乗り組みを命じられたのは第1水雷戦隊旗艦の軽巡洋艦「川《せん》内《だい》」で、折しも第2次上海事変を受けて陸軍が敢行した杭州湾上陸作戦の支援に従事している最中だった。つまり、いきなり戦地に投入されたことになる。同期の竹添善雄は「身の引き締まる思いだった」と書き残している。作戦終了に伴って川内はいったん内地に帰還したが、数カ月後に再び上海方面の警備に向かった。

上海進出中の1938（昭和13）年3月11日、正は同期生とともに晴れて海軍少尉に任官した。兵学校卒業から1年がたとうとしていた。

そして、23歳の誕生日を迎えた直後の7月28日、新たな辞令が交付された。「海軍練習航空隊飛行学生被仰付《おおせつけらる》」

第31期飛行学生に選ばれたのである。喜びようは手記からも伝わってくる。

「待望のパイロットへの道が開け、農家生まれの私は文字通り天に昇る心地であった」

8月10日、同じ辞令を受けた同期の少尉60人が再び霞ケ浦航空隊に集まった。久方ぶりのクラス大集合で、学生舎は活気にあふれた。

最初の2カ月間は3式陸上初歩練習機を使った基礎訓練（初練）である。この過程で同期2人が、航空より艦船勤務に適性ありと判断されて離任した。10月になると、飛行学生は陸上機班と水上機班に分けられる。翌年2月には卒業後の操縦、偵察の専修別指定があり、操縦では搭乗機種の割り当ても行われる。

既に軍用機の花形は全金属製単葉機の陸上機・艦上機に移っていた。水上機は車輪の代わりにジュラルミン製のフロート（浮き舟）をぶら下げた木金骨組み・羽布《はふ》張りの複葉機で、海上で発進・着水が可能な半面、スピードや空戦能力は陸上機に及ばない。見た目も野暮《やぼ》ったく、戦闘機乗りの中には「下駄《げた》履き」と陰口をたたく者も少なくなかった。

正は初練の間に一計を案じた。性に合わない偵察には回されたくない。目標はあくまでパイロットになることである。その実現を最優先し、最も人気のない3座（3人乗り）の水上機に狙いを絞った。計略はまんまと成功した。芙蓉部隊の活躍を描いた「彗星夜襲隊」の著者、渡辺洋二が聞き出したエピソードである。

自身の手記にも、

「鍬《くわ》と鎌しか知らない私は、近代科学の粋を集めた飛行機の取り扱いには苦労し、操縦も我ながらうまいとは言えなかった」

と書いているように、もともと正はそんなに器用なたちではない。飛行時間が13時間に達する頃には上手な学生から単独飛行が許されたが、高鷲《たかわし》忠雄によると、彼と太田正は「お互いなかなか単独飛行が許可されず、イライラしていた」という。

それでも生徒時代や候補生時代に比べると、霞空での8カ月間の飛行学生生活は楽しさの点で格段の差があった。何せ責任ある配置などはなく、海軍少尉の月給70円プラスほぼ同額の航空加俸をもらいながら飛行機の勉強をさせてくれるのだから、正にとってこんなにありがたい話はない。

初練を終えると、正ら24人は水上機班に回された。毎朝、陸上機班は谷田部分遣隊（後の谷田部航空隊）、水上機班は安中村《あんじゅう》（現美浦村《みほ》）の水上隊（後の鹿島航空隊）へバス通勤する。今度は「赤トンボ」と呼ばれる93式水上中間練習機を使った訓練である。初練とは逆に、中練では前席に学生、後席に教官が乗る。

夕方に霞空に戻ると、夜な夜なクラス会が開かれる。操縦教官の多くは兵学校で3期上の61期だったが、あの鬼の1号が「飛行学生はよく学びよく遊べ」と大目に見てくれた。一番の楽しみは土日の外出である。給料日前は霞ケ浦でのワカサギ釣りや土浦の安飲み屋で我慢し、給料日の後は土曜の午後から仲間と東京まで出掛けた。時のたつのを忘れ、日曜の帰りは上野発の最終列車に飛び乗ることもよくあった。

パリで一緒に叱られた白根斐夫《あやお》も飛行学生（陸上班）で、正は東京の彼の実家に招かれたことがある。父親は貴族院議員。白根自身もクラス一の美男子とうたわれたが、3人の妹も婦人雑誌のグラビアに載ったほどの美人ぞろいだった。

1939（昭和14）年2月下旬、いよいよ専修を指定される時がきた。水上機の区分は2座操縦7人、3座操縦7人、偵察10人。2座に比べると、空中での格闘能力に劣る3座は地味な存在である。2座操縦を熱望しながら偵察専修に指定されて悲嘆に暮れたクラスメイトもいた中、正の専修は狙い通り第1希望の3座操縦にすんなりと決まった。

3月9日、正ら少尉57人は31期飛行学生を卒業。偵察や操縦機種ごとに、直ちに各地の航空隊付に補するという人事が発令された。実用機による延長教育の開始である。水上機操縦専修14人は、陸上機班の艦上攻撃機9人とともに千葉県の館山《たてやま》航空隊付となった。白根たち戦闘機10人は大分航空隊、艦上爆撃機4人は長崎の大村航空隊、偵察は陸上10人、水上10人とも横須賀航空隊へ異動になった。

館空《たてくう》の当時の副長が美濃部貞功《さだかつ》中佐である。もちろん、この時点の彼と正は単なる上司と部下の関係にすぎない。

操縦の基本を学ぶ練習機課程と違い、実用機課程は、計器飛行や夜間離着水、対潜水艦爆撃、空中戦など実戦部隊で用いる実技を習得する場である。はしご消防車に似たカタパルト（射出機）からの発艦訓練も本格化した。飛行機を乗せた滑走車をカタパルトの末端に起き、シリンダーから伸びたワイヤーが火薬の爆発力でそれを一気に前方に引っ張る仕組みで、文字通り飛行機を発射する装置である。強力なGがかかって一瞬目がくらむほどの衝撃を受けるが、ポンと1回射ち出されると6円の危険手当が付く。このため「ポン6」と呼ばれていた（支給額は月30円で打ち切り）。

乗機は3座の94式水上偵察機（94水偵）。優れた安定性と抜群の航続力で知られた名機である。不器用を自認する正だったが、「それだけに訓練は命懸けで努力した」。練度が向上すると少尉同士の互乗訓練がある。仲間の技量を批判したり、自身の反省材料にしたり、時には口角泡を飛ばして議論し、競い合いながら腕を磨いていった。

同期の山内順之助によると、「館山湾上空、富士山を遠くに望みながら宙返りなどの特殊飛行を行う優越感は何物にも代え難く、お互いによくぞ飛行機乗りになったと満足して勤務していた」という。飛行機と一体になって大空を舞う醍醐味《だいごみ》。それを知った館空での5カ月間は、彼らの海軍生活で最も楽しい時期だった。この間、正は同期生とともに中尉に進級している

（5月1日付）。

実用機課程が終わると、8月10日付で新たな辞令を受けた。正の次の配属先は、水上機の一大基地である長崎の佐世保航空隊。艦隊でのデビューに備え、戦術訓練でさらに3カ月間、実力養成に専念するのである。

手記には、9月に「航空大事故入院1ケ月」とあるが、それ以上のことは書かれていない。翌10月には横須賀航空隊に出向いて2座の95水偵を使った空戦講習を受けている。治りが早かったのか、あるいは無理を押して退院したのか。同期生はこの頃から、彼を「気力の男」と呼ぶようになった。

海の生命線との出会い

1939（昭和14）年11月1日付で、正は水上機母艦「千歳《ちとせ》」乗り組みを命じられた。前年の夏に竣工したばかりの1万トン級の新鋭艦で、カタパルト2基を備え、3座の94水偵2機と2座の95水偵3機を搭載していた。いよいよパイロットとしての本格的な勤務である。母艦乗りの士官パイロットは当時「艦隊の兄さん」と呼ばれ、一目置かれる存在でもあった。半月後、千歳は「南洋群島」防備のために新たに編成された第4艦隊の旗艦となり、佐世保を出港した。

南洋群島は現在のミクロネシア連邦、パラオ、マーシャル、北マリアナを含む赤道以北の南北2400キロ、東西5000キロに及ぶ広大な海域に点在する島々である。元はドイツ領だったが、第1次世界大戦の勃発後に日本海軍が占領。大戦後のベルサイユ条約に基づき、国際連盟からの委任統治領として米国領グアムなどを除く623の有人島を日本が支配下に置いた。パラオ諸島のコロールに施政機関の南洋庁を開設したほか、サイパンやトラックなど6カ所に支庁を設け、日本人の入植が急速に進められた。委任統治条項で軍事基地の設置は禁じられていたが、日本は1933（昭和8）年の連盟脱退後も統治権を手放さず、海軍はひそかに飛行場などの建設計画を進めていた。

当時、南洋群島は「内南洋《うちなんよう》」とも呼ばれていた。その外側に広がっているのが、石油やゴム、鉄鉱石などの資源が豊富に眠る「外南洋」（現在の東南アジア全域）である。南方進出の重要な足掛かりとなる内南洋は、日本にとって経済的にも軍事的にも「海の生命線」と位置付けられていた。しかし、こうした戦略は米国のアジア政策と真っ向からぶつかることになる。

既に欧州では9月、ドイツのポーランド侵攻を機に大戦争の火ぶたが切って落とされていた。日米関係が破局を迎えるのは2年後のことだが、対立は日に日に悪化の度合いを増していた。

第4艦隊の任務は、内南洋への米軍進攻を想定した迎撃態勢の研究・訓練と、その前提となる兵要地誌調査を行うことだった。兵要地誌調査とは、対象地域の軍事的利用価値や利用方法を探るもので、地形や気象から鉄道、港湾、道路、空港、住宅、さらには人口や民情まで、調査項目は多岐にわたる。

新任の司令長官は、正が遠洋航海後に実習を受けたときの霞ケ浦航空隊司令だった片桐英吉《えいきち》中将。千歳艦長の西田正雄大佐はロンドン駐在経験もある英才。やや遅れて着任した航空参謀の鈴木英《すぐる》少佐は、当時靖国神社宮司を務めていた鈴木孝雄陸軍大将の次男で、鈴木貫太郎海軍大将のおいに当たる。

3人とも思慮深いだけでなく、まれに見る温厚な性格で、正からすると父や兄に接しているかのような親しみを持てる上司だった。しかも航空に理解があり、国際情勢にも通じていた。よく艦内で話し掛けられては、米軍に関する情報や作戦運用の着眼点などで丁寧な指導を受けた。時には互いの人生観にまで話が及び、彼らの人間性にも触れることができた。こうした上司に巡り合えたのは幸いだった。

正は艦隊で唯一の士官パイロットとして極秘の調査研究飛行を命じられ、怖い物知らずで太平洋を飛び続けた。94水偵の能力は時速250キロ、航続力も8時間と申し分ない。偵察員と通信員も同乗する。とはいえ、南洋特有の密雲や激しいスコールを回避しながら未知の遠い環礁を目指して洋上を飛行することは、当時は冒険に近かった。それを克服するカギとなったのが、夜間飛行と計器飛行の技量向上であり、洋上での正確な航法を極限まで追求することだった。

特に、スコールの季節別発生頻度と規模、分布状態を把握し、それを突破することは作戦を運用する上で最も重要だとみて、あらゆる機会を捉えて飛んだ。スコールの中に閉ざされ、すさまじい下降気流に巻き込まれたこともある。ぐんぐん高度が下がって海面の白波が見えた時は、さすがに「これで最期か」と覚悟した。

模範を示してくれる教官はいない。試行錯誤と独自の発想・工夫を求められる孤独な毎日ではあったが、答えのようなものが見えてくると、部下と徹底的に議論しながら課題を一つ一つ解決していった。例えば、潜水艦対策では海中透視度の実験を思い付き、飛行高度別の発見・攻撃法を模索した。

パイロットの肉眼で洋上の艦船を発見できる距離と、逆に艦船側から大口径の双眼望遠鏡で飛行機を発見できる距離を飛行高度別、時間帯別に測定し、空気の澄んだ南洋では常に飛行機側が勝ることを確信できたのは大きな収穫だった。

飛行機の整備・点検では必ず全機に立ち合い、「訓練、研究の成否は整備員にあり」と励ました。潮風や波しぶきによる塩害記録とその対策は海洋飛行整備の指針となった。こうした経験の積み重ねがあったからこそ、太平洋戦争中も故障による犠牲を抑えることができたのである。

内南洋での兵要地誌調査の目的は大きく分けて三つあった。一つは飛行場の適地探し。滑走路を建設できる平坦な環礁の広さや、水上機を係留できる砂浜の広さを機上から写真に撮った。二つ目は艦船の泊地。実際に着水上陸し、暗礁など海底障害物の有無を調べたり、環礁出入り口の幅や水深を測定したりした。三つ目は、基地を設けた場合に隊員が生活できるかどうか。真水の有無、野菜などの生鮮食料を入手できる可能性を探った。

思えば、はるばる遠くまで来たものである。愛知の農村に生まれ育ち、子供の頃は海と言えば三河湾しか思い浮かばなかったのに、今はこうして憧れの飛行機を操縦し、水平線の果てまでも当たり前のように飛んで行く。内南洋は初めて赴任した外地だったこともあり、目にする何もかもが24歳の正に強い印象を残した。

コバルトブルーの美しい海に囲まれた小さな島々で、純朴な島民たちは戦いとは無縁の暮らしを穏やかに営んでいた。男も女も身に付けている物は腰布1枚。食べ物はヤシやパンの実、魚介類は無尽蔵にある。自給自足にも悲壮感がない。月夜には輪になって踊りに興じ、恋を楽しんでいた。熱帯の島々を飛び回っているうちに、正は人の世の幸せとは何かを真剣に考えるようになった。

マーシャル諸島中心部から北西に800キロ、マリアナ諸島との間の絶海に浮かぶエニウェトク環礁（ブラウン環礁）を訪ねたときのこと。94水偵で環礁に着水し、飛行服のまま上陸すると、20人ほどの島民が遠巻きに物珍しげな顔でこっちを見ている。正が話し掛けると、おずおずと後ずさりする。

のんびりした感じの日本人が1人浜辺に出てきた。南洋興発という半官半民の国策企業の社員である。南洋庁の出先役人も兼ねていて、夫婦で常駐していた。聞けば、原住民は50人ほど。島外の人間は月に1度、椰子《やし》油と日用雑貨品を交換する同社の巡回船が立ち寄る程度だという。正は彼に来訪の目的を告げ、島の首長に手土産として赤いキャラコ（木綿の布地）を進呈した。首長が正に何か言った。日本人社員が通訳する。

「島民は神様が天下りしたと言うています。この島では、飛行機は開闢《かいびゃく》来初めて。昔から神様は天から降りて来ると信じています」

「ただの人間です。仲良くしてくれと伝えてください」

すると、首長はキャラコのお返しだと言って、生きた大きな伊勢エビを30匹ばかり持ってきた。帰艦後、千歳の飛行科全員で舌鼓を打った。

パラオでは、握りの部分に巧みな彫り物をした杖を売っていた。「夜這《よば》い棒」というらしい。島の若者はみな、自分でこしらえた専用の棒を持っている。娘の寝所に忍び込むときは、高床式住居の床下から棒の握り部分を挿し込む。引き取られたなら「ＯＫ」である。握りの彫り物は一人一人異なるから、娘はその感触で誰彼を判別するのだという。あまりに大らかな風習に思わず顔がほころんだ。

第４艦隊が10カ月を費やして調査し、意見具申を添えて海軍中央に提出した膨大な報告は、内南洋を対米防備の生命線として固め、築城や航空部隊の配備、艦隊の展開を進めるためのものだった。しかし、開戦後の日本はこれを顧みることなく、北はアリューシャン、南は外南洋、インド洋とむやみに戦線を広げ、兵力を分散させたあげくに補給路を断たれて自滅した。

太平洋戦争の末期、内南洋の島々は凄惨な戦場と化した。正を神様と間違えたエニウェトク環礁の島民には、戦後も平和な暮らしが戻ることはなかった。新たな支配者となった米軍は島民を立ち退かせ、ここを核兵器の実験場として使ったからである。

弾幕の洗礼と初の被弾

内南洋での行動を終えた第４艦隊旗艦「千歳」は、１９４０（昭和15）年10月11日に横浜沖で行われた紀元２６００年記念特別観艦式に参加した後、母港佐世保に無事帰投した。１年ぶりの内地だった。しかし、正にはゆっくりできる暇はなかった。11月１日付で第５水雷戦隊

（5水戦）旗艦の軽巡洋艦「名取」分隊長に就任する人事を内示されたからである。しかも5水戦の所属は第2遣支艦隊で、中国戦線への派遣が決まっていた。名取は前年から京都の舞鶴で進められていた改装工事をほぼ終え、正が着任したときは出陣準備の真っ最中だった。

少尉候補生から少尉任官にかけての時期に上海沖で戦地勤務を経験したとはいえ、甲板士官として艦内を走り回っていただけの3年前と分隊長として赴任する今度とでは、任務の中身も責任も求められるレベルが全く違う。

海軍中尉といえば、軍隊内の役割も社会的な地位も戦時国家の軍紀・士気の中核とみられていた。けれども、正が戦地への出動準備を指揮するのは、これが初めてである。何しろ生まれてこの方、「長」と名の付く立場に就いたこともない。

爆弾、航空燃料、航空機整備の予備品から、水上機基地の仮設に必要な天幕、炊事用具、照明器具、警備用の武器に至るまで、積み込みに万全を期さねばならない案件は山ほどあった。水上機搭乗員の補充や整備員の交代といった部下の人事や勤務管理はどうすればいいのだろう。水上機の専門部隊である舞鶴航空隊にいた先輩を訪ねて教えを請うたり、着任してきた部下とも相談したりして、一つ一つ答えを見つけていく以外になかった。

11月半ば、名取は舞鶴を出港し、中国大陸の沿岸を南下した。南支（華南）沿岸封鎖作戦が始まっていた。北は福建省、南は広東省香港沖の海上を監視し、中国への武器、戦略物資の輸入を封鎖するのが5水戦の任務である。監視対象は800キロに及ぶ長大な沿岸。ここを水上偵察機ながら60キロ爆弾4発と7・7ミリ機銃を備えて哨戒する。怪しい船があれば駆逐艦に通報して臨検、没収を行うほか、密輸物資の揚陸施設を見つけて爆撃で破壊することもあった。秋から冬にかけての南シナ海は季節風の吹く小雨の悪天候が多い。ここでの偵察、爆撃は、毎日が生死と隣り合わせと言っても過言ではなかった。

南シナ海の戦地に着いて間もない11月下旬、香港に近い広東省バイアス湾の奥地を流れる東江沿いを進撃中の陸軍部隊から、平湖という町に中国兵が集結しているとの情報が第2遣支艦隊に寄せられた。5水戦などの水上機3機に爆撃命令が下り、正は九龍半島沖から単機で敵地に向かった。味方の制空権下の行動だったせいもあり、「怖さは少しも感じなかった」。地上は静かな田園とクリークが広がっているだけで、どこにも砲煙の気配はなかった。

平湖上空に差し掛かったとき、1000人ほどの中国兵が密集しているのを発見した。いったん飛行機を引き起こし、急降下爆撃に入る。敵は四方八方に散開して集団目標を失ったが、構わず60キロ爆弾を1発ずつ投下。3発目を落として引き起こした瞬間、ハッと思った。目の前に友軍機の急降下！　どうする暇もなく、目を閉じて擦れ違った。

爆撃を終え、さらに偵察攻撃のため東江沿いを上流へ進んだ。山あいに入り、川に沿った道路上の敵を求めて超低空を飛ぶ。左右に目を配り、狭い空間を縫うように進んでいたとき、また息をのんだ。反射的に操縦桿をいっぱいに引いた。両側の山稜から1本のケーブルが張られていたのである。

帰途、いきなり前後左右を弾幕が包み、ビリビリと翼が振動した。すぐに対空砲火だと気付いたが、どこから、何者からかも分からない。どっちに回避するか。後席の部下2人を励ましながら夢中でレバーを押し込み、全速で進む。しかし、自分では進んでいるつもりなのに、空中に止まっているような心もとない感覚に襲われた。初めて経験する弾幕の洗礼だった。任務を終えた帰りで緊張が緩み、香港が英国の租借地であることをすっかり忘れて真上を通過したのである。完全な領空侵犯だった。

どうにか無事に母艦に戻ったが、全く神の加護の連続だった。技量も経験も未熟なパイロットが3度も救われた。もう二度とこんな幸運はないに違いない。後に彼は「空の恐ろしさをしみじみ知った」と振り返っている。

初陣では、向こう見ずで勇敢な行動に走りがちである。それだけに犠牲も多い。一度弾雨の中をくぐると臆病になる。しかし、この臆病こそが注意深さを養い、猪突猛進の蛮勇とは異なる真の勇気を育んでいく。昔、ある人に「勇を養う法」を問われた弁慶は「臆病を稽古せよ」と答えたという。以後、正は「最も臆病なパイロット」を自認しながら各地の戦場を飛び続けることになる。

12月5日、香港の北、深圳《シンセン》港にある中国側の軍需物資輸送ルート（援蒋《えんしょう》ルート）の拠点を破壊するため、5水戦は旗艦「名取」砲術長の助川《すけがわ》弘道少佐が指揮する陸戦隊を送り込んだ。ところが上陸直後、中国軍から機関銃による猛反撃を受けて負傷者が続出し、1個中隊200人ほどが海岸にくぎ付けになってしまった。進むことも退くこともできず、タコつぼを掘って攻撃に耐えている。敵の機関銃座の正確な位置は海上からは分からないが、その至近距離に味方がいるため、艦砲射撃での援護はできない。

ここは空から敵を制圧する以外になかった。正は6時間にわたってこの救出作戦を支援した。超低空まで降下しては機銃掃射をかける。後席の2人もそれぞれの席から撃ちまくった。初めて被弾もした。計7発。うち1発は、正の飛行服の左ももを貫通していた。けががなかったのが不思議だった。

年が明けて1941（昭和16）年1月16日、名取はフランス領インドシナ北部（北部仏印、現ベトナム）に近い中国最南部、海南島の海口に入港した。しばしの休暇である。海軍は中国沿岸の封鎖と南進の戦略拠点確保を狙って2年前にこの島を占領し、大規模な警備隊を置いて残敵の掃討を進めていた。

蒸し暑い料亭にいたときのこと。島民の処刑があるというので正が近くの浜辺に出てみると、警備隊の一団がいた。砂浜に掘った穴の前で、中年の男が後ろ手に縛り上げられて座らせられていた。男は命乞いをしている様子だったが、あっさりと首をはねられた。正は吐き気を催し、食事ものどを通らなかった。スパイとのことだったが、「これでは島民はなつかない」と思った。

こうした中、正には楽しみにしていたことが一つあった。南支方面に展開している海軍部隊には当時、彼を含めて6人の同期生がいた。ちょうどその頃、タイと仏印との国境紛争調停問題が持ち上がり、その関係で内地からこの方面にはせ参じた連中を加え、兵学校64期のクラス会を海南島で開くことになったのである。日取りは2月6日。幹事役の萩原正五《しょうご》は会場の料亭を16人参加で押さえ、準備に張り切っていた。

ところが1月下旬、タイと仏印の紛争は日本が調停することで話がまとまり、正を含む何人かはクラス会をキャンセルして南部仏印方面に進出することになった。おまけに中国戦線視察中の大角岑生《おおすみみねお》大将一行の搭乗機が2月5日に消息を絶ち、この捜索にまた何人かが動員された。萩原によると、クラス会はすっかり当てが外れ、参加者はたった5人になってしまった。

フランス空軍基地強行偵察

1941（昭和16）年1月31日、南部仏印のサイゴン（現ホーチミン）沖に停泊中の「名取」艦上で、タイとフランスは15日間の停戦協定に調印した。日本側立会人は澄田賚《らい》四郎《しろう》陸軍少将。海軍側からは中堂観恵《ちゅうどうかんえい》大佐らが随行した。澄田は前年9月に進駐を果たした北部仏印のハノイに本拠を置く特務機関「澄田機関」の親玉である。中堂も中国南部を中心に住民との友好工作や宣伝、情報入手などの謀略活動に従事していた。

いずれも莫大な機密費を持ち、占領地での経済活動や没収した宝石・書画・骨董《こっとう》などを利用して、巨額の闇資金を動かしていたといわれる。タイとフランス（インドシナ総督府）を丸め込み、日本を紛争の調停役として認めさせることに成功した背景にも、こうした地下組織の暗躍が見え隠れしていた。

調印式が滞りなく終わり、ようやくサイゴン上陸が許された。初めての仏印である。市内見物に土産物買い。「フランス女も悪くない」と浮かれていると、艦長の山澄《やまずみ》貞次郎大佐に呼び出された。前職は侍従武官で、正と同時期に名取に着任した上司である。用件は兵要地誌調査だった。

「中央からの特命で、仏印南部のフランス空軍兵力を調査してもらいたい。資金は3万円。名取の停泊期間は7日間。飛行機屋は君しかいない」

見当もつかない難題だった。「中堂機関」のことが正の頭をかすめた。3万円は今なら1億円を軽く超える額である。

だが、飛行場がどこにあるかも知らないし、現地の言葉は分からない。いくら大金を積まれても、時間はわずか1週間。金で動く人間が得られるだろうか。

「初めてのことで全く自信はありません。できるだけ調べますが、期待はできません」

正直にそう答えるしかなかった。山澄も無理は承知の上だった。正は取りあえずサイゴンの日本領事館に向かった。聞いたところ、ツドウム、ツーラン（現ダナン）、それとメコン河口の飛行艇基地と、少なくとも3カ所はあるらしい。ツドウムの空軍基地はサイゴン北西の郊外にある。150機程度の収容が可能で、戦闘機、爆撃機計約50機を保有しているとのこと。ただし、警備が厳しく近づき難いという。

ツーランはサイゴンから北へ700キロ。海南島の対岸に位置する。中間地点には、日露戦争時にロシア・バルチック艦隊最後の寄港地として日本人にも知られたカムランがある。領事の説明を聞いているうち、中学時代にむさぼり読んだ「敵中横断三百里」の主人公建川中尉の奮闘ぶりが頭によみがえってきた。あんな役回りを、まさかこの太田中尉が演じることになろうとは。決めた。ツーラン基地に最初の狙いを定めた。

領事館の世話で日本語の分かるベトナム人運転手とハイヤーを雇った。1日100円で指示通り行動するという契約である。当時の日本でも小学校長の月給に匹敵する大金で、ベトナムなら1日で3カ月分の稼ぎになる。

現地に急行する道すがら、あれこれ思案を巡らせた。警備の厳しい基地にどうやって入り、飛行機を調べるか。兵学校の試験問題にはなかった。

運転手との世間話から地元の歴史や習慣がだんだん分かってきた。フランス人は通常、暑さしのぎを理由に午後1時から4時までを昼寝の時間に充てている。その間はベトナム人が勤務しているという。フランス人の寝入りばなを襲うことにした。

時間を見計らってツーラン基地に着くと、正は日本海軍士官の制服のまま堂々と正門に車を乗りつけ、運転手を通訳に立ててベトナム人の衛兵に告げた。

「基地の司令官には面会を申し入れてある。すぐ帰るからゲートはこのまま開いたままにしておいてもらいたい」

「お待ちください。当直士官に電話します」

「それには及ばない。こちらから本部を直接訪ねる」

そのまま強引に基地内に入り、格納庫前を1周しながら撮れるだけ写真を撮った。当直士官はやはり寝入りばなだったらしいが、日本海軍士官の司令官面会予定など知っているはずがない。正門の衛兵が電話で誰かと押し問答をしているような様子が見えた。彼らが確認にもたついている間に偵察は終わった。

正門に引き返す途中、ようやく異常に気付いたのか、基地内で非常サイレンが鳴り始めた。

機関銃付きのサイドカーが見える。「急げ」。ゲートを閉めようとしている衛兵たちに、用意しておいた小銭を窓から投げ与え、猛スピードで逃げた。

その後、フランス側からは何の抗議もなかった。どうやらツーラン基地の司令官は管理責任を問われるのを恐れ、今回の不手際を握りつぶしたらしい。軍規も弛緩《しかん》していたようだった。

次の狙いは飛行艇の基地である。メコン河下流の肥沃《ひよく》なデルタ地域は米作りが盛んな農業の中心地だが、フランスの支配下、他国人の立ち入りは歓迎しない。サイゴンからは渡し船以外に行き来はできず、その船も日に数便しかなかった。基地の偵察中に怪しまれた場合、いかにして警備兵の追跡から脱出するか。これも兵学校の試験問題にはない。

「船頭さん、向こうに着いたら50円渡すから、われわれの帰るまで待っていてもらいたい。1時間以内に帰る。帰ってきたらすぐ岸を離れてほしい。うまくいけばさらに50円払う」

船頭は運転手とは顔なじみらしかった。メコン河を下っていくと、下流の三角洲の一角に水上基地があった。大型の飛行艇が7機係留されていた。豊かな農村の風景に心をいやされながら、調査は無事に終了した。

半年後に始まる南部仏印進駐で、日本政府は結局8カ所の空軍基地使用をフランス側に認めさせた。ツーランはもちろん含まれている。メコン河口にあるソクトラン（現ソクチャン）が正の調べた飛行艇基地だったのかどうかは確認できない。いずれにせよ、南部仏印進駐によって日米の対立は決定的なものになっていく。

失敗と試行錯誤の日々

2月8日、名取はサイゴンを出港し、再び南支方面の戦場に戻った。5水戦司令部は12日付で「西貢《サイゴン》方面特別任務報告」と題する機密文書を海軍中央に提出している。残念ながら現在は表紙しか残っていない。

正が指揮する水上機部隊は、福建省福州の沖に浮かぶ馬祖島《ばそとう》（馬祖列島の南竿島《なんかんとう》）に仮設の水上基地を置いた。海軍が補給基地に使っている島で、南東150キロほどの位置に台湾の台北がある。砂浜でのキャンプ生活が続くうちに正は島民と親しくなり、米と交換で伊勢エビやアヒルの卵をもらうこともあった。入隊前に新潟で漁師をしていた部下がいて、得意の釣りと料理で部隊を盛り立ててくれた。

ここからも南支沿岸の偵察、爆撃に飛び続けた。水上機パイロットとして独り立ちしてから1年半近くになっていたが、まだまだ試行錯誤の連続だった。

3月半ば、陸軍の南支那方面軍（波集団）は南進の障害となっていた福州の攻略方針を決め、海軍に協力を求めてきた。第48師団の主力と第18師団の一部、計2万人規模で行う福州上陸作戦である。正は上陸地付近の偵察任務を命じられた。愛機を名取に搭載し、福州沖に進出。連日、海岸の障害物や進入路の適否、要塞砲の位置、敵の配備兵力などのチェックを目視と写真撮影で繰り返した。

どうしても空からでは分からないことがあった。地質である。

上陸作戦には大きな弱点がある。陸《おか》に上がった直後は組織的な戦闘力を発揮するのが難しいという点である。上陸地点が歩兵の行動に適した地質ならまだいいが、万一それが泥土だったら、最も危険な水際で足を取られかねない。そこに敵が一斉攻撃をかければどうなるか。「自分の偵察報告が2万の将兵の命に影響する」。考えただけでぞっとした。

時には超低空で、また時には干潮時を狙って何度も目を凝らすが、地質までは分からない。後席の部下に指示し、何カ所かで土嚢《どのう》や爆弾も落としてみた。土嚢は破れた。爆弾では穴が開いた。これだけでは地質の軟弱度の決定的資料にはならない。作戦予定日の4月19日が近づいている。5水戦司令部からは「大丈夫か」と問われるが、地質までは何とも答えようがない。

作戦の意図を隠すため、名取は福州沿岸から400キロ地点まで後退した。これからは遠距離を押しての偵察続行である。ふと、素朴な疑問が浮かんだ。

「もう20回以上も偵察に行った。1人くらい海岸を歩いていてもよさそうなのに、不思議と見たことがないのはなぜだろう」

日本の艦隊や飛行機がいるからではないか？

正は思い切って偵察を2日間取り止めた。そしてその次の日。未明の空を飛び、風下からエンジンを絞って福州に降下した。黎明《れいめい》の薄明かりで、かすかに海岸が浮かんで見えた。「いた！」。上陸予定地点の岸辺に釣り船が1隻。爆音に気付いた1人の中国人が慌てて船を捨てて飛び降り、陸地に向けて走り出した。もうこれで十分である。砂浜は彼の走りを全く妨げていなかった。

「偵察は目で見るな。常識の心で見よ」

このことを実地で学んだ瞬間だった。

彼は後年、中尉時代について「幼拙、失敗の連続だった」と述懐している。しかし、失敗の中から貴重な教訓を得たことも少なくない。

4月のある日。馬祖島から海を隔てて100キロほどの福清という町の敵兵が、守りの手薄な正らの水上機基地を襲撃するという情報が飛び込んだ。すぐさま先制攻撃に飛び立った。この付近の海は春になると海霧と黄砂ですっぽり覆われる日がある。その日も島の南端の岬の陰に早くも雲が漂い始めていた。「帰りがちょっと心配だな」とは思ったものの、気が立っていて深くは考えなかった。

爆撃を終えて再び海上に出ると、いつの間にか南シナ海は一面の海霧である。今のように計器飛行にナビゲーションシステムが備わっている時代ではない。海面の波や漂流物を目標に、風向きや風速による偏流（予定針路からのずれ）を測定しながら飛ぶ推測航法である。肝心の海面が見えなければお手上げだった。このまま南東へ飛んでいれば台湾にたどり着くかもしれないが、そこまでの燃料はない。

後ろを振り向くと大陸の山々は見える。しかし敵地である。敵地での不時着は、当時は自殺行為と考えられていた。さりとて、こんな敵も味方も見ていない所で自爆する気にはなれない。不安とともに、急に生への執念が湧いてきた。

「せめて馬祖島付近まで」

祈るような気持ちで飛んでいると、前方の雲上に山らしきものを発見した。島の岬のようだった。海霧に閉ざされた中での着水は絶望的と思われたが、真上まで行くと、風下にぽっかり直径1000メートルほどの穴が空いている。海が見えた。94水偵の旋回径は800メートル。ぎりぎりの空間である。機体を軽くするため、しばらく付近でホールディング（待機）して燃料を消費。霧の壁でできた円筒の中をらせん降下して着水し、水上滑走で基地に帰った。「山の風下に霧なし」。後に北方のアリューシャン列島で厚い雲に遮られた際も、実体験で得たこの知識が役に立った。翌日からは早速、限られた空間の中を正確に降下できるようになるまで訓練を繰り返した。

一方で正はこの頃、中国との戦争目的に対する不審の念と、戦いそのものへの虚無感を抱き始めていた。

「戦いは命のやりとりである。しかし、戦闘員の心はさまざまであり、戦いの様相によっても変わる。敵に背中を向けたことはなかったが、常に敵愾心《てきがいしん》に燃え、闘牛のごとく戦えるものかというとそうではない」

陸軍が福州上陸作戦に踏み切った4月19日。海軍の各航空部隊は未明、上陸地の閩江《びんこう》河口を圧迫している山頂の砲台や、水中に築かれた機雷堰《えん》を爆破するため一斉に出撃した。正は上陸地正面の砲台に2発、敵の守備軍の根城とされた砲台東側の集落にも2発の爆弾を投下した後、上陸部隊を支援するため奥地の偵察に向かった。

いつもそうだが、古都福州の内陸部に分け入って南画の山水図のような険しい山々に囲まれると、中国4000年の奥座敷に迷い込んだ感じがする。今や対空砲火もなければ、地上には人影もない。暴れイノシシの退散を待つ構えにしか見えなかった。

「大東亜共栄圏建設と言うが、果てしなく広がる大中国。4億の民はそれぞれの生活を持っている。日本の言いなりになっていない。現にわれわれが不時着しようものなら、寄ってたかって撲殺する。彼らは日本から何一つ恩恵を受けていない。山犬のごとき日本占領軍の前では服し、一歩下がれば唾を吐いている」

夜が明けて戻る途中、戦果確認のため先ほどの集落を低空で飛ぶと、爆撃でできた穴の中に2人が倒れ、穴の縁で寝間着姿の女がしゃがんで泣いていた。「罪なことをした」と心が痛んだ。

5月に入り、香港の北、深圳《シンセン》港の爆撃命令が下った。再び密輸活動が活発とのこと。低空まで下がって偵察すると、街は節句の祭りか金銀赤黄色の色紙に飾られていた。人波でにぎわっていたが、日本機に気付いてクモの子を散らすように逃げ去った。

「こんな所に4発ばかり爆撃して何の価値ありや。殺生の悲しみ、家財を焼かれた恨みを増すばかり。この日爆撃中止、引き返す。戦局に影響なし」

［第4章］

太平洋戦争始まる

駆け込み結婚

1941（昭和16）年5月15日付で正は大尉に進級した。

海軍ではこの頃、大尉を「たいい」ではなく「だいい」、大佐も「だいさ」と発音する呼び方が広まっていたというが、彼やクラスメイトの書き残したものの中には全く言及がない。理由や起源には諸説あるようで、防衛省防衛研究所に残っている海軍の電報綴《つづり》をめくると、既に明治時代半ばには「ダイイ」と書いている電文が何通かある。ただ、大将を普通に「たいしょう」と呼んだのと同様、大尉も大佐も正式には濁らない。

それはさておき、第5水雷戦隊旗艦「名取」での正の仕事は終盤に差し掛かっていた。最後の任務となったのは南部仏印進駐作戦である。7月25日、集結地の海南島を陸海軍の大船団が出港した。陸軍輸送船だけで39隻。これを護衛する海軍の艦隊は、5水戦を先頭に約50隻。正にとっては初めての実戦輸送だった。

「この軍事力、大集団。胸が高鳴り、祖国の力を感じる」

中国戦線で抱いた戦争への違和感も、この時ばかりは消し飛んだ。

1週間後、2度目のサイゴン入港。今度はゆっくり見物や買い物ができた。内地では手に入りにくくなっていたキャラコが1巻き2円で売られていた。手に取って見ると日本製である。米英の経済圧迫下、外貨獲得のためには国内消費を抑えてでも輸出に回さざるを得ない祖国の実情が肌で感じられた。

平和裏に進んだ南部仏印進駐は、皮肉にも日米関係に決定的な亀裂をもたらした。米国は直ちに日本への石油禁輸を発表した。米、英、中国、オランダの頭文字を取って名付けられた対日経済封鎖「ＡＢＣＤ包囲網」は一段と厳しさを増した。石油や鉄鋼などの戦略資源を絶たれた日本は、太平洋戦争への道を突き進んでいく。

名取は8月半ばに舞鶴に帰港し、正はしばらく休暇を得て実家に滞在した。次の異動先である第1水雷戦隊旗艦の軽巡洋艦「阿武隈《あぶくま》」分隊長に補せられたのは9月10日付だが、この間に大きな心境の変化があった。

実は南支沿岸での従軍後半から、正の素行は荒れていた。至る所で女遊びも派手にしていた。無理もない。7カ月間で100回以上も偵察・銃爆撃に飛び立ち、被弾もした。悪天候を冒しての遠距離偵察では幾度も死線を越えた。あすの命の保証はなく、気持ちがすさんでいた。どこかにはけ口を求めなければやっていけない。金に不自由しなかったことが、これに輪をかけた。航空加俸、航海手当、戦時加算、航空危険手当を加えると、26歳の若い大尉でも月に400円余りの収入があった。小学校長の4倍である。

名取では、行状を見かねた砲術長の助川少佐から、

「早く身を固めろ。俺が世話する」

と、顔を合わせるたびに忠告されていた。実家にいると、母のことが自分の結婚にあれこれ気遣いしていることも分かるし、その意味を考えないわけにもいかない。正はついに観念して見合い話に乗ることにした。

日米間の緊張が高まる中、連合艦隊は着々と開戦に備えつつあった。母港の呉を出た阿武隈は9月中旬、瀬戸内海西部の山口県室積《むろづみ》沖から豊後水道にかけての海域で2週間にわたり、対潜水艦哨戒や魚雷発射、対空射撃など実戦さながらの猛訓練に参加した。10月にも洋上での給油を含む大規模な訓練が予定されていた。見合いの席は9月末、休業日に大分県の別府に入港した機会をとらえて設けられた。

激務続きの正は頭に血が上っていて、見合いどころではないというのが本音だったが、同じ阿武隈で通信長を務めるクラスメイトの鈴木貞栓《ていせん》が彼をなだめた。鈴木は病気留年で同期となった苦労人である。正が4号時代は同じ7分隊の3号で、その頃もよく面倒を見てくれた。世事に関しては先輩だった。

見合いの介添えを含む段取り一切を鈴木が引き受けてくれた。見合いの介添えとは簡単に言うと、初対面の2人の会話が途切れたときに助け舟を出す係である。最後まで同席するのは野

暮の骨頂で、頃合いを見計らい、「あとは2人で」と座を立つ。戦前の日本ではこうした見合い結婚が大半だった。しかも海軍現役士官の結婚は、海軍大臣の許可を受けることが勅令で義務付けられ、願書の提出や相手の身元調査にも細かい決まり事があった。

見合い相手は岩国航空隊司令美濃部貞功《さだかつ》海軍大佐の長女で、神奈川県鎌倉市に住む篤子《あつこ》。正の5歳年下で21歳だった。岩国に単身赴任中の美濃部大佐は、正が飛行学生を終えて実用機課程の訓練を受けたときの館山航空隊副長である。正が乗る阿武隈の村山清六艦長とも兵学校同期という縁があった。とんとん拍子でセットされた2人の見合いの結果は、まず上出来の部類と言ってよかった。

軍艦乗り組みの正と鎌倉在住の篤子との交際手段は文通しかない。手紙を交わすうちに愛情は育っていった。正もいずれ日米開戦となることは覚悟していたものの、まだ先のことだと思っていた。

ところが、九州の有明海に停泊して明治節（明治天皇誕生日、現文化の日）の遥拝式が行われた頃、阿武隈に「11月16日、佐伯湾《さいき》に集合」の命令が来た。佐伯は大分県の南東部、豊後水道に面した湾である。それまでの寄港地でも武器弾薬などの搭載が始まり、飛行機搭乗員には寒冷地飛行に備えた凍傷予防クリームまで支給されていた。訓練用だと告げられたが、これはまさしく兵学校で教わった戦争準備である。

正は迷った。

――開戦近し。結婚しようか、婚約破棄しようか――。

同期の鈴木が味なことを言って正の背中を押した。

「戦は戦。生死は天意だ」

腹が決まった。運命は先方に委ねよう。阿武隈の呉帰港予定は9日の日曜日。16日出港となれば、挙式の日取り候補は10日から15日までの6日間しかない。暦を見ると、大安は15日の土曜日だけだが、出港前日というわけにはいかない。準備の都合と式場の空き具合などを勘案した結果、11日の火曜日に的を絞った。暦は「先勝」である。乱暴強引な電報を打った。

「11月11日呉にて挙式したし。準備できなければ婚約破棄したし」

美濃部家はさすがに時局を理解していた。運命の歯車はかみ合った。

ただ、新婦の父貞功は挙式の前日になって突然、海軍中央から直接電話を受け、一瞬途方に暮れた。13日から16日まで岩国基地内で連合艦隊最後の打ち合わせと陸海軍作戦打ち合わせ会議を開く。参会者は陸海軍の首脳クラス１５０人。ついては極秘裏に諸準備を進めよとの指示である。長女の挙式に出なければかえって怪しまれる。美濃部司令は副長と飛行長だけを呼んで事情を伝え、「先般ある地方で実施された陸海軍合同演習の研究会」と称して準備を急ぐよう言い残すと、何食わぬ顔で呉に向かった。

結婚式場は呉の水交社。当時主要な軍港にあった海軍将校専用の福利厚生施設である。仲人は阿武隈艦長の村山大佐。呉や岩国近くの部隊、在泊艦の兵学校クラスメイト20人ほどが祝ってくれた。懐かしい白根の姿もあった。郷里からは母と妹が駆けつけた。田舎暮らしの母ことは軍服姿のいかめしい参列者の敬礼に戸惑うばかりだったが、阿武隈の鈴木が同僚のよしみで何くれとなく面倒を見てくれた。

娘ばかりの美濃部家から「できれば婿養子に」という希望が伝えられたのは年末のことである。改姓の手続きが済んだのは翌年2月になってからだが、もうここからは彼のことを「美濃部正」と呼ぶことにしよう。

先方の申し出については彼も、幼い頃からの太田姓の誇りや太田大尉としての海軍生活が消えるような気がして、抵抗を感じなかったわけではない。それを受け入れたのは、自分の戦死後の篤子の立場を考えてのことだった。戦前の家制度の下では、男の子をもうけずに死んだ次男が残した嫁は、婚家からみれば何の価値もなかったからである。

慌ただしい臨戦準備の中での新婚生活はわずか4日で時間切れとなった。佐伯湾集合後の行動は予想もつかない。だが、ひとたび出陣すれば強敵米海軍との死闘が待っているのは明らかだった。手記に残された切ない言葉が、美濃部の心中をよく表している。

「人間は不思議なもの。肌を合わせたのみで、またとなき愛《いと》しい仲となる。未練と海軍士官としての使命感の交錯した別れだった」

真珠湾奇襲作戦

11月16日、豊後水道に面した大分県佐伯湾に空母6隻を基幹とする世界初の空母機動部隊、いわゆる南雲《なぐも》機動部隊が集合した。司令長官は南雲忠一《ちゅういち》中将。他に護衛の戦艦2隻、重巡洋艦2隻、軽巡洋艦1隻、駆逐艦9隻などから成る大艦隊である。美濃部はここで初めて部隊の編制を知った。まさに極秘任務の部隊だった。

翌日、機動部隊旗艦の空母「赤城」の飛行甲板に各級指揮官、幕僚と、分隊長以上の航空士官が集められ、編制順に整列した。呉から激励に訪れた連合艦隊司令長官山本五十六《いそろく》大将が壇上に立った。仰ぐ将校群の敬礼が終わるや、列の後方に並ぶ美濃部の耳に山本の第一声が飛び込んできた。

「諸子を駆って米軍牙城ハワイを急襲せしむ。休め！」

思いもよらない作戦だった。と同時に、この号令で南雲中将以下、将官も各艦長も列兵のごとく「休め」の姿勢を取ったことが美濃部には印象的だった。将官が号令される場面など見たこともなかった。作戦命令の絶対性、「上官の命令は朕《ちん》（天皇の一人称）が命令と心得よ」の重々しさを改めて認識した。

山本の訓示が続いた。

「本作戦は博打《ばくち》ではない。米軍にも米国魂がある。今後の作戦の成否は本作戦の成否に懸かっている。なお目下、野村駐米大使が和平交渉に最後の努力をしている。交渉成立すれば、その場から全軍引き返せ」

時局は美濃部ら若手士官の想像以上に切迫していた。訓示が終わり、「阿武隈」に戻った彼の胸中にはさまざまな思いが去来した。

――予想外に遠い敵中深きハワイに決戦場を与えられた。有史以来かかる大遠征があっただろうか。成否はともかく、祖国の命運を決する大作戦の一員となったことは、海軍将校としてこれに勝る冥利《みょうり》はない。死に場所は決まった――。

――さりながら、結婚したばかりの篤子、郷里の母、妹たちはどうなるのか――。

この時点でも作戦は厳秘とされ、阿武隈艦内では第1水雷戦隊の司令官、幕僚と艦長、そして飛行長の美濃部以外は誰にも知らされていない。手紙も禁止された。妻や肉親に別れの知らせもできないまま、18日早朝、阿武隈は佐伯湾を後にした。

機動部隊は最後の集結地となった千島列島の択捉《えとろふ》島単冠《ひとかっぷ》湾で作戦準備を完了し、ここで初めて行き先が全員に明かされた。赤城の格納庫には真珠湾の立体模型が用意され、パイロットは任務に応じて進入、接敵、攻撃の研究をした。主要幹部には作戦に関する文書や電報の閲覧が許された。極秘にハワイを偵察していた鈴木英《すぐる》少佐からの報告にも接した。美濃部が内南洋で薫陶を受けた元第4艦隊航空参謀である。

「主力艦の真珠湾在泊は確実なり」

11月26日、大艦隊は単冠湾を出発し、北太平洋を一路東進した。先遣部隊の潜水艦が「ソ連商船、我が進路を反航中（正面から向かって来ること）」と報告してきたときは全軍が緊張したが、幸い濃霧で発見されず、胸をなでおろした。日付変更線を越えた辺りから北太平洋は怒《ど》濤《とう》が逆巻き、駆逐艦の艦首が大波に没するほどだった。水兵が波にさらわれたという報告もあった。

厳寒の激浪を押し分けて進む艦内での心境を美濃部はこう記している。

「内心では日米和平交渉成立、戦争回避を密かに願う気持もあった。いまだ生に対する未練があった。これほどの危険を冒して対米戦を仕掛ける大義名分や、祖国の危機感がぴんと感じられていなかった」

12月2日、暗号電文受信。「新高山《にいたかやま》登レ一二〇八《ひとふたまるはち》」

新高山は当時日本領だった台湾の山（現玉山）である。和平交渉決裂、作戦決行の「X日」を12月8日にするという意味だった。艦隊は南へ変針し、時速28ノット（約52キロ）に増速した。もう引き返すことはできない。進撃あるのみである。

「覚悟は決まった。いかなる難敵であれ、この大奇襲作戦。海軍に身を投じ、2年間の激しい訓練で腕を磨いたパイロットとして、千載一遇の壮挙に参加できる幸運への感謝と誇りで奮い立つものがあった」

潜水艦からは真珠湾に集結している米艦船の具体的情報がもたらされた。常夏のハワイに近づくにつれ、気温はぐんぐん上昇した。海面は太平洋の名にふさわしく、穏やかそのものである。

8日00時00分（ハワイ時間7日05時00分）、各艦のマストの頂に戦闘旗が掲げられた。第8戦隊から2機の水上機がオアフ島真珠湾とマウイ島ラハイナ泊地の直前偵察に飛び立った。艦隊は一斉に針路を北東に変え、向かい風に立った。

01時30分、各空母から攻撃隊の発艦が始まった。第1波183機の大編隊が暁の空を南に向かって飛んで行った。2時間近くがたった頃、攻撃隊指揮官淵田美津雄中佐から待望の報告がもたらされた。

「トラ、トラ、トラ」（われ奇襲に成功せり）

全艦に歓喜の渦が巻き起こった。感激と興奮が交錯する阿武隈の艦橋で、美濃部はホノルルのラジオ放送に耳をそばだてた。

「ライジングサンのマークを付けた飛行機がパールハーバーを攻撃中」

「これは演習ではない。全ての兵は原隊に戻れ」

「電話の使用を禁止する。混線のため軍用電話に支障する。医師と看護婦は病院にて待機されたし」

緊急事態に対処する見事な放送が印象に残った。

真珠湾に在泊していた米戦艦8隻は、「アリゾナ」など4隻沈没、1隻大破。日本側は29機が未帰艦となったが、予想外の大戦果だった。作戦は1水戦の出る幕もなく終了した。

日本への帰途、赤城から「阿武隈機は帰投針路海面の対潜哨戒の後、父島経由海軍省にハワイ攻撃成果の写真を届けよ」との命令があった。攻撃隊の撮った写真を受け取った美濃部は父島の東600カイリ地点からカタパルト発艦。12月21日にこれを海軍省報道部に届けた。

機動部隊より一足先に帰国できたおかげで、美濃部はその日から25日朝まで、鎌倉の妻の実家で一家挙げての歓待を受け、しみじみと凱旋《がいせん》の幸せを味わった。岩国航空隊司令を務める義父が不在だっただけに、義母、妻、義妹3人に囲まれた丸4日間は桃源郷にいるかのような気分だった。

呉で阿武隈の帰港を迎えた美濃部は、汽車で後を追ってきた篤子と落ち合い、年末年始の入港期間中を共に過ごすことができた。1カ月半遅れの新婚旅行である。

「冬の寒さも気にならず、宮島の紅葉山公園を連れ立って散策した思い出はいつまでも消えない」

そんな甘美な一文が手記に残されている。

1942（昭和17）年の年明けは、日本中が浮き浮きとした雰囲気に包まれていた。美濃部が持ち帰った一連の空撮写真は元日の新聞紙面をでかでかと飾っていた。海軍省は戦意高揚に最も効果的なタイミングを狙い、1月1日付朝刊用という条件を付けて新聞各社に写真を提供したのである。朝日新聞は「戦史に燦《さん》たり・米太平洋艦隊の撃滅」という大見出しとともに、1面と3面をハワイ空襲の写真だけで埋め尽くした。どこの映画館も、正月興行用に封切られたニュース映画「ハワイ大空襲」を一目見ようという客で超満員となった。真珠湾攻撃が大日本帝国の「終わりの始まり」であることに、まだ誰も気付いていなかった。

無風の快進撃に戸惑う

1月5日に篤子を鎌倉に帰すと、美濃部は翌日から岩国沖での艦隊訓練に参加した。彼が操縦する94水偵を目標機として、各艦が対空射撃演習や砲戦教練を行うのである。

8日、第1水雷戦隊旗艦「阿武隈」は南雲機動部隊の一員として再び呉を出港した。行き先は内南洋のはるか南、ビスマルク諸島方面。「これからの戦場はハワイと異なり、敵も十分に備えているはず」。美濃部は相当の反撃を覚悟した。

警戒航行中の当直に立った夜、思い出深い内南洋の真っただ中で早くも米潜水艦の交信電波を傍受した。見えざる戦闘が始まっていた。冬の内地から1週間足らずでの熱帯圏。暑さに体が順応せず、寝苦しい夜が続いた。

海軍の一大根拠地トラック島（現チューク環礁）に入港したのは14日。潮流の速い狭水道を通過するため、敵潜水艦に対する厳戒態勢が敷かれた。美濃部は早速発艦し、対潜哨戒に出動した。1年半ぶりのトラック島上空。海中の潜水艦透視は経験済みである。「1隻たりとも見逃すものか」と、飛行は6時間に及んだ。

阿武隈の搭載機は94水偵2機。搭乗割は2組制で、1号機は分隊長の美濃部大尉が操縦し、偵察員は柳田2飛曹（2等飛行兵曹）、通信員は佐々木3飛曹が務める。2号機は下士官トップの1飛曹が操縦、分隊士の中尉が偵察、最若手の1等飛行兵が通信という構成だった。進出先での初出撃や難度の高い任務は大抵、美濃部機が担当した。

16日、機動部隊の航空士官は旗艦「赤城」に集合命令を受けた。クラスメイトが4人いて久しぶりに歓談した。4人とも空母乗り組みの母艦パイロット。鼻息は荒い。司令部から戦況全般の説明があった。

南西方面（東南アジア）の陸海軍部隊は着々と成果を上げていた。マレー半島、フィリピン、セレベス、ボルネオ、スマトラ、ジャワの敵植民地を次々に占領し、英国最強戦艦「プリンス・オブ・ウェールズ」と「レパルス」を撃沈したという。今後は新たに南東方面に進攻してソロモン列島線を抑え、米国からオーストラリア方面への補給路を遮断するとのこと。機動部隊の次の目標はビスマルク諸島最大の島、ニューブリテン島ラバウル方面の制圧だった。オーストラリアの委任統治領である。

17日03時20分、「飛行機即時待機！」の拡声器で起こされた。

「敵有力部隊北上中。第8戦隊と阿武隈の水偵は速やかに発進、捜索せよ」

ついに出番がきた。美濃部は母の写真に別れを告げると、妻の写真を懐中に艦橋へ急いだ。司令官、艦長、先任参謀が待っていた。暗夜、停泊中の発艦である。母艦パイロットはもちろん、第8戦隊の水偵からも「自信なし」と断られたらしい。

直ちに射出発艦。150カイリ飛んだとき、「敵情は誤り。引き返せ」との連絡を受信した。だが、美濃部は無駄足とは思わなかった。暗黒の南太平洋で、海軍随一の夜間偵察機としての期待に応えたからである。

この日、機動部隊はトラック島を出港。20日から各空母の艦載機はラバウル方面を空襲した。ところが、反撃らしい反撃がないという。機動部隊司令部が24日付で連合艦隊司令長官に宛てた機密電にも「敵空軍は戦意に乏しく、現在までのところ攻勢移転の気勢を認めず」と記されている。敵は本当に戦意がないのだろうか。戦前には予想もしなかった南太平洋遠征。聖戦の実感がなかった。

美濃部はこの頃、英語の勉強に取り組んでいる。米英をもっと知りたいと思ったからである。彼らは何を考えているのか。敵を知らないことは不気味だった。

特段の任務がないときは、ベッドに横たわって小説を読んだり、篤子からの手紙を繰り返し読んだりする暇もあった。だが、戦場の常で出撃命令は突然やってくる。

22日10時20分、「阿武隈機、即時待機!」。艦橋へ急ぐ。

「南ラバウル方面の洋上索敵・偵察、全行程500カイリ」

これは困難な任務らしい。軍刀を手にする。愛機に万一の時は自決するためである。捕虜にはなりたくない。11時00分、射出発艦。日没まであと6時間。島影も見えない洋上を飛ぶ。途中、スコールに遮られたが、突破方法は一昨年に訓練済みである。

スコールの中では、下降気流のためエンジン全開でも水平飛行が不能になる。海面にたたきつけられそうになり、視界はゼロ。全くの盲目飛行となる。美濃部が戦後に知ったことだが、海軍各部隊はスコールのために多くの未帰還機を出していた。

ただ、下降気流は海面から10メートルくらいで止まる。これを知っているかどうかである。超低空でかすかな白波を見ながら保針し、水平飛行に全力を挙げる。スコール帯はおおむね50

カイリ前後。これも経験の積み重ねで得た値である。我慢のしどころだった。3人とも機上で昼食をとる余裕はない。洋上飛行の位置推定は保針が命。野球ボール大のコンパスに360度の目盛りが付いている。それを頼りの保針は神経を使う。

偵察終了予定地点で打電。

「機動部隊進撃路、敵を見ず」

日没寸前に帰艦した。艦長、航海長、1水戦司令部の幕僚はじめ全員が大喜びで迎えてくれた。この頃から阿武隈機は機動部隊の司令部からも信頼されるようになった。整備員たちの努力で故障ゼロが続いていたからである。

翌日、日本軍はニューブリテン島ラバウル、ニューアイルランド島カビエンにあっさりと上陸した。25日には機動部隊の水偵隊7機が英国領アドミラルティ諸島のロレンガウを攻撃した。美濃部は阿武隈の2機を率いていたが、敵は3階建て兵舎と機銃陣地からわずかに反撃しただけで沈黙した。味方は1機に被弾したのみ。中国沿岸部と大差はなく、平時の植民地警備のままのようだった。

――どうもこの方面の進攻は空き巣狙い同様の感じがする。敵は戦闘準備が不十分なのではないか？――

海軍大臣と軍令部総長からは機動部隊司令長官宛てに「ビスマルク作戦に成功せられたるを

慶祝し、将来ますます御健闘あらんことを祈る」との祝電が寄せられた。大本営（陸海軍の戦時最高統帥機関）は軍艦マーチ付きで南東方面攻略を報道したという。勝利に浮かれる様子に、美濃部は違和感を禁じ得なかった。

航空音痴の司令官

一連の行動を終えて機動部隊は帰途に就いた。舷窓を閉め切って赤道直下を警戒航行中、阿武隈艦内の美濃部の私室は華氏１０５度（摂氏40度）に達した。２度の長時間戦闘飛行で疲れたせいか食欲が出ない。夕方、甲板に出て涼むと、真っ赤な太陽が波静かな太平洋のかなたに沈もうとしていた。ぜいたくは言えないと分かってはいても「こんなとき妻と語り合えたら、さぞかし楽しかろう」と思った。

1月28日、機動部隊は10日ぶりにトラック島に戻った。私信を許されたので便りを書く。鎌倉の義母、妻、郷里の母と妹たち。そして、この南洋で一昨年に殉職した部下の母宛てに。当分はここを拠点に敵艦隊の動きに備えるらしい。

翌日早朝、仲人でもある艦長の村山大佐を乗せて射出発艦。物静かで親しみの持てる上司である。空から海中の透明度やスコールの遠望、環礁内の島々を見てもらった。

その日の夕方。対空射撃演習が終わった後の阿武隈の艦橋で、ちょっとしたトラブルがあった。1水戦司令官の大森仙太郎少将（後の海軍特攻部長）が美濃部の部下の2号機操縦員を叱りつけたのである。

「目標機の運動要領が悪い」

下士官にとって司令官は雲の上の存在である。普段は目を合わすこともない将官からの叱責に部下はおどおど恐縮するばかりで、どう答えていいか分からない。彼は既定の訓練要領に従って操縦していただけだった。どうやら大森は空母搭載の艦上爆撃機のような豪快な急降下爆撃を期待していたようだった。

美濃部が話を引き取った。

「94水偵の強度は艦爆機と異なり、急角度の降下には耐えられません」

大森はそれには答えなかったが、不機嫌な表情は変えなかった。

以前、空対艦の通信訓練をした時も大森から難癖を付けられたことがある。

「電波を出すな。敵に気付かれる」

「偵察機は艦《ふね》との連絡が任務の生命です。無線封止中でもなく、艦隊の許可も得ています」

航空の作戦、訓練は機動部隊司令長官の直接指揮下にあったため、美濃部も譲らなかった。この時は1水戦先任参謀の有近六次中佐と阿武隈艦長の村山大佐の取りなしで収まった。大森は駆逐艦乗りから「水雷戦の神様」と持ち上げられていたが、航空に関しては全く理解がなく、美濃部はその後もたびたび落胆させられた。

3月に艦隊命令で夜間触接訓練を行った。触接とは、敵に接近して一定時間その動静を捕捉し、味方と連絡を保つ行為をいう。その時は大森から「洋上での飛行機収容は敵潜水艦の攻撃を受けやすい」と小言があった。飛行甲板に着陸する空母搭載機と違い、水上機は洋上に着水後、クレーンで引き揚げて自艦に収容する洋上揚収の他に方法がない。洋上揚収を行っている間は艦《ふね》を完全に停止させておかねばならないことが大森には面白くなかったのである。しかし、これをやるなと言われたら水上機の訓練などできない。美濃部は上司の小言を黙殺するしかなかった。

少し先の話だが、4月5日のセイロン島コロンボ空襲の際、索敵任務から戻った2号機が着水に失敗し、愛機を大破させてしまった。阿武隈に残された水偵はあと1機。翼を失ったパイロットほどみじめな者はない。さすがの美濃部も意気消沈していると、8日に機動部隊司令部が命令を発した。

「内地帰着まで第8戦隊の94式水偵1機を阿武隈に移載すべし」

任官以来、これほどありがたい命令を聞いたのは初めてだった。第8戦隊旗艦の重巡洋艦「利根」が搭載する水偵5機のうち、1機を阿武隈に融通せよというのである。美濃部は早速、洋上での受領を手配した。波のうねりが大きいため、大事を取って利根からはクレーンでつり下ろし、阿武隈の近くまで水上滑走させることにした。そこに大森がまた横やりを入れてきた。

「敵潜警戒上、長く艦を停められない。利根からはカタパルト射出にせよ」

きのう飛行機を壊したばかりである。海はきのうよりも荒れている。

「今は安全に移すことが艦隊の意図に沿うと思います」

美濃部も引き下がらない。作戦飛行でもないのに飛行機を壊しては、せっかく阿武隈に配慮してくれた長官に申し訳ない。とうとう「きょうはやめます」と大森に捨てぜりふを残し、私室に閉じこもってしまった。この時も先任参謀の有近が大森を説得し、利根から阿武隈への水偵移載は美濃部の提案通りに行われた。

生家に届いた戦死公報

2月8日、阿武隈はパラオに入港した。機動部隊は南東方面の作戦を打ち切り、南西方面部隊の指揮下に入っていた。

ここも美濃部には懐かしい島である。故国を離れて既に1カ月。篤子から無事を祈る切々たる便りが届いた。普段は筆など執らない母のことからも、手紙とお守り、千人針、その他数々の品が送られてきた。軍令部に勤務していた兄の守も前線に発令されたとのこと。兵学校に進んだ弟は結核療養中、末弟は名古屋の陸軍幼年学校、妹は女学生と小学生。その面倒を見ながらの野良仕事。行間にも内心の心細さがにじんでいた。篤子が訪ねてきて、あれこれ気を遣ってくれたとも書かれていた。

9日、「紀元節を期して敵艦隊来襲の算大なり。水上偵察機隊は索敵せよ」との命令で早朝に発進。全行程600カイリ余。敵を見ず。帰艦後、美濃部はことの便りに同封されていた入籍戸籍謄本を添えて改姓届を提出した。「海軍大尉太田正は美濃部と改姓の旨本月九日届出《とどけいで》たり」。海軍公報での公示は2月21日付である。

パラオ停泊中、兵学校64期のクラス会が開かれ、10人が出席した。美濃部が身につまされたのは、真珠湾奇襲攻撃で戦死した鈴木三守《みつもり》の話だった。新婚3日で妻と永別したとのこと。その浅い縁には同情を禁じ得なかった。そして思った。

——明日はわが身。同じ運命が待つやもしれない——。

機動部隊は15日にパラオを出港し、一路オーストラリアへ向かった。任務は北西岸の敵の増援拠点ダーウィンの撃砕と海上兵力駆逐である。

空母艦載機200機以上で実行された空襲でダーウィン市街は炎に包まれ、当分は海軍基地としての機能を失った。もっとも、1水戦は敵空母の警戒が主任務である。相手が姿を見せなければ出る幕はなく、黒子《くろご》役に徹するしかない。艦載機の華々しい戦果が伝えられた中、司令官の大森は相変わらず機嫌が良くなかった。

そんな時、機動部隊司令部から信号命令が発せられた。

「アラフラ海に敵潜水艦の大群配備の情報あり。阿武隈機はこれを確認せよ」

アラフラ海はオーストラリアの北方、ニューギニアとの間の海域である。機動部隊予定進路の左右30カイリ幅をジグザクに飛びながら透明な海を捜索していた時、海中を行く淡緑色の流線型の物体が美濃部の目に留まった。「いる！」。一つ、二つ、三つ。いや、その数30以上。

上空からは正確な長さが分からない。航法目標弾の投下を命じた。爆弾のような形をしているが、火薬兵器ではない。海面に落下すると中の銀粉が飛散し、直径10メートルほどの変色面ができる。洋上に何も目標物がないとき、方位を確認するために海面を着色する道具である。それと比較すると、流線型の物体の長さは10メートル前後。しかも幾つかはぴったり接近して並行している。

「これは鯨だ！」

情報を寄せてきた基地航空部隊の誤認と思われた。状況を打電し、さて帰艦しようとした時、油温計に目をやって驚いた。針は摂氏１００度を指している。このままではエンジン焼き付きの恐れがある。艦隊から１５０カイリ地点、アラフラ海の真っただ中である。幸い波は静かだった。

「われ不時着す」

1時間ほど漂流しながらエンジンオイルの漉《こ》し器を洗った後、無事に離水した。水上機にしかできない芸当である。美濃部は内心、神の加護に感謝した。この一件で整備員の点検作業はより入念になった。

機動部隊は21日、オランダ領東インド（蘭印、現インドネシア）のセレベス島（現スラウェシ島）ケンダリーに入泊した。美濃部は部下とともに海岸で、飛行機の磁気コンパスの自差修正と測定を行った。広大な海域では地磁気の変化が大きく、10度以上の誤差が出ることもある。水上偵察機が洋上の遠距離を正確に飛ぶためには、こうした地道な努力が欠かせない。母艦機の華々しい戦果の陰で、部下と語り、励ますことも、水偵隊指揮官の大切な仕事だった。

機動部隊の旗艦赤城に各艦の分隊長以上が集められ、南雲長官の訓示と今後の作戦についての説明があった時のことである。美濃部が赤城の飛行甲板で開始を待っていると、クラスメイトが何人か、にやにやしながら近づいてきた。

「貴様、足があるか？」

「？……」

「内地では、貴様は戦死したことになっている。フィッシュでクラス会を開いて貴様のために杯《さかずき》も挙げた」

フィッシュは横須賀の料亭「魚勝《うおかつ》」を意味する海軍の隠語である。「そんなばかな。さてはアラフラ海での不時着が大げさに伝えられたか」と想像し、笑って済ませた。あのとき不時着を打電した後、しばらくエンジン点検をしていて連絡を絶ったため、阿武隈では美濃部機の遭難を疑って騒ぎになっていたのである。

彼も後で知ったことだが、実は1月11日に「太田大尉南方において戦死さる」との公報が役場を通じて生家に届けられていた。もう美濃部家には入籍していたものの海軍省での手続きが済んでおらず、書類上は旧姓のままだった。人事局のミスで1期上の太田寿双《じゅそう》大尉の戦死（前年12月31日）を太田正と取り違えたのである。母のことは近所の寺から尼さんを呼び、ショックのあまり3日3晩も仏間にこもり切りだったという。

阿武隈に戻ると、第3艦隊の旗艦「足柄《あしがら》」もケンダリーに入港していた。美濃部が赤城にいた留守の間に、兄の守が足柄から訪ねて来たとのこと。一目会いたかった。母からの便りで守も前線に転出したのは知っていたが、まさかこの決戦場に兄弟がそろうとは。

守はことから例の戦死公報誤配の一件を聞き、弟が危険な立場に置かれているのではないかと案じていたようである。美濃部は早速、在泊艦船間の通信交換所が扱う幸便《こうびん》に託し、守の武運を祈るとともに自らの健在を知らせる便りを書き送った。

次の日、第3艦隊がジャワ方面に出撃する際、その前路の対潜哨戒を美濃部が受け持った。上空30メートルで足柄の周囲を1周しながら、彼は心の中で「兄さん」と呼び掛け続けた。これが最後になるかもしれない。去るに忍びずもう1周した時、艦橋に守らしき姿が見えた。

——今も黙々と田畑を耕す母。われら兄弟、孝養尽くすこともなく散るか——。

足柄の上空を離れながら、美濃部は「母に幸あれ」と祈らずにはいられなかった。

インド洋上、生か死か

西方はるかインド洋セイロン島の英海軍拠点の粉砕——。南雲機動部隊の次期作戦に関する説明を赤城の飛行甲板で聞きながら、美濃部は不安を感じた。米軍を放置して、遠くセイロンまで攻める余裕があるのか。戦場をどこまで拡大するのだろう。ハワイ奇襲時に不在だった米空母は無傷のままで、マーシャル、ラバウル方面で暴れている。日本側は基地航空部隊の被害も出ているという。

軍令部から機動部隊に最近赴任してきた参謀に問うと、そんな不安など取るに足らないとでも言いたげな答えが返ってきた。

「現下の世界情勢を見よ。ドイツは破竹の勢いで東進している。今や日独いずれがインドを制するかが問題だ。陸軍はビルマを制圧後、インドに進攻する。ドイツに先んじてアジアを制するためには、英東洋艦隊をたたく必要がある」

確かに、機動部隊は今や無敵艦隊の勢いだった。ここは一日も早く蘭印を制し、インド洋の英東洋艦隊を撃滅して米艦隊との対決に備えなければならない。

2月下旬から3月上旬にかけては、たびたびの出撃の緊張と暑さによる疲労のせいか、眠れない日が続いた。美濃部の日記にも弱気が顔をのぞかせる。

「妻や母たちを思うことしきり。戦場にあって軍人が死を覚悟するのは当然ながら、26歳の未熟者。未練というべきか。なかなか明鏡止水の心境になれぬ」

3月中下旬の10日余りは休養補給に充てられた。ケンダリーには50戸ほどの集落があり、住民はにこにこ手を振って機動部隊の将兵を迎えてくれた。美濃部も「東亜開放」の一端に触れた気がした。停泊中の日記は筆の運びも軽やかである。

「第1水雷戦隊釣り大会。名も知らぬ珍しい熱帯魚。慰安のひととき。猛烈なスコール来襲、涼しくなる。航海長と碁を楽しむ」

3月26日、機動部隊の大艦隊はケンダリーを出港し、長駆インド洋セイロン島の強襲に向かった。「今や東南アジアはわれらの制するところ。全軍勝利への自信にあふれている」。西へ西へ。風はなく、うねりのみ大きい。じりじり照りつける太陽。来る日も来る日も対潜・対空の厳重な警戒航行が続いた。4月3日、機動部隊は8000カイリの大航海を終えてセイロン島沖の予定地点にたどり着いた。

5日に出撃した阿武隈2号機が帰艦時に着水に失敗し、利根から代替機を譲ってもらった話は前に書いた。美濃部の乗る1号機に大仕事が回ってきたのは9日のことである。英軍港トリンコマリー攻撃のため、機動部隊の水偵7機（美濃部の手記では5機）が西方から南方にかけての扇形索敵に発進することになった。7機が向かう方角を1番線から7番線まで20～40度ずつずらし、扇を広げたような形で各ルートを捜索するのである。

美濃部は09時00分に射出発艦。指揮官として4番線セイロン島南方方面に飛んだ。視界20キロ、無風、ややミストあり。海面は鏡のように静かだった。

11時00分、2番線を飛ぶ戦艦「榛名《はるな》」の水偵が発した無線を傍受した。

「敵空母ハーミス見ゆ」

いよいよ日本海軍にとって初めての空母対空母の戦いである。美濃部は入念に4番線の索敵を続けた。ところが何としたことか、榛名機は「われ燃料不足。引き返す」と打電してきた。他の水偵も引き返したのか、黙っている。きょうの偵察隊は、美濃部以外は下士官・兵ばかりだった。

美濃部も11時30分すぎに受け持ち海域の捜索を終えた。索敵線の先端まで飛び、一応任務は果たした。ここから味方までは300カイリ。機動部隊は既に針路を転じ、速力24ノットで北東に進んでいる。だが、空母決戦は一分一秒を争う。先制攻撃をした側が勝つ。戦術判断上は死を覚悟で触接し、味方の空母機を誘導すべきである。

とはいえ、敵空母の位置は北へ160カイリ。これに向かえば帰投燃料はない。それは死を意味する。このまま知らぬふりをして予定線上を帰っても命令違反ではない。敵を発見した榛名機すら帰ったではないか。自分らも帰ったとて、別にとがめはなかろう。生の煩悩は、死を求める作戦原理に真っ向からあらがい始めた。

いよいよ帰投針路直前である。士官パイロットの誇りを捨てて戻るか、それとも、きのう利根機を融通してくれた司令部の期待に応えて死の道を選ぶか。インド洋上、周りはただ空と海ばかり。誰も見ていない。死を決するにはあまりにも孤独だった。同乗の部下を道連れにすることへのためらいもある。

「索敵線上敵を見ず」

そう報告した後も迷いが消えない。

「どうしますか！」

とうとう偵察員の柳田2飛曹が声を上げた。航法・針路を図板に記入するための質問である。さまざまな思いが美濃部の心を乱した。指揮官の判断と決心が問われている。良心は彼を責め立てた。

「この重大な戦機に、日本海軍の中で今役立ち得る者は他にあるか？」

兵学校時代の教官の言葉が頭に浮かんだ。

「戦場で去就に迷ったら敵に向かって行け」

部下から「どうしますか」と問われれば、内心は迷える羊でも、任務達成に向けて平素の訓練通り実行しないわけにはいかない。最後席の佐々木3飛曹に打電を命じた。1水戦の戦時日誌によると、11時40分のことである。

「われ榛名の敵に向かう」

迷いは消えた。燃料節約のため7・7ミリ機銃をはじめ不要な物を海中に投げ捨てた。低速の水上偵察機の機銃など、敵戦闘機の前では無力である。

「ゆくぞ！」

今こそ触接機の正念場である。心の中で母と妻に別れを告げた。計器盤に1匹のアブラムシを見つけた。「お前も生死を共にしてくれるか」。インド洋の真っただ中、命あるものが愛《いと》おしく感じられた。

12時38分、「いた！」。靄《もや》の中、白波を立てて北上する英空母「ハーミス」が見えた。駆逐艦1隻を伴っている。「敵航空母艦見ゆ」。さらに近づく。何と、早くも戦闘機5機が発艦中だった。美濃部機は高度２０００メートル。敵戦闘機から見づらい太陽側に回った後、いったん南西に離脱した。他に敵がないか探すと、同じ型の空母がセイロン島に沿って南方に逃走中だった。これを報告して再び北へ引き返す。折しも数十機の味方艦爆隊が急降下爆撃で次々に爆弾を命中させていた。駆逐艦が轟沈《ごうちん》。ハーミスは左に傾き始めた。

「写真を撮る！」

美濃部は高度２００メートルに下げて真上を通過。英国兵は沈みゆくハーミスから銃を射ち上げてきた。敵ながらその戦意には敬服した。この時の写真が「海軍航空部隊撮影」として新聞各紙や「写真週報」（5月6日号）などに大々的に掲載されたものである。

美濃部は南方の空母まで引き返した。ところが、味方攻撃隊は来なかった。

14時30分「攻撃隊は帰投せり。阿武隈機は帰れ」

戦い済んでただ1機。既に5時間半の飛行で残り燃料は2時間分しかない。「果たして帰り得るやら」。さすがに心細くなった。柳田の図板上では、機動部隊の位置は80度２４０カイリ。念のため阿武隈の電波の方位を佐々木に「クルシー」（米クルシー社製の無線帰投方位測定器）で測らせると、１５０度と出た。70度の差は致命的である。美濃部は佐々木の訓練成果を信頼して方位１５０度に賭けた。運命は天意に委ねた。

洋上には島影一つない。見渡す限り、ただ空と海である。突然、左前方の海面がさざ波立ち、竜の昇るさまにも似た一条の黒雲が巨大な縄となって空と海を結んだ。大竜巻だった。荘厳な光景に、美濃部はしばらく目を奪われた。

——人間界の闘争をよそに自然界の営みの何と雄大なことか——。

16時20分、美濃部機は無事、阿武隈に帰艦した。村山艦長は彼らの救助のため機動部隊から離れ、単艦引き返して収容に当たったのである。海軍はこうしたケースでの搭乗員救助に無策で、東港《とうこう》航空隊の飛行艇がインド洋アンダマン諸島に展開していながら、救助に関しては何の取り決めもなかった。

美濃部にとっても94水偵による7時間20分の飛行は極限のものだった。10分後には燃料が尽きたはずである。今回ばかりは司令官の大森も興味深く美濃部の報告に耳を傾けた。村山は美濃部と夕食を共にして労をねぎらった。

同乗した2人の部下は美濃部に感想を問われ、ためらいながらも正直にこう漏らした。

「そっと帰ってもらいたかったです」

美濃部が後日聞いたところでは、攻撃隊はハーミス撃沈後に周辺を捜索中、トリンコマリーから発進した英戦闘機との交戦で数機の未帰還機を出していた。それにしても、偵察触接機と母艦機の連携には多くの課題があるように思えた。しかし、作戦終了後に開かれた研究会に美濃部は呼ばれず、戦訓報告は母艦側の一方的な判断で処理された。

［第5章］

暗雲をさまよう孤鷺

岩国作戦会議

4月13日、機動部隊はビルマ進攻の陸軍輸送船団と擦れ違いながらマラッカ海狭を通過した。インド以東の制空・制海権を確立し、南シナ海を一路故国に向けて進む艦隊の隊列は延々30キロに及んだ。美濃部正は日記にこう記した。

「壮なるかな皇軍の威力。かくも伸びゆく国力の騎手として参加し得たことに感激深し」

わずか10カ月前、この南シナ海で南部仏印進駐作戦を支援していた頃は、ABCD包囲網の中で前途にただならぬ重苦しさを感じていた。今は何と晴れやかなことか——。

4月22日から1カ月間、美濃部は久しぶりに内地で休息の日々を送った。母港の佐世保に戻った阿武隈は、次期作戦に備えて修理、補給、乗員の一部交替などが行われた。同期の通信長鈴木貞栓《ていせん》は新鋭の重巡洋艦「三隈《みくま》」に栄転し、新たに田中繁《しげる》が兵学校教官から阿武隈の航海長として赴任してきた。

美濃部は大型飛行艇への機種転換を希望していたが、沙汰はなかった。「これも天意」と深くは考えず、篤子を鎌倉から呼び寄せて佐賀県の武雄温泉に1週間逗留した。次に待つ対米決戦こそは死闘になる予感がしたからである。

4月28日、連合艦隊の次期作戦研究会が岩国基地で開かれた際も、佐世保から篤子を伴って赴いた。岩国航空隊司令を務める義父の下宿に泊まり、結婚後初めて義父母を交えての団らんを楽しんだ。下宿と言っても、南米移民帰りの金持ちが所有する邸宅の離れで、立派な一軒家である。義母は鎌倉の自宅と掛け持ちで世話をしているらしかった。

錦帯橋付近は若葉の盛りだった。そぞろ歩きの若い2人は、しばし戦を忘れて寄り添った。

ある夜、クラスメイトの野中勇三郎が新婚の妻を連れて訪ねてきた。岩空《いわくう》で偵察教官をしている野中はまだ戦場の経験がなく、美濃部の戦歴をうらやんで「一日も早く前線に出たい」としきりにこぼした。

「急ぐことはない。戦はこれからだ。こんなかわいい奥さんと、ゆっくり人生をエンジョイしてからにしろ」

美濃部は本心からそう言って2人を見送った。

岩国基地での会議には、連合艦隊各戦隊の先任（首席）参謀、航空参謀ら数十人が参集した。美濃部は阿武隈の分隊長にすぎなかったが、事実上の第1水雷戦隊飛行長であり、航空幕僚事務取扱者という立場でもあったため出席を命じられたのである。周りは佐官クラスの先輩ばかりだった。

会議では、次期作戦案とともに連合艦隊の大改編と各戦域の担当兵力区分が示された。機密保持のため、細部の提示はそれぞれ該当する部隊の幕僚に限られたが、作戦案の全体像は、中部太平洋ミッドウエー、北太平洋アリューシャン、南太平洋ソロモンの3方面同時進攻という、美濃部ら若輩士官の想像をはるかに超える内容だった。戦場は南北8000キロに及ぶ広大な海域である。闘志では誰にも引けを取らないつもりの美濃部ですら、奮い立つ前に疑問と不安を感じずにはいられなかった。

会議直前の4月18日には、米機動部隊から発艦したドーリットル中佐らの爆撃隊が東京を初空襲していた。被害こそ軽微だったものの、やすやすと帝都に侵入されたことを天の警告と受け止めている雰囲気はなかった。緒戦の勝利に酔う連合艦隊の幕僚たちは、米国の強大な国力も、ハワイ奇襲の復仇に燃える米国民の戦意も眼中にはない様子で、会議室には「米空母恐るるに足らず」という驕漫《きょうまん》な空気が漂っていた。

――米海軍を侮っていいのか？――。

南雲機動部隊は側方警戒を低速の水上偵察機に依存してきた。洋上で敵を発見することの難しさを理解しない上司も少なくない。高度2500メートルの飛行機からの視認限度は理論上10万メートルとされていたが、美濃部の実験では視界最良の場合でも4万メートルがせいぜいだった。

しかもインド洋セイロン沖の靄《もや》の中に英空母ハーミスを発見した際、美濃部が驚いたのは、敵が既に戦闘機を発艦させつつあったという事実だった。「相手を発見できる距離は飛行機が常に艦船を上回る」。内南洋での研究訓練で得たそんな確信は、あっさりと覆された。英軍が日本海軍の18センチ双眼望遠鏡をはるかにしのぐ電波兵器（レーダー）を実用しているのは明らかだった。

話が若干それるが、陸海軍には太平洋戦争が始まる何年も前から、「闇の中でも物が見える秘密兵器の開発が英国やドイツで進んでいるらしい」という情報が現地の駐在武官らによってもたらされていた。しかし、それを本格的に研究して実戦に用いようという機運は生まれなかった。

米国は開戦の1年前、開発競争の最先端を走る英国からレーダー技術の供与を受け、莫大な予算を投じて研究開発と大量生産、実戦配備に乗り出していた。日本がレーダーの必要性を痛感したのは戦況が不利になってからのことである。

そもそも英国のレーダー技術を飛躍的に発展させたのは、大正末期に東北帝国大学の八木秀次教授らが開発した指向性アンテナだった。今もテレビ放送の受信用として使われている、魚の骨かトンボのような、あの串形配列のアンテナである。一般的には「八木アンテナ」と呼ばれるもので、一方向とだけ強い電波を送受信できる特性は欧米で絶賛され、ついには原爆にも応用されることになる。だが、日本の学界では見向きもされず、陸海軍もその軍事的価値に全く気付かないまま、いつしか忘れ去られてしまっていた。

美濃部が岩国での会議に出席した1カ月ほど前、シンガポールを占領した陸軍は英軍の高射砲陣地でレーダーを押収し、その原理や操作方法を記したものとみられる1冊のノートを発見した。のどから手が出るほど欲しかった資料である。直ちに翻訳と分析に着手した。ところが、文中や図表に何度か出てくる「YAGI」という意味不明の単語で壁にぶち当たった。重要なキーワードに違いないが、「ヤギ」なのか「ヤジ」なのか、読み方すら分からない。

そこで、東京・品川の捕虜収容所にいたノートの持ち主ニューマン伍長を探し出して尋問した。すると、彼は怪訝《けげん》な顔をして、日本人の発明した八木アンテナのことだと答えた。関係者が驚愕《きょうがく》したのは言うまでもない。科学を軽視した報いが、決定的な戦力差となって現れた瞬間だった。日本はこの後、レーダーに肉眼で立ち向かうという絶望的な戦いを強いられていく。

もちろん、当時の美濃部はそうした経緯など知る由もない。会議で説明を聞いて分かったのは、連合艦隊が旧来の警戒対策のままで途方もない作戦に踏み出そうとしていることだけである。早期発見と先制攻撃が空母決戦のカギを握るというのに、米機動部隊に対する無策ぶりには我慢がならなかった。とうとう末席から立ち上がり、母艦に高速偵察機を10機ずつ補って側方警戒を強化すべきだと訴えた。

その理由を述べようとした矢先だった。

「若造控えろ！」

会場の一角から野次《やじ》が飛んだ。最若年の美濃部からしてみれば、これはもう上官の命令に等しい。黙って引き下がるほかはなかった。会議が終わると、参会者はみな、何事もなかったかのように部屋を出て行った。

連合艦隊の編制替えによって、阿武隈を旗艦とする第1水雷戦隊は、ミッドウエー攻略（MI作戦）に向かう南雲艦隊から別れて第5艦隊（北方部隊）の指揮下に入り、北太平洋のアリューシャン攻略（AL作戦）に参加することになった。

ミッドウエーからの凶報

岩国会議で次期作戦計画を知った美濃部は、不吉な予感を誰にも語れない重苦しさを抱えたまま、休暇をもらって篤子とともに郷里の母を訪ねた。半年前、呉での慌ただしい結婚式の際に会ったきりだった母ことは、2人の息子がどこの戦場でどのように戦っているかも知らず、彼らの弟妹の面倒を見ながら田植えの準備に精を出していた。

新聞もラジオも戦勝のみ報じ、国民は沸き立っていた。美濃部は村人の祝福の声を受けながら母や妻と連れ立って神社を参拝し、父の眠る先祖の墓に花を手向けた。

「私にして軍人らしからぬ心と行いあらば、いつなりと死をたまえ。なお少しでも祖国に役立つものあらばお守りください」

今の彼にできるのは、そう祈ることくらいしかなかった。

5月20日、阿武隈は再び佐世保を出港した。青森県の大湊港《おおみなと》に集結した第1水雷戦隊は、ここで戦闘訓練を行った後、29日にアリューシャン列島方面に向けて日本を離れた。ついにミッドウエー、ソロモンを含む3方面同時進攻作戦の幕が切って落とされた。

アリューシャン列島は、北米大陸のアラスカ半島からアジア大陸のカムチャツカ半島にかけて弧状に連なる北太平洋の島々である。1水戦の任務は、列島の米国領部分では最も西寄りに位置するアッツ島の攻略だった。

出撃から1週間、濃霧と怒涛の北太平洋を作戦地へ向かうにつれて気温はぐんぐんと下がっていった。6月というのに艦内でも冬の服装である。祖国から遠く4000キロ。いったい何が待つのだろうか。岩国基地で説明を受けた時から、美濃部は今度の戦に何かしっくりしないものを感じていたが、ますますその思いが募った。

――最果ての島を占領して何の価値があるのか？　占領した後の補給が大変ではないか。米本土進攻の足掛かりとするのか？　戦はどこまでやるのか？――。

6月5日の夜半、美濃部は通信参謀の岩浅《いわさ》恭助大尉に起こされた。

「えらいことになった。これをどう思うか」

連合艦隊司令部からMI作戦関係各指揮官に宛てた極秘の作戦命令電報である。

息をのんだ。

「赤城、加賀、蒼龍大破。飛龍損傷。MI作戦は中止。AL作戦一時延期せらる」

4隻とも南雲機動部隊がミッドウエー攻略のために引き連れていた正規空母である。帝国海軍主力の壊滅を示唆する凶報に、美濃部は全身の震えが止まらなかった。岩国会議での不安が現実となった。「米空母にやられたに違いない」。そう直感した。

――共に戦ってきた艦上機のパイロットの大半は散華《さんげ》したか――。

つい2カ月前、美濃部は英空母ハーミス爆沈の一部始終を目撃したばかりである。味方の惨状がありありと目に浮かんだ。間もなく1水戦の各艦にも「警戒を厳にせよ」の命令が下った。開戦以来、向かうところ敵なき航空戦が続いていた。彼自身も「やや戦争を甘く見ていた」と、後に振り返っている。

結局4隻の空母は全て沈没した。このミッドウエー海戦の大敗北によって、太平洋戦争の潮目はがらりと変わってしまった。

連合艦隊は南雲機動部隊の生存将兵に厳重な箝口令《かんこうれい》を敷き、負傷者を隔離する措置を取った。海軍中枢で作戦を担当する軍令部第1課は5月25日〜6月9日の「作戦経過概要第46号」

にミッドウエー海戦の結果を一切記載せず、「MI作戦の経過概要は当分の間作成せず」と注記して頬かむりを決め込んだ。

美濃部は電報を見せられた時、側方偵察の軽視が敗因だろうと推測した。だが、実際はそんな戦術レベルの問題ではなかった。日本側の暗号電報は全て米軍に解読され、南雲艦隊の行動予定は筒抜けになっていた。行動自体も米軍のレーダーによって早くから捕捉されていた。負けない方がおかしいくらいの情報格差をつけられ、幼稚園児が大人にけんかを売るような戦争をしていたのである。

MI作戦は中止されたものの、いったん延期とされたアリューシャン攻略は結局、一部の作戦を除いて予定通り実施された。

国民の戦意低下を恐れた大本営は、空母4隻を一挙に喪失した事実を隠ぺいし、日本が失った空母は「1隻」、撃沈した米空母は現実の倍の「2隻」と偽った上で、美辞麗句を盛り付けたアリューシャン列島猛攻の「大戦果」と一緒に10日に発表した。このため、ミッドウエー海戦を伝える新聞各社の紙面は、まるで日本が勝利を収めたかのような扱いになった。うその代名詞となる「大本営発表」の捏造・誇張スタイルは、この時に確立されたと言っていい。

「アリューシャン強襲」の実態

アッツ島攻略に向かう第1水雷戦隊と別れたキスカ島攻略部隊（第21戦隊）は、6月7日夜に「奇襲上陸成功」を打電してきた。キスカ島はアッツ島の東方海上に浮かぶ島である。奇襲上陸といっても、米軍が不在だったから戦闘は全くなかった。

アッツ島の状況も似たようなものだった。8日未明、美濃部は阿武隈を発艦して上陸地点の偵察に赴いた。白夜の季節である。6月というのに山肌は雪に覆われていた。米軍の施設があるといわれたチチャコブ湾の岸辺には約20戸の集落と、教会らしき三角屋根の建物があった。その近くに無線のアンテナのある30坪くらいの洋風建物が1棟。低空旋回すると数人の島民が見上げているだけで、地上からの砲火もない。上空を一巡する。大きさは淡路島ほどだろうか。二、三の入江に無人の漁小屋があった。

島は無防備に見えたが、陸軍部隊は用心して西隣のホルツ湾に上陸し、雪の山を越えてチチャコブに突入するとのことだった。美濃部は帰艦後、

「陸軍が誤って島民集落に発砲しないよう、われわれが内火艇《うちびてい》（モーターボート）で先行上陸し、軍艦旗を掲示しておいてはどうか」

と意見具申した。また、飛行機のコンパスの自差と偏差が変化していたため、この機会に海岸で測定して修正することにした。念のため数人の武装兵を伴い、チチャコブに上陸した。阿武隈の1水戦司令部はこの時、「Japs Coming! Japs Coming!」と甲高い声で連呼する島の無線通話を傍受している。

美濃部がアンテナのある家を訪ねると、50歳前後の夫婦が出てきた。女房は取り乱した様子で「Help me! Help me!」と盛んに命乞いした。夫の方も深刻な顔をしている。美濃部は笑顔で、心配は要らないと2人をなだめた。ただし、米国本土との連絡用無線機には封印をして使用禁止を命じた。もちろん、日本軍の情報を発信させないためである。

集落を一巡してみた。教会は名ばかりのものだったが、30~40人は集まれそうだった。どの家にも氷室《ひむろ》があった。中をのぞくと、素晴らしい紅鮭が釣り下がっている。

やがて陸軍の一隊が息を弾ませながら山を越えてやって来た。一番乗りの中隊長は美濃部にいきなりこんなことを言った。

「欲しい女は差し上げます」

罪もないアリュート人をどう扱うつもりなのか。美濃部は嫌な思いを抱いたまま、彼らに状況を説明し、またボートに乗って帰艦した。

たったこれだけのことが、後日大々的に報道された「アッツ島奇襲占領」の実態である。美濃部に言わせれば「空き巣狙いの独り相撲戦争」にすぎなかったが、6月22日に全国の映画館で公開されたニュース映画「日本ニュース107号」は、一連の行動を「アリューシャン列島強襲」のタイトルで感動的に伝えた。

「荒波狂う北海の洋上に堂々船団の列を連ねて、新たに驚異的一大作戦を展開せんとする皇軍の精鋭。時は今である。アメリカのわが本土に対する攻略的企図を微塵《みじん》に粉砕せんと、暁かけてアリューシャンの島々に襲いかかった。わが不屈の大和魂があらゆる困難を征服して、島内の戡定《かんてい》（敵を討って乱を鎮めること）を驚くほど迅速に推し進めた。点々とアメリカ大陸の危機を浴びた列島には、アメリカは全力を尽くして軍事の強化を試みつつあった。われは機先を制して、雄大なる戦略を展開。逆にアメリカ本土を制圧せんとする体制をとったのである。見よ、アメリカが日本侵攻を夢見たアリューシャンの拠点に、海の精鋭は勇姿を浮かべて待機する。世界の耳目を聳動《しょうどう》（驚かせること）し、米英をして顔色なからしめた空海陸一体、戦史未曽有の雄渾《ゆうこん》なる共同作戦は、かくて素晴らしき成功のうちに推し進められている」

テレビのなかった時代、人々が動画で内外の最新情勢を目にできる場は映画館しかなかった。政府は日中戦争の拡大に伴い、国民の思想統一によって総力戦体制を構築するため、1939（昭和14）年4月に映画法を施行。映画館で劇映画を上映する際にはニュース映画も上映することを義務付けた。大手新聞各社が内容を競っていたニュース映画部門は強制的に統合させされ、社団法人日本ニュース映画社（後に日本映画社に改称）が発足した。同社が毎週のように製作したのが「日本ニュース」である。ニュース映画といっても、国策の宣伝が目的だったから、事実をそのまま報じることは許されなかった。この「アリューシャン列島強襲」という作品は海軍省の検閲をパスしたものだが、むしろ最初から海軍省が筋書きを立てたと言った方が適切かもしれない。

上陸の翌日から、美濃部はアッツ島周辺の島々に飛び、飛行場建設の適否を調査した。キスカ島の南東に浮かぶ細長いアムチトカ島は東の端が比較的平坦で、一見したところ3000メートル級の滑走路も期待できそうだった。だが、低空でじっくり観察すると、地面はところどころ岩盤が露出して凸凹《でこぼこ》状態。おまけに沼地も多く、つるはしともっこの人力作業では整地に何日かかるか分からない。1水戦司令部がまとめた「アムチトカ島軍事的価値調査詳報」には、次のような美濃部の所見が記載されている。

「不時着場として考慮の価値なきに非《あら》ざるも、飛行場の造成は相当の難工事を要するものと認む。陸上航空基地としては期待性小なり」

占領後の2週間、アッツ島周辺は連日ほとんど霧に包まれていた。1水戦はレーダーもない盲目部隊である。司令部はやたらと敵の潜水艦を恐れ、阿武隈の水偵に哨戒を命じてきた。視界はせいぜい2000メートル。技量不足の第2組には無理な相談で、美濃部ら第1組が毎回出動するしかない。危険で戦略価値があるとも思えない北洋での飛行は気が重かった。

——米軍から北辺を守るといっても、日本からは余りにも離れ過ぎている。気象条件がこれほど不良では、今後の補給や警備の負担も重い。兵は兵を呼ぶ。必ず米軍の反撃を招くだろう——。

膨らむ一方のそんな懸念を口にしたところで、誰にも聞いてもらえないことは彼自身も分かっている。内地では「海鷲《うみわし》」や「荒鷲」の呼び名で航空部隊の活躍が盛んに報じられていたが、今の美濃部はたった1羽で暗雲の中をさまよう「孤鷲《こわし》」も同然だった。

山崎保代《やまさきやすよ》大佐率いる陸軍のアッツ島守備隊2650人が米軍の猛攻で全滅したのは、この1年後のことである。山崎部隊の救援要請に応える力は、もう日本には残っていなかった。守備隊を見殺しにした大本営は、その敗北を認める発表文で初めて「玉砕《ぎょくさい》」という表現を使った。玉のように美しく砕け散ったと、全員戦死をことさらに美化したのである。

アッツ島奪回を目指す米軍が空襲作戦の拠点としたのは、美濃部が「飛行場建設は困難」と報告したアムチトカ島だった。米軍は荒れた地面をブルドーザーでならすと、そこにスチールマット（鉄板）を敷き詰め、あっという間に飛行場を造り上げてしまった。

無益な戦い

6月24日、第1水雷戦隊を含むＡＬ作戦部隊はいったん大湊に戻った。約1カ月ぶりの内地帰還だったが、ミッドウエー海戦の敗退が漏れるのを恐れたためか、上陸は禁じられ、便りもはがきしか許されなかった。機密保持は一段と厳しくなり、他部隊の行動も一切不明だった。新聞はアリューシャン攻略を仰々しく報じていた。

28日、大湊を再び出港。連合艦隊は米軍がアリューシャン列島沿いに反攻してくると判断したようで、北方部隊である第5艦隊に戦艦や新鋭巡洋艦を増派しての再出撃である。それにしても、アッツやキスカといった孤島の戦略価値をどうみているのか、美濃部には全く理解できなかった。陸上基地はなし。飛行艇や水上戦闘機を少々つぎ込んでも、霧の中ではろくに使えない。補給の負担が増すだけのはずである。

大艦隊がベーリング海を東進中の7月3日のこと。雲は低く視界わずか2キロ。先頭を進む阿武隈からは後続部隊すら見えないのに、艦隊司令部から出動命令が来た。

「キスカ方面に敵潜水艦出現。阿武隈機は艦隊前路の対潜哨戒をせよ」

海面も見えないほどの霧の中で対潜哨戒命令とは……。1水戦だけでなく、第5艦隊各部隊の上層部は航空の素人ばかりだった。美濃部には、彼らが飛行機を将棋の駒のように消耗品扱いしているようにしか思えなかった。幕僚にとっては気休め程度の命令でも、それを実行する搭乗員は命懸けである。

カタパルト発艦後、早くも高度200メートルで雲に遮られた。低空150メートルでの8の字飛行。雲はますます低くなる。旋回中に翼端が海面に触れそうになった。「もはやこれまで」と着水しようとすると、後続の駆逐艦が接近していた。慌てて高度を上げた途端、雲の中である。「これで幾人死んだことか」と思った。

さらに高度を上げ、雲上に出た。燦々《さんさん》と太陽が輝く別世界だった。下は果てしなき白雲のじゅうたん。燃料は残り3時間分。このままでは帰艦の望みはない。天空にただ1機。「これが聖戦か?」。くだらない任務で死ぬのはしゃくだった。美濃部は後席の2人に声を掛けた。

「機上食で腹ごしらえしよう」

電信員の佐々木に「われキスカ方面に向かう」を打電させたが、行けど進めど眼下は雲ばかりだった。こうなると、アリューシャン列島線付近と推定される地点で雲の中を降下し、ベーリング海に不時着するしかない。

幸運にも、遠くにキスカ富士（キスカ火山）らしき白雪の頂が雲から顔を出していた。1年半前の南支戦線で、海霧に遮られた中を馬祖島《ばそとう》の基地に帰投したことがある。その時の教訓を思い出した。「山の風下に霧なし」。回り込んでみると、キスカ富士の風下の雲に穴があり、海が見える。経験済みの今度は落ち着いて着水することができた。

水上滑走でキスカ湾に入ると、2隻の駆逐艦が喫水線の下の赤腹（赤いさび止め塗装部分）をさらして傾いていた。海岸には人影がない。まるでゴーストアイランドである。砂浜に飛行機を係留して上陸した。丘の中腹に粗末な隊舎が見えた。

奇遇にもクラスメイトの峰松秀男が特設水上機母艦「神川丸」の観測機隊分隊長として派遣されていた。詳しく島の状況を聞こうとしたが、妙にそわそわしている。

「あすの朝、千代田の水上戦闘機隊と交代する。引き揚げの荷造り中だ」

水上機母艦「千代田」の戦闘機隊分隊長も同期の山田九七郎とのこと。駆逐艦2隻は湾口で潜水艦にやられ、小型輸送船が爆撃で沈没したという。

「この霧の中では何ともならん。ひどい所だ。山田も苦労するぞ」

荷造りの邪魔になるので早々に引き揚げた。親しい山田と1日違いで会えないのが残念だった。キスカ攻略部隊が2000人はいるはずなのに、人影は見えない。敵の潜水艦と空襲に対抗する手段もなく、穴の中でおびえているのだろうか。

阿武隈から「夕刻キスカ湾外にて収容する」との無線連絡があった。それまでの暇つぶしに島内を散策すると、雪を頂く山からの細流があちこちに見えた。美濃部は子供の頃からの川好きである。歩いてまたげるほどの流れをかがみ込んで見ると、きれいな雪解け水のそこここに、イワナに似た10センチ足らずの小魚がたくさん泳いでいる。人間を知らない様子で、簡単に手ですくい捕ることができた。

——敵もいない霧深き絶海の孤島を侵し、肩を寄せ合って暮らしていた少数民族アリュートの生活を破壊してしまった。そして米軍の反撃始まるや、対抗手段もなくおびえている。可憐なイワナの天国に爆弾の雨を呼ぶのだろうか。北洋戦線の意味なき拡大を誰も阻止することはできないのか——。

第5艦隊の今回の任務は、アッツ、キスカの守りを補強するため、MI作戦中止で出番を失った特別陸戦隊や水上戦闘機隊の増援輸送を支援することだった。だが、ミッドウエー海戦の敗戦ショックからか、機密保持に凝り固まった艦隊司令部は当初、美濃部ら戦闘幹部にすら作戦目的を秘匿していた。美濃部は初めて、名将とあがめられる山本五十六連合艦隊司令長官に疑問の念を抱いた。

小松島航空隊教官

阿武隈は7月16日、横須賀に入港した。北方への増援輸送支援を終えたということもあるが、キスカ島沖で米潜水艦に襲われて損傷した駆逐艦「霞《かすみ》」などを横須賀で応急修理することになり、その回航と護衛を命じられたのである。横須賀に入る直前、阿武隈は千葉《ちば》県《けん》犬吠埼《いぬぼうさき》の沖合で監視船と衝突するは、搭載している水偵1機がエンジン不調で白浜沖に不時着するはとトラブルが続いた。いずれも美濃部の手記には触れられておらず、この水偵が1号機だったのか2号機だったのかは分からない。

横須賀では上陸が許可された。阿武隈はしばらく整備のため横須賀にとどまるのだが、美濃部は20日付で徳島県の小松島航空隊教官兼分隊長を拝命し、そのまま転勤することになった。前線勤務が続いた後の、いわゆる「ご苦労配置」である。

赴任の途中、美濃部は愛知県の郷里を訪ねた。村の若者の多くは既に軍籍に入り、年輩者と女性が田畑を守っていた。親類知人の誰もが彼を「海の荒鷲」と持ち上げた。大本営発表によって、いまだに国内には戦勝気分がみなぎっていた。彼も久しぶりに前線の死闘から解放されて気が楽になり、戦場で抱いた違和感がいつしか薄まっていった。母のことや近所の人々に戦況を問われるたび、

「戦いはこれからです」

と自分に言い聞かせるように答え、勝利を誓った。

小松島は紀伊水道に面した徳島県東部の中ほどに位置する港町である。大阪から定期船で渡

ると、南の海岸に水上機の格納庫やカタパルトを支えるコンクリートが見えた。日峰山《ひのみねさん》の山並みに抱かれた静かな街のたたずまいが、戦地帰りの美濃部の心を癒やしてくれた。

やがて鎌倉から篤子が駆けつけた。小松島航空隊は前年10月に開隊したばかりで、官舎も整っていない。しばらく2人は旅館に滞在した後、井内太平という徳島市の実業家の好意で、日峰山麓の広大な別荘の離れに落ち着いた。

国家総動員法に基づく生活必需物資統制令により、食材や燃料、衣料品の配給制は一段と強化されていたものの、お嬢さん育ちで家事に不慣れな篤子には別荘番の老夫婦が何かにつけて助言してくれた。付近の店の店員も御用聞きも親切な人間ばかりで、美濃部は安心して軍務に専念することができた。

当時の小松島空は、水上偵察機の搭乗員養成を担当する練習航空隊である。飛行予科練習生（予科練）で基礎課程を終え、「予科」の2文字の取れた17～18歳の飛行練習生（飛練）を対象に2カ月間、2座の95水偵（30人）や3座の94水偵（20人）を使った実戦運用訓練を施していた。

美濃部は自身の経験から、雲中・夜間飛行、洋上航法と整備を特に重視して教育した。安全な運航こそが任務達成の鍵を握ると確信していたからである。1年4カ月の在任中は無事故で通した。座学は哨戒、捜索、触接法、気象、航空図、コンパスの地磁気偏差とその修正法など、1日10時間に及ぶ日もあったが、少年たちは国家の大事に身を捧げようと、ひたむきについてきた。進度が遅く、適性不良として罷免されそうになる子がいても美濃部は決して見捨てず、訓練期間を延長して直接指導し、卒業させた。

上司にも恵まれた。航空隊司令の古瀬貴季《たけすえ》大佐は美濃部の岳父と兵学校同期で、当時から人格者として知られていた。直属の上官である飛行隊長の三浦武夫大尉も、打ち解けて話をすることができる好人物だった。

9年前に海軍に身を投じてからというもの、厳しい訓練や戦地での飛行に明け暮れた美濃部には、青春を楽しむゆとりもなかった。結婚4日にして出撃し、開戦後はハワイ、ラバウル、ジャワ、セイロン、そして北洋アリューシャンの前線で、ひたすら作戦に従事してきた。この間、篤子とは2度ほど短い逢瀬《おうせ》があっただけで、それも彼に言わせれば「あすの命を期待し得ない仮のまどろみ」にすぎない。小松島で初めて落ち着いた家庭生活に恵まれた。

夏の小松島湾には小アジが群がり、基地の防波堤からも面白いように釣れる。夜間飛行訓練を行う日の夕方は、暗くなるまでの時間待ちの間に20〜30匹の獲物を釣り上げた。食料不足の時代、アジの土産付きの夜間訓練はいつも篤子を喜ばせた。

休日には2人で日峰山の散策を楽しんだ。展望台から望む光景は何もかもが美しく見えた。目の前に広がる波静かな海のように平穏な日々。美濃部はいつしか、死と背中合わせだった戦場のことも忘れ、漠然と「いずれ戦には勝つ」と考えるようになった。

愛する者のそばにいられることがどんなに幸せなことであるかを思い知ったのは、戦死者の遺族の深い悲しみに初めて触れたせいもある。小松島に赴任して1カ月ほどたった頃、吉野川中流の山あいにある脇町（現美馬《みま》市）で兵学校の級友岩佐文明の葬儀が営まれ、美濃部はクラスを代表して参列した。

享年27。「8月9日ソロモン方面で戦死」というだけで、詳しい状況は分からないという。栄光と畏敬の賛辞に満ちた軍人の葬送に、残された家族の心情が入り込む余地はない。世間はただ「名誉なこと」と表向きを繕っているだけのように見えた。

赤ん坊を背負った新妻に伴われて訪ねた岩佐家は、美濃部の生家と同じ田舎の農家だった。年老いた両親が田畑を守り、幼い弟妹を育てていた。海軍での長男の活躍をどれほど念じていたことか。美濃部は自身の境遇を重ね合わせずにはいられなかった。

――悲しみが癒えた後には、幼子を育てながら孤独の中で生計を立てる厳しい暮らしが待っている。戦いは軍人ばかりではない。老人も若妻も長い戦となるだろう――。

斬新過ぎた提案

内地部隊にいる美濃部が戦況について得る情報は、一般の国民とほとんど変わらず、新聞やラジオの報道が全てと言ってもよかった。もちろん、上司が出張先などで耳にした話や、戦地帰りの同僚らの見聞は、ふとした機会に断片的ながらも耳には入ってくる。南太平洋のソロモン諸島では激戦が続いているとのことだった。軍艦マーチ入りで放送される大本営発表の戦果の裏で、敵は既にガダルカナル島を固めつつあり、誰言うとなく「ソロモンは飛行機搭乗員の墓場」と恐れられているという。

根拠もないまま「いずれは勝つ」と信じている美濃部も、南太平洋という遠隔の戦場では補給や増援が容易でないことくらいは分かる。いつの数字かは知らないが、米国の航空機年間生産力は6万機とも8万機とも聞いていた。しかもB17重爆撃機は少々の銃撃ではなかなか落ちないらしい。

こうした噂は、当たらずとも遠からずといったところだった。ミッドウエー海戦で空母4隻を一挙に失い、MI作戦を中止した海軍は、次の一手と想定していた南太平洋のフィジー攻略（F作戦）まで中止に追い込まれた。海軍全体の作戦を統括する軍令部の第1課が1942

（昭和17）年7月7日付でまとめた「作戦指導方針変更の経緯説明覚《おぼえ》」と題する手書き資料には、開戦からわずか8カ月のこの時点で早くも航空兵力が末期的な状況に陥っているとの認識が随所に記されている。

「目下ニューギニア方面航空機は全くの消耗戦となり、特に7月初頭以降、敵はモレスビーに相当大なる航空兵力を集中して盛んに反撃し来り、わが方消耗も漸増の傾向にあり」

「敵爆撃機B17、B26等は零戦の多数をもって全弾撃ち尽くすまで攻撃するも、これを撃墜するを得ざる状況にして、最近のごとき遂に体当たりにて自爆撃墜するがごとき悲壮なる戦況すら現出するに至りたるため、現地作戦部隊においては、かくのごとき戦況をもってしてはF作戦のごとき思いも寄らざることとなりとの所見を抱くに至りたり」

「MI作戦および珊瑚《さんご》海海戦における航空機の消耗は約400機に達し、補充再編成に際し一大難関に逢着《ほうちゃく》せるのみならず、生産量は予期に反し一向に増加する見込みなく、全くの停頓状態に陥りあること判明せり。海軍航空機の生産状況は辛うじて毎月の消耗を補い得る程度にして、作戦兵力の回復もほとんど見込みなき状況において、さらに作戦線を推進して消耗戦を激化することは今後の戦争継続に一大支障を来す恐れあり」

ここに出てくる「体当たり自爆撃墜」は戦争末期の特攻作戦とは異なり、搭乗員の自発的な意思で敢行されたものである。この時点では、海軍中央も現地部隊も体当たり攻撃をまっとうな戦法とはみていないことがうかがえる。

軍令部総長の永野修身《おさみ》大将は11日、こうした状況を踏まえた作戦指導方針の変更を天皇に奏上した際、「敵の意表を突く新攻略法を考案適用しますことが肝要となりました」と付け加えた。美濃部が小松島空に赴任する10日ほど前のことである。

彼の記憶によれば、この年の8月以降、連合艦隊司令長官名で「広く斬新なる戦略戦法および兵器に関し、意見、構想を求む」という異例の部内通達が出された。ミッドウエー海戦前の岩国会議で、偵察機の強化を提案して一蹴された苦い思い出がよみがえった。

「どうせわれわれ若造の意見など相手にされまい」

そうも思ったが、練習航空隊勤務で時間だけはたっぷりある。夢物語として米国に一泡食わせる方策を考え、提出した。「潜水空母艦隊による米大西洋岸の生産中枢攻撃案」という、それまで誰も本気では検討してこなかった大胆不敵な構想である。

「米国の航空機生産は年間8万~10万機。前線で毎日50~100機を撃墜しても敵は日増しに強化される。速やかに4000トン級潜水艦（内殻の径8メートル以上）50隻を建造すべし。これがため大中型艦の建造一時中止もやむを得ない。翼端折り畳み式の彗星艦上爆撃機を1艦当たり8機搭載。計400機をもって米本土東海岸に集まる航空機生産工場を粉砕し、生産が中断する間に戦局の打開を図るべきである」

当時の潜水艦の規模（水中排水量）は最大でも3000トン台だったが、美濃部によると、4000トン級の潜水艦建造というイタリアからの報道がヒントになったという。

「建造、訓練に1年。各艦とも喜望峰またはマゼラン海峡を迂回して大西洋に進出。攻撃隊はX日X時にカタパルト発艦。攻撃後は潜水艦収容線に着水し、搭乗員のみ収容。攻撃隊指揮官および編成、訓練担当者、美濃部大尉」

思いのたけをぶつけた計画をまとめ終わると、美濃部は今までの胸のつかえが取れた気持ちになった。だが、提出後は何の音沙汰もなかった。後日、出張で小松島空を訪れた連合艦隊の参謀からこんな話を聞いた。

「君の意見はGF（連合艦隊）では採用されたけど、艦政本部の反対で見合わせ中だよ」

艦政本部は海軍省の外局の一つで、軍艦や魚雷、大砲などの開発を担当する機関である。日本海軍は小型水上機を搭載できる潜水艦を早くから何隻も保有していたが、それはあくまで偵察を目的としたものだった。爆撃機を積み込んで敵地攻撃に向かうという構想は、潜水艦の用兵思想の大転換を意味する。

終戦直前の1945（昭和20）年7月下旬、第631航空隊が水中排水量6500トンという世界最大の潜水艦「伊400」と「伊401」に水上攻撃機「晴嵐《せいらん》」各3機を搭載し、米機動部隊の前進基地がある南太平洋カロリン諸島のウルシー環礁奇襲に向かった。直前まで計画されていたパナマ運河爆撃が取りやめとなったためである。

結果的には到達前に終戦となり、ウルシー奇襲も不発に終わるのだが、この2隻の超大型潜水艦はもともと米国の東海岸攻撃という途方もない作戦を想定して建造されたものだった。発案者は連合艦隊司令長官山本五十六大将である。631空で機密文書取扱主任を務めた佐藤次男の著書『幻の潜水空母』によると、開戦翌年の1942（昭和17）年4月27日、すなわち岩国基地でのMI作戦研究会に美濃部が出席した前日には、極秘の潜水空母建造計画に軍令部からゴーサインが出されていた。

ところが、ミッドウエー海戦での大敗北を経たこの年の後半になると、潜水空母構想そのものへの反対論が潜水艦部隊の関係者の間で急浮上し、全廃を求める声も艦政本部に寄せられていた。美濃部の「潜水空母艦隊案」は、こうした微妙な時期に提出されたのである。

翌年4月に山本が戦死すると、米東海岸攻撃の夢物語は立ち消えとなり、超大型潜水空母の建造も当初計画を大幅に下回る2隻に縮小されてしまった。

練習航空隊の一教官にすぎない美濃部が、連合艦隊司令長官の腹案を知っているはずはないから、2人の発想は偶然の一致ということになる。美濃部の提案が山本の耳に達したかどうかは、今となっては分からない。一つ言えるのは、美濃部の発想が山本のそれに匹敵するほど壮大で斬新なものだったということである。むしろ斬新過ぎたと言うべきかもしれない。

［第6章］

夜襲戦法と零戦転換

搭乗員の墓場

1943（昭和18）年10月20日、美濃部正は第938航空隊の飛行隊長を拝命した。1年3カ月に及んだ小松島航空隊在勤中、前線の状況は報道で知ることがほとんど全てと言ってよかったが、938空は日米激戦の地ソロモン諸島のショートランド島を拠点に水上機部隊の花形として善戦中と伝えられていた。編制表によれば、2座の零式観測機と3座の零式水上偵察機が各1隊、計24機の新鋭機を擁する部隊である。そこに指揮官として赴任するのである。

「今度こそ存分に力を発揮できる」と胸が高鳴った。

海軍省人事局に問い合わせると、

「ラバウルまでは横浜空の飛行艇便を手配する。その先のことは現地の艦隊司令部の指示を受けるように」とのこと。

31日未明、横須賀市追浜《おっぱま》の指定旅館で篤子と別れ、慌ただしく機上の人となった。

「ソロモンは今、日米決戦の天王山。生還はもとより期し難い。後の事を頼む」

子供を身ごもった兆しもなく、寂しげな顔で見送ってくれた篤子の姿が、窓から望む白雪の富士山としばらく二重写しになった。「これが祖国日本の見納めだろうか」。一抹の不安を覚えないわけではなかった。美濃部が教育した少年航空兵600人のうち約200人がソロモン諸島方面に出征したのに、一人として彼らの内地帰還を聞いていなかった。

11月1日午後、陸海軍の航空部隊が大挙集結するニューブリテン島のラバウルに着いた。938空飛行隊長の先任者は兵学校の1期上で、同じ31期飛行学生の山形頼夫大尉である。美濃部とのスイッチで小松島空飛行隊長に発令されていた。驚いたことに、山形は疲れ切って青ざめた顔を美濃部に向けると、

「後はよろしく」

と言うなり、入れ違いに飛行艇に乗り込んで内地に帰って行った。旧交を温めるどころか、互いの引き継ぎを行う暇もなかった。

南東方面艦隊の司令部に出頭した。みな慌ただしげに立ち回っている。航空参謀に着任の挨拶をして938空ショートランド基地への便を尋ねると、「ご苦労」の一言もなく、

「そんな便はない。松島に派遣隊がいるはずだ」

あまりに素っ気ない態度に美濃部は思わずむっとなったが、この様子では戦局の説明を聞くどころではない。気を取り直し、その松島派遣隊に出向いた。

火山の噴火によって今では陸続きの半島になっているが、当時はラバウル湾（シンプソン湾）の東側に小島（マチュピット島）が浮かんでいて、日本軍はそれを松島と呼んでいた。白

砂青松の海岸に数機の水偵が係留され、4、5棟のバラックが建設中だった。奇遇にも、派遣隊指揮官は昨年まで小松島空の整備主任として一緒に勤務していた機関科の高野二郎少佐だった。

「敵はショートランド島の南のモノ島まで進出して基地を建設中。938空の本隊はショートランドを撤収し、ブーゲンビル島北岸に接するブカ島に後退している。水上機は、昼間任務では敵の餌食になるばかり。飛行機はここに8機と、ブカに2、3機のみ」

以上が高野の話の要点である。戦況の悪化は美濃部の予想をはるかに超えていた。飛行機が少ないのも意外だった。

翌朝、赴任の途中ながら、美濃部は純白の第2種軍装で左手に軍刀を下げ、建設中の派遣隊基地を見て回った。ラバウル湾内には大型輸送船10余隻が在泊していた。日本軍が「花吹山」と名付けた火山（タブルブル山）が静かに噴煙をたなびかせている。湾の奥の方から陸上攻撃機や戦闘機が発進する爆音が散発的に聞こえてくる。美しくも盤石の前線根拠地に見えた。

「戦はこれからだ」と覚悟を新たにした。

突然、空襲警報の早鐘《はやがね》が林間にこだました。辺りで作業していた隊員の姿がたちまち消えた。美濃部も南支作戦以来、多くの戦場で砲火はくぐってきた。しかし、それは常に上空の攻撃側で経験したことであって、地上で敵機の攻撃を受けたことはない。隊員の絶叫が耳に入った。

「隊長、危ない！　早く防空壕へ」

防空壕に逃げ込む？　そんなことが軍人にできるか。美濃部がためらっていると、敵機は噴煙を上げる火山の向こうから尾根すれすれのところを越えて、5機、10機と湾内の輸送船団を目掛けて殺到してきた。超低空からの、敵ながら見事な爆撃と銃撃である。すさまじい爆裂音と共に大地が震動した。輸送船は次々に爆発を起こして炎上し、沈没していった。湾内はたちまち地獄絵図と化した。

いきなり頭上でバリバリバリッと機銃掃射音がした。一瞬首をすくめて見上げると、別の戦闘機群が派遣隊基地に殺到してきている。美濃部は防空壕に走る間もなく、反射的に近くのタコつぼに飛び込んだ。百雷が一度に落ちてきたような銃爆撃だった。胸がドキドキしている。

「臆病者！」と自分を責めたが効き目はない。

「これはひどい所に来たわい」

938空派遣隊の保有機も無残にやられ、飛行可能は2、3機のみとなった。美濃部はまだ赴任の途上である。「戦闘配置に就く前に死んでは犬死にだ」。損壊を免れた零式水偵で暗黒の珊瑚《さんご》海を飛び、ブカ島にいる本隊に向かうことにした。

ニューブリテン島、ニューアイルランド島の海岸線がかすかな夜光虫の光に縁取られているのが見えた。南十字星は4年前と同様、人間界の闘争とは無縁の輝きを放っていた。以前トラック島付近で見ていた時よりも星の位置が高いことに気が付いた。故国から6000キロ。はるばる来たものである。

「この地にわれ散るか。わが墓場か」

ぼんやりとそんなことを考えながら、狭い水道を挟んでブーゲンビル島の北岸と向き合うブカ島南岸の938空仮設基地に着水した。指揮所は柱も壁もヤシの丸太で、屋根はヤシの葉で葺かれていた。敵機を警戒してか、灯りも消していた。

「938空飛行隊長、美濃部大尉ただ今着任しました」

懐中電灯を頼りにあいさつすると、

「ご苦労。君にはこの基地の指揮を執ってもらう。しばらくは飛行長が残るから」

司令の寺井邦三《くにぞう》中佐に言われた意味が、すぐにはのみ込めなかった。その夜、寺井は美濃部と入れ代わりにラバウルに向けて飛び立った。何のことはない。航空隊の本隊をラバウルに移し、さっきまで本隊だったブカが派遣隊となったのである。

水偵は2機あるらしい。だが、それでどう戦えと言うのか。

——内地で見送ってくれた人たちは、華々しい編隊の指揮官として活躍する姿を想像していように——。

何ともパッとしない任地だった。

唯一の救いは、飛行長の山田龍人《たつひと》少佐が豪傑肌で温かみのある人物だったことである。あごひげを蓄え、悠揚として迫らない雰囲気を漂わせる彼の案内で、暗いジャングルの夜道を宿舎に向かった。スコールの後の葉しずくが首筋にポタリポタリと落ちてくる。闇の中から「グワッ！　グワッ！」と怪鳥の声がした。無数の毒々しい蛍が乱舞している。日本の初夏に飛び交うすがすがしい光でなく、じめじめした光である。

――この南海の果てに、いったい何が起きているのか――。

美濃部はだんだん気が滅入ってきた。

翌朝、バラック造りの搭乗員宿舎を訪ねた美濃部を小松島空の教え子たちが懐かしそうに迎えてくれた。しかし、どの顔も青ざめて迫力がない。隅の方で寝ている者もいる。

「どうした」

「マラリアです」

「薬はないのか？」

「キニーネもこの地方のマラリアには効きません」

部屋の奥の粗末な棚に白木の箱が30個余り並んでいる。ショートランドからブカまでは何とか引き揚げてきたが、ここから先はもはや遺骨を運ぶ輸送機も船便もないとのことだった。2

日前に敵はブーゲンビル島中部西岸のタロキナ岬に上陸し、ブカにも激しい艦砲射撃を加えてきたらしい。

司令が本隊をラバウルに後退させたことが、ようやくうなずけた。美濃部は戦況も敵情も知らされないまま、米軍が怒涛の進攻作戦に乗り出したまさにその日に、激戦の渦中に飛び込んだのである。

内地で1年3カ月を平穏に過ごした後、水上機の花形部隊と聞いた938空への転勤が決まり、「大海軍は俺を必要としている」とうぬぼれていたのに、勇躍ラバウルに降り立ったのは本拠地ショートランド島が敗退した日だった。

隊員たちの話で、ショートランド島には整備員らが残留していることが分かった。新任飛行隊長として実態を掌握しておく必要がある。ブーゲンビル島西岸のタロキナ岬には既に米軍が基地を建設中だという。夜間に飛んで島の東岸沿いを南下するしかない。

ブーゲンビル島の密林は黒々と静まり返っていた。島の南を回り込んでショートランド島に向かう。半年前、山本連合艦隊司令長官の搭乗機が撃墜されたのはこの辺りだった。

暗い海岸から懐中電灯のかすかな光が美濃部機を誘導してくれた。40人ほどの隊員が迎えてくれた。敵中に取り残され、さぞ心細かったに違いない。残留隊長の兵曹長が状況を説明した。

「一昨日の空襲と艦砲射撃でここの施設は粉砕されました。眼前のモノ島には100機余りの敵機がおり、あの明るく見えるのが飛行機の発着作業です。ブカに転進の命令が出ていまして、今夜、迎えの大発（小型輸送艇）が到着次第、いったんブーゲンビル島南端のブインに渡ります。ブインからは東海岸を徒歩で300キロ北上します」

「際どいところで会えた。みな協力して転進するように。無事の到着を待っている」

基地跡を見て回った。航空隊本部だったという洋風の建物はがれきの山と化していた。籐《とう》椅子が引き裂かれて転がっている。かつては植民地支配の白人の別荘だったのだろう。オレンジが夜目にも鮮やかに、たわわに実っているのが印象的だった。日本軍の衰退をよそに、大自然のエネルギーの何と力強いことか。

消え行くショートランド基地を背に暗黒の海を離水した。すぐ南に見えるモノ島はこうこうと明るく浮かび上がっている。日米好対象の夜景である。

――あの小島一つがままにならないのか――。

ショートランド葬送の飛行とばかり上空を1周しながら、美濃部は歯がゆくてならなかった。小松島空では月々50人以上の水上機パイロットを養成していた。全国規模で見れば、新たな航空兵力の投入は月に1000人を超えていたはずである。まさか前線がこれほど悲惨な状況になっていたとは思いも寄らなかった。

相次ぐ誇大戦果

ショートランド島巡視から1週間ほど南東方面艦隊の作戦電報に接するうちに、美濃部もだんだんと戦況の実態をのみ込めるようになった。ラバウル航空戦では日々20～70機もの敵機撃墜を報じながら、300機の友軍機がどうなったのかや、味方艦隊がどこで何をしているのかといった情報は全くない。それどころか、連合艦隊の遊撃部隊は11月5日にラバウル湾外の泊地に到着直後、敵機の空襲で全艦が被害を受けた。制空権のないソロモンから連合艦隊の姿は消え、ラバウルも孤立しようとしていた。

17日、「ブーゲンビル島西方に敵機動部隊北上中。ラバウルから雷撃機27機が夜間攻撃の予定。別に触接機先行。938空水偵は触接予備機として出動せよ」の電命を受けた。

「今夜は俺が出る」

真夜中の珊瑚海へ飛び立った直後、「攻撃隊15機に変更」。いざという時に出撃機半減の連絡である。打ち続く激戦による損耗の激しさが忍ばれた。

肉眼による夜間の海上捜索は、10数秒ごとの稲妻が頼りになる。南西方向に巨大な積乱雲が林立していて、稲妻が走るたびに一瞬ではあるが真昼のように海面が照らされる。

数条の白線が目に入った。艦船が砕く波の中で夜光虫が帯のように連なって光を発していた。近づくと曳光弾《えいこうだん》が飛んできた。夜間でも弾道を確認しながら射撃できるよう、対空機関砲には発光体を内蔵した特殊な弾丸が通常弾4〜5発に1発の割合で装填《そうてん》されている。弾幕の威力を見せつけるように無数の光の棒となって襲いかかってくる米軍の曳光弾を、日本軍のパイロットたちは「アイスキャンデー」と呼んで恐れた。

美濃部が遠巻きに触接を続けていると、後席の電信員が「味方攻撃隊戦場到着」と告げた。敵の前路に照明弾を投下して誘導する。

暗黒の海上で死闘が始まった。離れて待機。敵の猛烈な対空砲火の曳光が闇夜を切り裂いた。飛行機からは爆音が邪魔をして下界の音は聞こえない。無声映画の光景である。大閃光が2度あった。味方機からの魚雷命中に違いない。接近すると、敵は南方のスコール帯を目指して逃走中だった。

稲妻の中に一瞬、2万トン級の輸送船数隻、重巡洋艦2隻、駆逐艦2、3隻が視野に入った。輸送船は美濃部も初めて見るタイプだった。甲板上部の構造がフラットになっていて、夜目には空母にも見える。異なるのは船団の隊形である。空母ならそれぞれに直衛艦を配し、通常は編隊を組まない。だが、夜間に激しい弾雨をくぐりながら単縦陣で突入する攻撃隊員が、こうした大型の箱型輸送船を空母と見誤って戦果を報告するのは無理もないという気がした。

帰途、美濃部はタロキナの敵情を偵察した。時刻は夜明けに近い。薄明るくなった海上には点々と中小の輸送船が浮かんでいた。飛行場に近づいた途端に対空砲火。その激しさたるや、まるで東京両国の打ち上げ花火である。これでは低速機や陸上攻撃機は近寄れない。戦闘機による夜間銃爆撃以外には有効な攻撃を思い付かなかった。

敵情を報告しても、どうせ攻撃に来る味方などいないことは分かっている。今この地に100機の夜間攻撃兵力があれば、敵の海上部隊を撃滅できるのにと思うと、無意味な偵察を繰り返す自分が情けなかった。美濃部はこのとき初めて、心の底から「攻撃戦力に転換したい」と思った。

最大の問題は、南東方面艦隊や連合艦隊、大本営にいる「飛ばない航空参謀たち」だという気がした。この頃の航空分野の先輩に夜間攻撃の経験者はいなかった。実地の研究調査すらしていない。

水偵触接機の報告は無視され、攻撃隊各機の報告が積算されて艦隊司令部から海軍中央に上げられていた。しかも、彼我の勢力比が戦果報告と異なることに気付いていながら修正もしない。司令部は誇大戦果を自分たちの健闘を誇示する材料にしているようにしか見えなかった。

12月3日の第6次ブーゲンビル島沖航空戦もまさにそのたぐいだった。空母3隻、戦艦1隻撃沈と報じられた空々しい戦果を聞き、美濃部は苦々しい思いを抱くばかりだった。

艦隊司令部への疑問は作戦面にとどまらない。ある日のこと。東方の海岸で銃声がしたので出てみると、数人の島民が沖へ逃げている。その後ろから警備隊の隊員が銃弾を浴びせていた。事情を問い合わせると、スパイの処刑だという。嫌なところを見た。米軍のタロキナ上陸後、島民は対米協力に傾いているように美濃部には感じられた。

今までどんな民政を行っていたのか。単なる武力占領では、戦勢不利となった時点で民心が離散するのは目に見えている。それを殺戮《さつりく》すれば部族を挙げて敵に回すことになる。

――敵の進攻には申し訳程度の反撃のみ。島民に向ける銃をなぜ米軍に向けないか――。

級友に遺髪を託す

「あっちだ!」「いや、こっちだ!」。何やら騒がしい。前夜も作戦で、美濃部が床に就いたのは未明である。眠り足りないのを起き出して表に出てみると、ひげ面の山田少佐が数人の隊員を指揮して何かを追い回している。1匹の大トカゲが追い詰められ、ヤシの木のてっぺん近くに張り付いた。歓声が上がった。山田は美濃部に気付き、ニヤリと笑顔を浮かべた。

「隊長、これが珍味でなあ」

山田は司令に次ぐ938空ナンバー2の飛行長である。ガダルカナル島の攻防戦に多くの部下を失い、しかも部隊はブカ、ラバウルへと後退中。憂慮すべき戦況に陥っていることは誰よりも身にしみて感じていたはずである。それを言動に一切出さず、取り残された若い隊員たちと屈託のない空騒ぎに興じている。年輪を重ねた部下統率の妙と巧まざる人徳に触れ、美濃部は改めて己の未熟を知った。

12月上旬、ショートランド島からブイン経由で撤退してきた搭乗員と病人は、ブカ島から駆逐艦でラバウルの本隊に夜間輸送された。飛行長の山田もその中にいた。

ブカ派遣隊は40人足らずとなり、急に寂しくなった。派遣隊長の美濃部はとうとう、ここで唯一のパイロットとなった。内地から持参した健胃薬草のゲンノショーコだけが元気よく発芽して、すくすく育ち始めた。

しばらくたったある日、クラスメイトの金原《かねはら》礼一がひょっこり現れた。

「よう!」

「おお!」

ブーゲンビル島とショートランド島の間に浮かぶバラレ島の防空隊長として活躍中と聞いていた。南支作戦で会って以来の懐かしい顔である。生まれも育ちも東京で、兵学校時代は落語でみんなを笑わせていた。にやけて軍人には縁遠い感じもした男がすっかり日焼けしていた。髪もひげもぼうぼうの陸戦服姿で、いかにも戦場度胸の付いた重厚な戦士の風情を漂わせている。

「横須賀の砲術学校に転勤が決まって、ブインから300キロ歩いてきた。警備隊に顔を出したら、もうラバウルに行く便はないらしい。貴様がここにいると聞いて来たんだ」

「よし、じゃあ俺の所の水偵で送ろう。ちょうど今夜1機、哨戒任務でラバウルから飛んで来る。明朝02時30分ブカ発でラバウルに帰る。窮屈だけど、電信員席の後ろの胴体の中で我慢しろ」

孤立した戦場で同期生に会えた喜びは格別である。その夜、2人はカンテラの下で思う存分語り合った。日に日に悪化するソロモンの情勢、兵学校時代の思い出、南支作戦中のクラス会で出た話、果ては内地の食べ物のこと。金原が「ジャガイモの塩ゆでは応えられん」と言ったのが、なぜか美濃部に強い印象を残した。別れ際、美濃部は髪の毛を紙片に包んで彼に託した。

「俺はこの地が墓場だ。内地に帰ったら鎌倉にいる妻に渡してくれ」

「引き受けた」

金原は小さくうなずいて、暗黒の珊瑚海に消えて行った。彼が帰国のために乗り込んだトラック島行きの飛行艇は12月25日にラバウルを離陸後、間もなくニューアイルランド島カビエン上空で撃墜されてしまった。美濃部がそれを知り、人の運命のはかなさをしみじみ感じたのは翌年2月のことである。

12月下旬、敵機のブカ爆撃は一段と激しくなった。派遣隊の隊舎も全壊したため、美濃部は海岸から150メートルほど離れた岩山に横穴防空壕を掘削するよう隊員に命じた。居住区と倉庫は岩窟の中、上部は鬱蒼としたジャングルである。これなら爆撃にも砲撃にもビクともしない。

ブーゲンビル島とブカ島を隔てる狭いブカ水道は、南太平洋と珊瑚海を結んでいる。潮時によっては3〜5ノットの流れとなり、ボラやベラが群れ遊ぶ。派遣隊ではここに小桟橋を10メートルほど出し、その先端を便所と炊事のくず物捨て場にしていた。熱帯ではこれがいちばん衛生的な処理方法なのである。落下する汚物には小魚が群れ集まり、たちまち分解してくれた。

海底の砂を一粒一粒見分けられるほど澄んだ流れには、たまに大ダコが現れる。沖に回った隊員が数人がかりで岸辺に追い上げて捕まえた。ボラの群れには手榴弾《しゅりゅうだん》を見舞う。1発で20匹ほどの獲物が浮かんだ。主計兵が洞窟陣地の内外を触れ回る。

「夕食は酢ダコとボラの刺し身です！」

普段の食事は缶詰尽くしなので、たまの生鮮食料は士気高揚の糧となった。

それでも美濃部はまだ、自分の立場に納得がいかない。飛行隊を指揮して存分に戦おうと意気込んでやって来たのに、肝心の飛行機すらない派遣隊ではぐれ鳥のような日々を送っている。「海軍にとって俺は捨て駒なのか?」。内心の憤懣《ふんまん》は誰に訴えようもなかった。

クリスマスが過ぎる頃には空襲は午前と午後の1日2回に激化した。連日の爆撃でヤシの茂みも薄れ、空が透けて見えるようになった。観察していると来襲時刻は一定で、進入要領もお決まりである。どうも新米パイロットの戦場慣熟訓練を兼ねたものらしい。

島の警備隊から使いがやって来た。

「パイロットの捕虜を尋問するが、英語の分かる者がいないからお願いしたい」

ジャングルの1キロほど奥の樹間にニッパヤシで作った小屋が散在していた。捕虜は20歳かそこらの、まだあどけない若者だった。何を聞いても「ノー!」である。

「黙秘すれば待遇が悪くなるよ」

「仕方ない」

「私もパイロットだが、君たちの攻撃は下手だな。弾を捨てているようなものだ。あれで戦争に勝てると思うか?」

若者の反抗心が口を開かせた。

「米軍にはエキスパートパイロットがたくさんいる。われわれは練習課程を終え、タロキナ基地に来たばかりだ」

「カレッジから来たのか?」

「そうだ。米軍の方が数は多い。勝てる」

「国へ帰りたくないか？」

「帰りたいさ。しかし勝ってからだ」

なかなかの元気者だった。

夜になると、シドニー放送が日本語でこんな呼び掛けをするようになった。

「前線の日本軍将兵に告ぐ。君たちは有史以来の勇敢な人々である。祖国のためにその本分を全うしている。これは世界中が称賛している。しかし、かくも勇敢なる君たちに対して、祖国は何をもって遇しているか。俸給ももらわない、酒も菓子もない、祖国の妻からの手紙も届かない。日本の天皇は平和を望んでおられる。真に忠ならんと欲する者は、速やかに銃を捨てよ」

玉砕決意の訓示

1944（昭和19）年元旦。美濃部は938空ブカ派遣隊の隊員とともに、南海の孤島から北方はるか6000キロの故国に向かって遙拝した。祝いの酒もない、わびしい正月である。顔色の悪い隊員が増えてきた。

空襲はますます激化し、派遣隊本部の半地下防空壕がいつ直撃弾にやられてもおかしくない。ラバウル本隊との唯一の連絡手段である無線機は、電信員とともに1キロ離れた密林の台地に疎開させた。美濃部は岩窟の中で起居する隊員たちと離れ、本部指揮所に1人で寝泊まりした。米軍に空と海を制せられ、格子なき牢獄《ろうごく》に置き去りにされたようなものだった。

——戦場お上りさん。わずか2カ月で飛行機持たぬ飛行隊長。最前線にありながら、小銃数丁しかない40人足らずの部隊長。こんな間の抜けた戦争があるものか——。

だが、くよくよしても始まらない。「内地の夢でも見て初夢とするか」。そう気を取り直して指揮所のベッドに横になった。

南海の孤島で、美濃部は母や妻と何かを語っていた。亡き父まで冥界から戻り、穏やかな眼差しで彼を見ている。いつの間にか彼は子供に帰り、庭先で鶏と戯れていた。きれいな振り袖姿の娘さんが池の向こうから手を振っている……。

ダダァーン！　ヒューン、ダダァーン！

息が止まるような強烈な炸裂音だった。辺りは闇である。手探りで防空壕に飛び込んだ。一過性の空襲とは明らかに違う。数発の弾丸が10秒くらいの間隔で襲いかかってきた。艦砲射撃である。至近弾でヤシの木の倒れる音が聞こえた。気が付くと、美濃部はガタガタ震えていた。

——何たることか。情けない。これが兵学校出のざまか——。

軍艦マーチをがなり立てたが、効き目がない。兵学校の校歌「江田島健児の歌」も駄目。醜態を部下に見られていないのが救いだった。何かが膝に飛び込んで来た。猫らしい。同じ生き物が妙に懐かしく思えた。

「お前と一緒に死ぬか」

猫を抱いて不思議と落ち着きを取り戻した。ふと、燃料切れ寸前に追い込まれたインド洋で、飛行機の計器盤に現れたアブラムシと生死を共にしたことを思い出した。

腹わたをえぐるような砲撃の破壊音と振動は、いつ終わるとも知れなかった。ついに壕の入り口で炸裂し、煙硝の匂いが充満した。そこで記憶は途切れた。

目が覚めると夜は明けていた。隊員に助け出されていたのである。基地を覆い隠していたヤシ林はなぎ倒され、地表はすっかり耕されていた。指揮所はささくれた床板のみというありさまだった。「ついに最期の時か」と思った。

艦砲射撃後の上陸は、米軍の常套《じょうとう》手段である。美濃部は意を決し、ブカ島所在の士官では最先任者の警備隊司令（大佐）を訪ねて指示を仰いだ。

「君の所まで面倒を見る余裕はない」

にべもない答えに、返す言葉も出なかった。

——海軍ではかかる場合、指揮系統は異なるとも先任者の統一指揮下で戦うのが軍令行使の原則のはず。要するに、武器も持たぬわれわれに分ける食料が惜しいのか。こんなやつと一緒に死ねるか――。

美濃部は憤然と踵《きびす》を返すと、指揮所に隊員全員を集めて訓示した。ゆうべの自分の不甲斐なさを恥じていた。はったりや虚勢では玉砕戦の指揮は執れない。

「いよいよ最期の日が迫った。孤独の派遣隊でよく耐えてくれた。さぞかし故国に帰りたかろう。死にたくなかろう。俺も同じ気持ちだ。今や帰る船も翼もない。しかも敵は上陸の気配が濃厚だが、戦う武器もない」

全員がじっと美濃部を凝視している。一呼吸入れて話を続けた。

「正直なところ、私自身安らかではない。立派に死ねるか否かも自信はない。私はもう、みんなに何もしてやれない。ジャングルの中に逃げたい者は逃げてよい。自由である。しかし、そこには道もなく、食糧もない。私はせめて、格好だけは敵に向かって死にたい。私と行を共にする者は手を取り合っていこう。祖国の人々の期待を裏切らないためにも、これが最も心安らかな道と思う」

質問もなく、そのまま解散となった。隊員たちは岩山の防空壕に戻って行った。

その夜、先任下士官3人が連れ立って指揮所にやって来た。

「きょうほど身に染みた訓示は初めてです。今まで上官の訓示といえば、君国のために命を惜しむなとか勇ましい話ばかりでした。そのくせ戦い不利となれば、さっさと引き揚げ、われわれは取り残されました。また、隊長を見ていると、連日の空襲下、指揮所で一人頑張っておられ、私らは悪いとは思いつつ、とてもついて行けないと思っていました」

何事かと、美濃部は彼らの顔を見回した。

「敵が来れば、ある者は自決する、ある者はジャングルに逃げる、ある者は敵に突入して死ぬと、みんなの考えはまとまりませんでした。けさ隊長が、自分も自信がないが手を取り合っていくと言われ、われわれ下士官・兵は、臆病でも軍人として恥ずかしいものでないことを知り安心しました。訓示の後、みんなで話し合いました。人間味あるこの隊長となら一緒に死ねる。連れていってください。みんなからも頼まれました」

美濃部の目から見ても下士官・兵は規律正しく、敵に近いこの地で本当によく頑張っていた。自分だけが情けない幹部だと思っていたが、心の中を明かせば、皆迷える羊だった。凡人が明鏡止水の境地を求めようとするから苦しむのである。命ある限り、死にたい人間などいない。恥ずべきは任務と使命からの逃避である。煩悩多き人間同士、共に手を携えて戦っていくしかない。

「俺こそ着任して日浅く、みんなに助けられてきた。ゆうべも砲撃の最中は震えて情けなかった。こちらこそよろしく頼む」

美濃部は28歳のこの時初めて「部下統御は虚勢を張ることではなく、己の使命を忠実に実践するにあり」と悟った。

ラバウル野戦病院

それから何日かがたった。例によって空襲警報の早鐘が鳴っている。美濃部は薄れ行く意識の中で銃爆撃音を聞いたが、仮設指揮所のベッドから起き上がる意欲もなかった。死の恐怖もない。

「隊長、防空壕に入って下さい！」

数人の隊員が担ぎ込んでくれた。体温42度。衛生兵が注射を準備した。

「マラリアです」

だが、キニーネも効かない。食欲もなく、吐く胃液の中に血がにじんだ。隊員が本隊に知らせたのか、1月9日、ラバウル野戦病院の病床に横たわる身となった。どうやって水上機で運ばれたのかも記憶になかった。

マラリアはしつこい病である。月に2、3日、悪寒と共に40度を越す熱が出る。美濃部はこの先、戦中はもとより戦後も10年にわたって苦しめられることになる。

兵学校卒業以来、病気では初めての入院だった。熱が下がったのは4日後である。粥《かゆ》ものどを通るほどに回復し、散歩も許された。野戦病院は作戦部隊から離れた山上の見晴らしの良い台地にあった。大きな赤十字の旗が翻っていた。戦争さえなければ、まさに南国の楽園である。だが、米軍はブーゲンビル島のタロキナを占領後、攻撃の主目標をラバウルに置き、連日100~200機での来襲を繰り返していた。

ラバウル基地を北方に見下ろす山上の台地から、美濃部は航空迎撃戦を初めて目の当たりにした。基地周辺の山々から空襲警報の花火が上がり、サイレンと鐘が鳴り渡った。遠雷に似た爆音が響く。味方の迎撃戦闘機隊が発進した。と、そこに一群、また一群と敵機が現れ、いつの間にか空を覆い尽くすほどの数になった。やがて敵機の大群は二手に別れた。一群が飛行場に殺到した。上空で味方機が次々と煙を吐いて散って行く。白昼の空の死闘に、美濃部は泣きだしたい思いにかられた。

1943(昭和18)年11月時点で300機はあった友軍機は、年が明けた1月中旬には半分以下に減っていた。内地からは必死の増援補給が続いていたが、遠距離の補給体制は米軍のそれとは比較にならないほど貧弱で、国力の差は歴然だった。

ある日のこと。杖を振り回しながら美濃部の病室に入ってきた者がいる。すぐ後から看護婦が追いかけてきた。

「教官! 教官もおられたんですか」

小松島で教えた少年航空兵だった。美濃部の故郷の隣、岐阜県出身ということもあってよく覚えていた。まだ19歳のはずである。

「言う事を聞かないんで困ってます」

看護婦はこめかみの辺りで人差し指を回しながら息を弾ませていた。

「まあお掛け」

ベッドを半分空けて、ようかんを勧めた。938空司令からの見舞いの品である。少年兵は「うまい」と言って、にこにこしている。看護婦が「こんなに話の分かるのは初めてです」と驚いたような顔をした。

「こいつら私を気狂いと言うんですよ。私は飛行機に乗れます。教官、退院できるようにしてください。水上機に250キロ爆弾と20ミリ機銃4門付けて銃爆撃に行きたい。教官、お願いします」

戦場の恐怖とストレスで精神を病んだのだろうか。少年の希望がかなえられるとは思えなかった。ただ、彼が幻の中に描いている攻撃方法は美濃部に強烈な印象を残した。

海軍水上機部隊は格闘性能に劣る複葉機に不満も言わず、訓練と創意工夫で夜間飛行能力を育んできた。けれども、今のままでは水上機に活躍の場がないことに、少年兵ですら気付いている。問題は、鈍速の水上機の武装を強化すれば事は解決するのか、という点である。恐らく難しいだろうと美濃部は思った。

では、機材ではなく、パイロットを軸に考えるとどうだろう。陸上機の熟練パイロットはグラマンF6Fヘルキャットなど敵新鋭機の大軍との激戦に酷使され、ばたばた撃墜されている。今や水上機パイロットは偵察任務にとどまることなく、陸上機が不得意の夜間攻撃に進出し、戦局打開の役割を担うべきときではないか。戦力強化のカギは、水上機パイロットの活用にある。

美濃部自身、翼なき派遣隊長という立場には我慢がならない。938空には、もはや3座水偵がわずか3機。いったい何のためにソロモンの決戦場に駆け付けたのか。着任当初からのもやもやした思いは限界にきていた。

彼が目を付けたのは零戦である。零式艦上戦闘機。日中戦争から太平洋戦争初期にかけて敵機を圧倒した日本海軍の最高傑作機で、「ゼロ戦」の愛称でも知られる。既にこの頃は米軍の新鋭戦闘機に押されていたとはいえ、20ミリ機銃と13ミリ機銃を2門ずつ装備し、250キロ爆弾の搭載も可能である。最高時速500キロのスピードは美濃部が長年乗った94式水上偵察機の2倍以上で、航続距離も申し分ない。これに水上機パイロットの夜間行動能力を加えれば天下無敵のはず。

1月18日に退院すると、美濃部は司令の寺井と飛行長の山田に、938空の一部を零戦に機種転換させてほしいと申し出た。２人とは今まで話し合う機会もなかったが、幸い理解を得ることができた。特に2座水偵は航続距離が短く、夜間装備も不十分なため、ますます使う機会が減っていたからである。そこで、司令を通じて南東方面艦隊司令部に意見具申した。

「敵は昼夜来襲するも、わが方進攻する兵力もなし。しかるに南東方面艦隊に９３８空、９５８空の水上機パイロット１００余名あり。夜間飛行、空戦、爆撃、洋上航法も可能。うち飛行経歴１０００時間以上の50名が飛行機もなく涙をのんでいる。零戦への転換は10日あれば十分。夜襲により敵進攻兵力をたたくべきである」

しかし、この上申は艦隊司令部に一蹴されてしまった。

夜間爆撃成功

大量の餓死者を出し、「餓島」と呼ばれるほど悲惨な状況に陥ったガダルカナル島と同様、当時「ボーゲンビル」と表記されたブーゲンビル島も、陰では「墓島」という異名を奉られていた。島の中部西岸タロキナに米軍が大規模な航空基地群を設けた後、第6師団を主力とする3万人余りの陸軍第17軍は、島の南端ブインにありながら反撃の糸口を見いだせず、鳴りを潜めていた。制空権も制海権も奪われて補給が途絶え、自活籠城《ろうじょう》で命をつなぐのがやっとという状態だったのである。

ニューブリテン島ラバウルに司令部を置く陸軍第8方面軍（剛部隊）が彼らにタロキナ攻撃を命じたのは1944（昭和19）年1月21日のことだった。

剛方面軍作戦命令甲666号＝「そら」は「た」方面の「からす」の撃滅を企図す。「おおぞら」「みかさ」は「はくば」に協力し、「た」方面に「あやめ」をとり、該方面の「からす」を撃滅すべし。

符丁だらけの命令だが、「そら」は第8方面軍、「た」はタロキナ、「からす」は敵、「おおぞら」は第17軍、「みかさ」は軍司令官、「はくば」は海軍、「あやめ」は攻撃の意である。

総攻撃は来る陸軍記念日（3月10日）を期して実施する予定だという。士気高揚のため、絶えて久しい飛行機での攻撃支援を海軍にも要請してきた。しかも第8方面軍司令官の今村均《ひとし》大将は、自らブーゲンビル島に渡って直接この命令を伝えたいと言っているらしい。ところが、今村を乗せて敵中深く飛び込める陸軍機がない。そこで陸軍は南東方面艦隊に協力を依頼してきたのだが、海軍機も敵前着陸には自信がなく、司令部は「938空で何とかならぬか」と山田飛行長に話を振ってきたとのこと。山田はそう説明した上で、遠慮がちに美濃部に相談を持ち掛けてきた。

「私がお送りしましょう。ただし随行は副官1人までです。他の随員は無理です」

21日の夜半、美濃部は3座水偵2機を率いてラバウルから発進した。ブーゲンビル島ブインは、今や南方モノ島と北西タロキナの米軍基地に挟まれた死地である。敵レーダーを避けるため、低空で島の東岸伝いに南下。無灯火でブイン川河口に着水した。川幅は20メートルほどで、両岸から伸びるマングローブの大木に覆われている。敵前に思わぬ水上機秘匿の適地が見つかった。今村は言葉少なに礼を言うと、第17軍の迎えの車で奥地に向かった。

美濃部はその足で第8艦隊司令部に出頭した。ブイン川河口から東方4キロの丘の中腹に半地下の山砦《さんさい》があった。翌朝、司令長官鮫島具重《ともしげ》中将の朝食に招かれた際、今村から謝礼にもらった板チョコレート60枚を献上した。今村は、ジャワ攻略時の戦利品だと言っていた。

「これは珍しい。みんなで頂こう」

鮫島は1枚を五つに割り、司令部の下士官・兵にまで配った。美濃部はブインが気に入り、どうせ死ぬならここで戦いたいと思った。そこで第8艦隊司令部にこう持ち掛けた。

「ブイン川岸にポンド（船舶係留池）を造って水上機を置いておけば、ラバウルとの連絡やソロモン敵中の偵察も可能です。ぜひ第8艦隊から進言していただきたい」

「飛行機が来てくれるなら大歓迎だ。ポンド造りはお安いこと。航空燃料もたくさんあるし、整備員も残っている」

第8艦隊はよほど乗り気だと見え、すぐさま南東方面艦隊司令部に電報を打った。

「938空水偵のブイン進出を要請す。係留池2機分完成」

24日、美濃部は航空決戦最中のラバウルから3座水偵2機で飛び立ち、別ルートでブーゲンビル島に向かった。938空の戦闘行動調書によると、美濃部を偵察員席に乗せた1番機は20時40分にブイン川進出を果たした。ただ、2番機は天候不良のため引き返し、ブイン進出は翌日となっている。

河口から200メートルほど伸びたクリークの奥の岸辺には20メートル四方のポンドが出来上がっていた。外周には防弾用の堤まで作られている。これなら直撃弾でない限り耐えられる。飛行機の点検整備もしやすい。米軍モノ島飛行場とタロキナ基地の中間付近に、絶好の水上秘密基地を確保できた。

28日夜、美濃部は部下にソロモン諸島の敵背後の偵察を命じた。チョイスル、ベララベラ、サンタイサベルと島々が左右交互に並ぶ間を南東に延びる水道は、米軍の輸送船や航空機の銀座通りとなっていた。その大通りこそ忍者の潜入に好都合と考え、あえて航空灯をつけたまま南下させた。敵機に紛れさせる大胆な偵察作戦である。時速300キロの小型機1機、米軍レーダーも日本機とは気付くまい。結果は上々だった。

翌日には2番機に60キロ爆弾4発を積ませ、「ニヤイ飛行場」夜間爆撃を命じた。美濃部の手記によるとニュージョージア島の飛行場らしいが、地名は確認できない。938空の戦闘行動調書には「21時45分　ニヤイ飛行場奇襲」とある。3人の部下は24時00分に無事ブイン秘密基地に戻ってきた。機長の田中充《みつる》飛行兵長が報告する。

「擦れ違う敵機も日本機とは気付かず、ニヤイ基地上空を1周した後、駐機場の大型中型5機を爆撃して離脱しました。敵は対空砲火をやたら撃って来ましたが後の祭りでした」

「ご苦労。ただし同じ手は二度と効かぬ。高速の零戦なら手は幾らでもあるんだが」

美濃部はブインに進出して、飛行隊長として初めて闘志の湧く作戦部署に巡り合えた気がした。第8艦隊では、鮫島司令長官以下の幕僚が敵背後の偵察攪乱《かくらん》作戦にこぞって理解を示してくれた。おまけに司令部には、副官として着任してきたばかりのクラスメイトの荏原浩がいて、何かと面倒を見てくれる。施設隊は搭乗員の宿泊、食事、飛行機の警備など至れり尽くせりの支援。美濃部がマラリアで発熱すると、貴重な燃料を使って製氷機を動かし、氷を作って冷やしてくれた。

ブインの陸上機基地からは、取り残されていた零戦の整備員たちがやって来て、水を得た魚のように嬉々として水上機の点検整備をしてくれた。

陸軍の第17軍からはある日、中年の大尉が部下の兵隊を引き連れて訪ねてきた。

「友軍機が来たと聞き、20キロ奥地から確かめに来ました。もう何カ月も日の丸の付いた飛行機を見たことがなかったんです。触らせてください」

陸軍大尉はそう言うと、乏しい食料の中から「手土産です」とタピオカでんぷんを美濃部に分けてくれた。兵隊たちは宝物を見つけたような表情で水上機をなでながら、時折ぼそぼそと話し合っている。

「内地にはもう飛行機はないんじゃないか。あるなら、この決戦場に来てくれるはずだ」

「いや、内地には決戦部隊といって5万機の精鋭が総反攻の準備をしているそうだ。それまで頑張ろう」

どちらの意見も一笑に付すことはできず、美濃部は複雑な思いで聞こえないふりをしているほかなかった。やがて訪れるタロキナ総攻撃で、彼ら陸軍部隊は壊滅的な損害を出す運命にあった。

異例の発令と戦闘機屋の蔑視

2月に入って間もなく、美濃部は思い切って第8艦隊司令部の幕僚に水上機パイロットの零戦転換構想を打ち明けた。

2月中に訓練を完了し、ブインに再進出する。ブイン飛行場を取り巻く密林に滑走路への誘導路を10本造成し、昼間は零戦を林の中に隠蔽する。しかも燃料は抜いておき、探りの銃撃を受けても炎上しないようにする。夜間の発着を敵に悟られないよう、裸の灯火は使わず、正面だけを照らすガンドウのような照明器具で飛行機を誘導する——。いずれも、後に美濃部が芙蓉部隊で実行に移した基地の完全秘匿策の原型である。

第8艦隊は彼の構想を激賞し、直ちに鮫島司令長官名でラバウルの南東方面艦隊に上申書を出してくれた。驚いたことに、10日ほど前に同じ意見具申を一蹴した南東方面艦隊司令部が、今度はあっさりと機種転換命令に踏み切った。

「938空は速やかに水上機搭乗員を零戦に転換すべし」

ラバウル所在の戦闘機部隊は連日の迎撃戦で補充が追いつかないほど消耗していた。加えてマーシャル諸島が新たに米軍の進攻を受け、連合艦隊から南東方面艦隊への増援余力もない。こうした事情が異例の発令につながったようである。

それにしても「水上機は駄目だから零戦に変えてくれ」という要求が通るなど、前代未聞のことだった。部隊の編制や装備は、形式的には天皇の裁可を必要とする統帥事項であり、全て軍令部を通じて行われる。艦隊司令長官といえども勝手に変える権限はない。美濃部もそれは百も承知だったから、喜びと同時に、中央への手続きがうまくいくのか心配になったほどだった。

2月3日夜、第8艦隊に再会を約し、再びラバウルへ。南東方面艦隊からの零戦転換パイロットは938空に958空を加えた総勢18人とのこと。練成基地はトラック諸島（現チューク諸島）の竹島（エッテン島）飛行場。第26航空戦隊（26航戦）の指揮下に入り、練成完了後はラバウルの原隊に復帰せよとの命令を受けた。

5日夕刻、一行は飛行艇便でトラック諸島の中心地である夏島（トノアス島）に着いた。小松島からの赴任途中に立ち寄った昨年10月末と同様、連合艦隊の所在各部隊、補給廠《しょう》、軍需部、燃料廠などの前線基地としてにぎわっていた。海軍士官の間で「パイン」と呼ばれていた横須賀の料亭「小松」が営業しており、なじみ客の酒宴のざわめきと芸者の弦歌が表からもよく聞こえた。美濃部ら飛び入り組は狭い部屋に通され、そそくさと食事を済ませると宿泊先の水交クラブに向かった。

ソロモン諸島の孤立にもマーシャル諸島の陥落にも、2000キロを隔てたトラックでは何の危険も感じていない様子だった。米軍と直接対決した経験がないせいもあるだろうが、最大の原因は誇大戦果の発表と前線被害の秘匿のためだろうと美濃部は思った。

翌日、戦域担当の第4艦隊司令部にあいさつに出向いた。航空参謀を務める1期先輩の赤井英之助大尉にマーシャル方面の哨戒索敵状況、特に所属の水上機部隊と連合艦隊直卒の戦隊間の連携がどうなっているかを尋ねた。

「日施哨戒は各航空隊司令の計画による。敵の来襲時は連合艦隊指揮の下、各戦隊司令官が実施する」

何とも大ざっぱなものだった。敵発見後の触接継続や、別の敵捜索には多数の偵察機が必要になる。広大な南洋群島海域を守るには一元指揮による作戦要領と運用方式が欠かせないはず。美濃部が4、5年前に所属した第4艦隊の調査研究報告「南洋群島防衛構想」の理念は姿を消していた。強気一辺倒の進攻は破綻しつつあるというのに、防衛対策の軽視が気になった。

竹島の飛行場で、美濃部ら18人は26航戦隷下《れいか》の第204航空隊に臨時編入された。撃墜された山本連合艦隊司令長官の搭乗機を護衛していた部隊である。1月下旬にラバウルを撤退し、ここで再建訓練中だった。

司令は柴田武雄大佐。後に奇行で知られるようになる人物だが、美濃部は支那事変（日中戦争）で活躍した戦闘機屋と聞いていた。あいさつすると、じろっと見返しただけで、助言もなければ励ましもない。水上機パイロットに何ができるのかといった顔だった。士官室にいた陸上機の連中は、活気がないのに態度だけは横柄である。顔見知りもおらず、長居は無用と駐機場に向かった。

整備課の担当者の親切な言葉に救われた思いがした。

「航空廠から訓練用に零戦5機を支給されています。整備はわれわれがします」

操縦は取扱説明書を見ながら地上滑走から始め、独学で習得していった。零戦の性能は聞きしに勝る優秀さだった。空中操作は軽妙で、安定性は抜群である。要注意操作は1点だけ。「着陸コースに入れば、まず脚出し！」。水上機には脚がない。絶対確認を肝に銘じた。水上機の故に活躍の場もなく、日陰者扱いされていた部下たちも、生まれ変わったように張り切っていた。

1週間で全員が昼間操作を習得した。美濃部は26航戦司令官酒巻宗孝中将に報告し、夜襲戦闘機としての夜間訓練、特に夜間洋上航法訓練と銃爆撃訓練の開始を申し出た。酒巻は温かい目で美濃部の説明をじっと聞いていた。

「それなら楓《かえで》島（パレム島）の251空の夜間戦闘機隊と一緒に訓練したほうがいい。私から話しておこう」

願ってもない助言だった。

楓島では第251航空隊が夜間戦闘機「月光」3機で細々と再建訓練中だった。司令はこれまた戦闘機屋の楠本幾登《いくと》中佐。あいさつに出向いた美濃部をじろっと見ただけで言葉も返さない。幸い飛行長は水上機の偵察出身、園川大《はじめ》大尉だった。2期先輩の顔なじみである。

「うちの司令は変わり者でな。俺も虫が好かん。戦闘機乗り以外は人と思わない」

園川が隊内に手を回し、整備員は真夜中まで美濃部らの訓練を支援してくれた。

さらばソロモン

2月17日早朝、美濃部が零戦5機を率いて南方600キロの夜間洋上航法訓練から戻り、楓島上空に差し掛かったときのことである。夏島上空に警報の花火を認め、急ぎ着陸して第4艦隊司令部に何事かと問い合わせると、

「レーダーに大編隊接近中。敵大型機らしい」

7・7ミリ機銃を2門装備しただけの訓練機ではどうにもならない。大事な機材である。相手が大型機なら一時退避が安全と判断し、燃料補給後、部下に指揮させて300キロ西方のエンダービー諸島（現プルワット環礁）に送り出した。やれやれと野ざらしの机一つの指揮所で一服していると、東方の夏島の様子がおかしい。まだ大型機の姿も見えないのに、遠雷のような爆音とともに黒煙が立ち上っている。

翌日まで一昼夜にわたり、波状的に繰り返された米機動部隊によるトラック大空襲の幕開けだった。夏島の在泊艦船や飛行場、燃料タンクはもちろん、竹島や楓島などの飛行場も徹底的な銃爆撃を受けた。日本側が失った航空機270機の大半は、迎撃に飛び立つ間もなく地上で炎上。再建に着手したばかりだった26航戦の204空も251空も、なすすべもなく壊滅し

た。死者は陸軍兵士や民間人も含め７０００人を超え、内南洋の一大拠点は完全に機能を喪失した。ハワイ真珠湾での日米の立場をそっくり逆にした形だった。

ラバウルからの転進初日に美濃部が感じた警戒態勢の甘さは、さすがの海軍中央も見過ごすわけにいかなくなり、第４艦隊司令長官の小林仁《まさし》中将は空襲直後に更迭された。

美濃部が退避させた零戦５機のうち１機は、しばらくして楓島に引き返してきた。

「上空からグラマン30機接近中を発見。攻撃しましたが、やられました」

報告を聞いて愕然《がくぜん》とした。あの訓練機で敵の大群に突入するとは。他の４機は帰ってこなかった。生還した１機も、２５１空の夜間戦闘機と共に滑走路近くであえなく撃破された。午後の空襲では、頼りにしていた飛行長の園川までが銃撃を受けて戦死した。

未帰還者の遺品整理と園川の通夜を慌ただしく済ませたが、翌18日もトラックの空には敵機が乱舞し、身動きが取れない。夏島の燃料タンクは黒煙を吐き続けていた。

19日、ようやく米軍が去ったのを見て、美濃部は夏島の第４艦隊司令部に出頭した。ラバウルの南東方面艦隊への報告を依頼するためだったが、「それどころではない」と断られた。零戦の補充を交渉しようとした航空廠からは、保管していた零戦も全滅したと聞かされた。あと１週間もあれば18機の零戦夜襲隊が実現すると思っていた矢先に、彼は勝手知らぬ旅先で再び根なし草に戻ってしまった。

万事休す。ラバウルとの連絡もつかず、夏島桟橋に引き返して途方に暮れていると、竹島への船便が出るという。ここにいても仕方ない。当てもないまま乗り込んだ。

竹島到着後、思いがけず204空飛行隊長の倉兼義男大尉に出くわした。病気で休んでいたとのこと。1期先輩の同県人である。「地獄で仏とはこのこと」と、あいさつもそこそこに零戦を手に入れる方法を相談した。

「水上機パイロットが零戦で何をする気だ。戦闘機は簡単なもんじゃない」

彼も戦闘機屋の天狗《てんぐ》だった。

「ラバウルで戦闘機がやっていたのは迎撃だけです。これではじり貧じゃないですか。敵は昼夜来襲するのに、なぜ敵の基地をたたかないんですか。われわれは夜間専門に600キロ圏内の敵をたたくつもりです」

「戦闘機は単座だぞ。600キロの夜間飛行なんかできるもんか」

全く話にならなかった。零戦の抜群の安定性と軽快性を活用すれば、超低空でレーダー警戒網や対空砲火を突破することは可能なはずである。それには夜間飛行と洋上航法に練達した水上機パイロットの活用こそが最も効果的なのに、理解しようともしない。戦略眼なき縄張り根性には、ほとほと愛想が尽きた。

思い余って26航戦司令官の酒巻中将を再び訪ね、直接窮状を訴えた。先日アドバイスを受けた時の温顔が目に焼き付いていた。

美濃部の説明をじっと聞いていた酒巻から、驚くべき答えが返ってきた。

「分かった。私から南東方面艦隊と938空には電報しておく。飛行機はここにはない。速やかに内地に帰って、もらってきたまえ。私が手配する。ときに美濃部君、もうソロモンに構うときではないよ。マリアナを固めるべきだ。軍令部の連中は分かっていない」

父親のような温かみのある言葉だった。美濃部の目に涙があふれた。海軍生活でこれほどの高官から共感を示されたことは一度もなかった。しかも、進退極まった一大尉のための即決指示である。前線司令官としての戦局判断を明確に伝えてくれたことにも感銘を受けた。

酒巻がラバウルで戦線拡大の無理を一手に引き受け、多大な犠牲を強いられたことを、美濃部は戦後になって知った。中央にはしばしば意見具申したものの、敗北的意見として軽視されていたようだという。美濃部にとっては忘れ得ぬ名将の一人だった。

［第7章］

翻弄される指揮官

軍令部に直談判

1944（昭和19）年2月23日、美濃部正は東京・霞が関の海軍省ビルにいた。日比谷公園の西隣、今でいうと厚生労働省などが入る中央合同庁舎5号館から農林水産省にかけての一帯にあった赤レンガ造りの3階建てビルである。

第26航空戦隊司令官酒巻中将の機敏な判断により、トラック空襲を生き延びた部下13人と共に飛行艇で夏島を飛び立ったのが2日前。サイパン経由で到着した横須賀の追浜《おっぱま》飛行場で彼らに1週間の休暇を与えた後、旅に汚れたよれよれの服装のまま、重い気持ちでここまでやって来た。内地の2月の寒さは身にこたえた。参謀肩章を付けて廊下を行き交う大佐、中佐がいぶかしげな視線を美濃部に向けたが、敬礼する気も起きなかった。

――こいつらは前線の実情が分かっているのか。国運まさに極まりつつあるのに、いい加減な報道で国民をだまし、威張る資格があるのか。是が非でも零戦を受け取るまでは引き下がらんぞ――。

そう自分を奮い立たせたのはいいが、どこの誰と交渉すればいいのか、まるで勝手が分からない。迷惑はかけたくないと思いつつも、ここは軍令部に情報担当として勤務している兄の太田守少佐に助けを求めるしかない。3階の一室で呼び出しを請う。守は「どうした？」と怪訝《けげん》な顔で廊下に出てきた。事情を話すと、

「それは大変だ。編制令違反になりかねん。1課の担当だが、何と言うか……」

久しぶりの再会だったが、雑談をしている暇はない。兄に短く礼を言うと、作戦・編制を担当する軍令部第1課に足を運んだ。

零戦交付を掛け合う相手として狙いを定めたのは、1課の部員で大本営海軍参謀を兼ねる源田実中佐である。兵学校の12期先輩。戦闘機パイロットとして華麗な操縦技術を誇り、彼が率いた編隊アクロバット飛行は「源田サーカス」と称賛されたほどである。早くから航空主兵論を唱え、海軍大学校を卒業後は航空参謀の道を歩んだ。ハワイ真珠湾奇襲作戦の立案にも深く関わり、今や海軍で最も発言力のある人物と目されていた。

源田はけんもほろろに美濃部の説明を遮った。

「前線は勝手なことをする。水上機部隊に零戦を渡せるものか」

論外と言わんばかりの反応である。美濃部は開き直った。

「源田さんは戦闘機乗りの先輩です。今の戦闘機が昼間の迎撃に終始しているのをどう思いますか。夜もろくに飛べない。飛ぼうともしない。前線の損耗は激しく、若年の未熟者ばかりです。ソロモン一帯は制空権を奪われ、日本の雷爆撃隊は壊滅しています。ラバウルの局地防空

だけでは勝ち目はありません。それなのに連中ときたら、零戦の夜間進攻銃爆撃は、航法、操縦性の点からできないと言うばかり」

源田はむっつりとした顔のまま、じっと聞いている。

「われわれはトラックで既に零戦の夜間300カイリ洋上航法訓練もやっています。操縦性も水上偵察機以上に安定していて何ら不安はありません。熟練の水上機パイロット2000人が髀肉《ひにく》の嘆に暮れているんです。技量と戦意を持っていながら、水上機の性能ではどうにもなりません。零戦を頂ければ夜間襲撃隊となって反撃し得ます。3カ月あれば錬成可能です。迎撃空戦だけでは勝てません」

源田の気が変わった。決断すると行動は速い。

「分かった。特設飛行隊を編成しよう。南東方面艦隊から外し、22航戦に編入する」

特設飛行隊とは、この直後（3月1日付）の特設艦船部隊令の改正によって導入された組織で、従来の番号航空隊を細分化したものである。源田はその場で人事局と航空本部の担当者を呼んで指示を出し、異例の戦闘316飛行隊の新編が決まった。

定数48機。最新鋭機である零戦52型甲の3月生産分から予備機を含め55機を優先配分するとのこと。搭乗員は55人。人事は飛行隊長美濃部正大尉、分隊長には67期の従二重雄大尉と69期の鳥本重二中尉という2人の水上機出身パイロットを充てる。さらに隊付指導員として、65期の牧幸男大尉をもらうことにした。ミッドウエー海戦で戦傷を負って搭乗不能となっていたベテラン戦闘機乗りで、水上機出身者に助言をしてくれる貴重な存在になると見込んだのである。80人余りの整備員も確保できた。

あれよと言う間に命令が下った。

「戦闘316飛行隊は第301航空隊（横須賀基地）にて速やかに練成、完了次第、第1航空艦隊第22航空戦隊の指揮下に入り、サイパンに進出すべし」

予想外の成果だった。ついに零戦転換の悲願が実現したのである。しかも手に入れたのは最新鋭の零戦55機。折しもこの日、サイパン島、テニアン島などのマリアナ諸島一帯は、トラック諸島に続く米機動部隊の大空襲を受け、日本軍に甚大な損害が生じていた。目指すは救国の夜襲戦闘機隊の編成である。腹案はできている。

――連日18機で未明600キロの哨戒・索敵を行う。そして9機4群の夜襲隊で、発艦前の敵空母を銃爆撃するのだ。この戦法を直接、司令長官に申し上げよう――。

唯一の失点は、原隊の938空水上機部隊への復帰が許されなかったことである。ブーゲンビル島ブインの将兵に対する背信のようにも思えて心が痛んだ。

在ラバウルの938空本隊では司令の寺井大佐が病気で内地に戻り、ひげ面の飛行長の山田少佐が司令を務めることになっていた。山田にとって、右腕と期待していた美濃部の不在は痛手だった。作戦上の都合とあっては諦めるしかなかった。

「原隊復帰は不可能となったが、美濃部隊長が水上機魂を持った戦闘機隊を率いてしばしば偉勲を立てていることを伝え聞き、うれしく思ったことである」

戦後発表された山田の手記にはそんな記述が残っている。

夜襲部隊発足

美濃部は2月25日付で301空付となった後、3月4日付で戦闘316飛行隊長に発令された。再び会うこともなかろうと覚悟していた鎌倉の美濃部家は、驚くやら喜ぶやらの興奮状態がしばらく続いた。もっとも美濃部は、自分の口から重大な新任務や重苦しい戦局を語ることはできない。久しぶりに平穏な家庭からの通勤が始まったが、家族を顧みる心のゆとりもなかった。サイパン進出予定は5月末。練成期間は3カ月しかない。課題は山積しているのに、所属航空隊の第一印象は最悪だった。

着任あいさつのため横須賀の301空に司令の八木勝利中佐を訪ねたのは、帰国した翌日のことである。前日の軍令部の決定内容や今後の訓練方針を説明したところ、全く関心を示さない。彼も単細胞の戦闘機屋だった。零戦での夜間洋上航法訓練だの夜間共同銃撃訓練だの、およそ戦闘機には縁のない話と思ったに違いない。どうやら八木は、新型の局地戦闘機「雷電」が配備された戦闘601飛行隊の指導に頭がいっぱいの様子だった。

特設飛行隊という新制度の導入で救われた美濃部だが、この先うまくやっていけるだろうかと不安を覚えた。そもそも特設飛行隊長と航空隊司令の責任、権限の範囲が明確でない。専門外の任務機種の飛行隊が編入された航空隊の司令に、果たして適切な指導などできるのだろうか。早くも制度上の欠陥を見つけた思いだった。

美濃部ら戦闘316飛行隊は、301空の派遣隊として、横須賀から西北に25キロほど離れた神奈川県厚木基地で訓練を行うことになった。ラバウルから連れてきた部下13人は休暇を終えて3月2日に集合した。新たな部隊の発足を、みんな心から喜んでいた。美濃部と顔見知りのベテラン水上機パイロットらも続々と赴任してきた。一番の心配は、零戦の実用機課程を終了したばかりの新人の教育だったが、従二、鳥本の両分隊長と指導員の牧は積極的で、統率力も抜群だった。美濃部の考える戦法もよく理解していた。

操縦や攻撃の実地訓練はこの3人に任せ、美濃部はもっぱら、整備員を含めた人事管理や、補給、給与などに関する基地部隊（厚木航空隊）との交渉、さらには航空廠、三菱重工業からの航空機、搭載兵器の受け入れに当たった。

座学は美濃部が自ら教壇に立った。南洋の気象、単座の戦闘機での洋上航法、磁気コンパスの自差測定と修正法、18機で行う扇形索敵、敵発見時の処置、敵レーダー射撃網の超低空突入・離脱要領、９機４個中隊による複数目標の攻撃法。そして敵基地の情報や最近の米機動部隊の動静。教えることは山ほどあった。

司令の八木への報告も欠かせない。美濃部自身の零戦夜間訓練も必要なため、土日以外は基地の宿舎に泊まり込んだ。月に１度はマラリアが再発して40度の高熱に悩まされたが、気にも掛けなかった。戦闘３１６の練成に着手した頃のことを、彼は「人生で最も充実した時期だった」と記している。

一方、本隊のいる横須賀基地で訓練中の戦闘６０１は、米大型爆撃機Ｂ17やＢ24への対抗策として装備された雷電の扱いに苦慮していた。新機種にありがちなトラブルが続いていたのである。５月半ばになると、戦闘６０１は「雷電は燃料消費が大きく、増槽《ぞうそう》（増設燃料タンク）を付けてもサイパンまでの空輸は不可能」と言い出した。

美濃部は厚木で訓練に追われ、横須賀には３０１空への報告で土曜日に顔を出す程度だったから詳しい状況までは知らないが、それを耳にした時は「燃料消費試験は真っ先に行うべきもの。飛行隊長は何をしていたのか」と疑念を抱いた。しかし、いまさらそれを責めても仕方がない。戦闘６０１が間に合わないのなら、戦闘３１６だけでサイパンに進出すればいいと思って聞き流した。

よその飛行隊のことに関わっている暇もなかった。戦闘316も、最新鋭機である零戦52型甲の兵装問題に直面していたからである。

一つは、エンジン出力を向上させるための水メタノール噴射装置の生産が遅れ、補給が間に合いそうもないこと。速力アップは断念せざるを得なかった。

二つ目は、新型の20ミリ機銃である。従来のドラム弾倉式の2倍を超える240発の銃弾を装填《そうてん》できるベルト給弾式が採用されていたが、弾丸を送り込む金属製ベルトリンクの生産が遅れていた。これには美濃部も参った。弾の出ない戦闘機など無意味である。ベルトリンクがどこで製造されているのか、生産・補給計画はどうなっているのかを301空に問い合わせても、助言すらない。泣きたい気持ちで航空技術廠や航空廠を尋ね回り、やっと55機全部に2撃分を確保した。後は出来次第、空輸補給を依頼した。

一線の飛行隊長がこんなことに神経をすり減らさねばならないのか。戦時生産補給計画のゆがみは末期的症状を感じさせた。

解任人事

夢にまで見た零戦55機は5月下旬に勢ぞろいした。16日以来、厚木基地の上空は雨模様のどんよりとした雲に覆われて飛べない日が続いていたが、週明けの22日は朝から晴れ間がのぞいて絶好の訓練日和となった。美濃部は戦闘316飛行隊長として中隊編隊訓練を指揮。午後には相模湾沿岸で20ミリ機銃の実弾銃撃訓練も実施した。練成はほぼ完了した。

――トラック空襲の仇《あだ》を討つ日がついにやってきた。300カイリ圏内の敵空母は必ず捕捉し、巣から飛び立つ前の敵機を夜間銃爆撃によって甲板上で焼き払ってみせる。その後はニューギニアに進出だ。ジャングルに零戦を潜ませて敵の背後を突いてやる――。

夕刻、美濃部は勇んで横須賀の301空に出頭し、司令の八木中佐に編成および錬成の概成を報告するとともに、予定通り5月25日のサイパン進出を意見具申した。八木の反応は意外なものだった。

「空戦（空中格闘戦）訓練はいつまで実施したか」

「単機格闘戦までです。初めから説明してきた通り、戦闘316は水上機パイロットを零戦に転換し、進攻夜襲戦力として編成したものです。一般の戦闘機隊のような編隊空戦は3カ月では無理です」

「雷電は大型機には強いが、グラマンのような戦闘機には弱い。雷電を守るのが零戦隊の役目だ。戦闘316には戦闘601の護衛をしてもらう。編隊共同空戦の訓練をしてもらいたい」

「冗談じゃありません。局地戦闘機を零戦でカバーして、どんな戦争を考えてるんですか。それよりも、敵機動部隊は6月の月明期、10日前後に再び来襲の公算大です。これを捕捉して攻撃するために懸命の努力をしてきたんです。少なくとも1週間前には進出して現地の気象や地形に慣れさせる必要があります。一日も早く進出すべきです」

トラックでもマリアナでも、米軍は300キロ先から月夜の未明に発艦して襲いかかってきた。日本側は索敵機が足りず、むざむざと先制攻撃されて甚大な被害を招いた。その轍《てつ》を踏まないためには、毎日未明に半径600キロ全方位の索敵を行って敵の奇襲を防ぎ、逆に発艦直前の敵空母甲板を銃爆撃するべきである。

何度説明しても、らちは明かなかった。3カ月前、八木は「戦局挽回の作戦運用など参謀に任せておけばよい」と言い放ち、美濃部の訓練方針には無関心を決め込んだ。さんざん無視しておきながら、なぜ今になって反対するのか。「分からず屋!」という悪態がのどまで出かかったとき、ある情景が胸によみがえった。八木の妻が4月に病死したときのことである。

官舎を弔問すると、八木は2人の幼い娘を抱えて途方に暮れていた。近くに身寄りはいないという。彼は広島の出である。母を亡くした幼子2人を残しての出征は確かに酷な話である。さりとて、部下だけ出撃させて司令が内地にとどまるわけにもいかない。それで戦闘316のサイパン進出に待ったをかけているのだろうか。

八木がまた口を開いた。

「雷電は航続力不足でサイパン空輸は簡単にいかない。この解決には当分かかる。301空は戦闘601と共に進出する。それまで君の所も、みっちり空戦訓練を続けよ」

「戦闘601のお付き合いはごめんです。GF（連合艦隊）と軍令部には戦闘316の編成および練成完了を報告します」

戦闘316飛行隊の編成命令受領者は自分である。特設飛行隊長として結果を報告する責任がある。議論はそこで打ち止めとなった。

3日後の5月25日、美濃部が厚木基地に出勤すると、第302航空隊（厚木航空隊）司令の小園安名《こぞのやすな》中佐が声を掛けてきた。

「きょうから僕の所で働いてもらうことになった。よろしく頼むわ」

耳を疑った。八木の顔が頭に浮かんだ。302空の人事班に確認を求めたところ、間違いないとのこと。同日付の海軍辞令公報。発令日は5月24日とあるが、最終ページに「5月25日の誤り」と訂正が出ている。

「戦闘第316飛行隊長海軍大尉　美濃部正　第302海軍航空隊付に補する」

すぐ横に、分隊長である従二重雄大尉の飛行隊長昇格人事が載っていた。

――一命を捧げた海軍はこんないい加減な所だったか。マリアナの戦機が急を告げる今、戦闘316の出撃直前に指揮官を代えて隊員の士気はどうなる。夜襲戦法の推進者を外して運用できるのか――。

どう考えても納得できない。悔しさを通り越して、急にばかばかしくなった。

――海軍を辞めよう。いかなる処罰を受けようと、これ以上の屈辱はない。日本のあすに希望もない――。

戦闘316はこの日も午前中に大隊での訓練を行っていた。突然の事態だが、隊員を集めて訓示めいた話をする気にはなれない。「共にマリアナを死地として戦おう」と叱咤《しった》激励してきた隊長だけが内地に置き去りにされるのである。別れの言葉があろうか。

後任に決まった従二大尉を呼んで、今回の人事と3日前の司令とのやりとりを伝えた。

「海軍も辞める。後を頼む」

ぼうぜんとする従二に別れを告げ、美濃部は302空の司令部に向かった。以前キスカで行き違いになったクラスメイトの山田九七郎が飛行隊長を務めている。302空は戦闘316にやや遅れて厚木基地に移転してきた部隊である。お互い忙しく、基地内で出くわしても「やあ！」と手を上げる程度で、ゆっくり語り合う暇もなかった。

「海軍に愛想が尽きた。軍法会議覚悟で辞任する」

驚く山田に事情を明かし、後の始末を頼んで基地を飛び出した。真っ昼間に帰宅した途端、ソロモン以来の疲れが一度に出たような気がした。妻や義母らに何を話したかも覚えていない。マラリアまでぶり返し、40度の高熱を発して寝込んでしまった。

再起

翌26日午後、鎌倉の美濃部家を思いがけない人物が訪ねてきた。302空司令の小園中佐である。平日に出勤もせず、朝から機嫌の悪い婿に来客を告げた義母は、海軍士官の女房を長年やってきただけあって、何かあると感付いている様子だった。

小園は飛行隊長の山田から今回の一件を聞いたらしい。

「人事局に問い合わせたら、君はマラリアで疲れているから少し休ませてほしいとのことだった。八木司令からそんな連絡があったそうだ」

「冗談じゃありません。マリアナの危急の時、マラリアくらいで大切な戦闘316の空母夜襲を否定するに等しい隊長罷免。こんなでたらめ人事がありますか」

「君の意見には同感だ。しかし一度出た命令の取り消しは無理だ。いま一度僕の所でやり直してくれ。302空の夜戦隊育成は君に任す。山田君は雷電。2人で首都圏防空部隊を育ててほしい。零戦の空母夜襲部隊も横鎮《よこちん》(横須賀鎮守府)長官の了解を取る」

小園のことは戦闘機屋の噂《うわさ》話で「狂っている」と聞かされていたが、言っていることは至極まっとうで、夜間戦闘機（夜戦）の重要性もちゃんと理解している。話しているうちに、美濃部は「この人こそ共に戦う上司」と思えるようになり、あっさりと海軍辞任を撤回してしまった。マリアナもさることながら、日本本土もやがて危険が増すことは目に見えている。これ以上、個人的感情で我は張れないと考えたのである。

３０２空は3月1日、首都圏防空を任務とする戦闘機部隊として横須賀基地で新編成された後、厚木基地に移ってきた。司令の小園は生粋の戦闘機乗りだが、機略に欠ける技能士官ばかりが目立った戦闘機屋の中にあって、開戦直後からB17など米軍の大型機に対する攻撃戦法開発に熱心に取り組み、「斜め銃」の考案者として知られていた。軍用機の機銃は普通、真っすぐ前を向いている。小園は、これを斜め上向きにして機体の上部に取り付けるという奇抜なアイデアを考え出したのである。夜間、敵機の死角となる後ろ下方から接近して腹を狙うもので、同行射撃が可能になる利点もあった。

ところが、過去の昼間の空戦での活躍にあぐらをかく他の戦闘機屋は当初、これを「空戦の邪道」「ばかげた発想」として冷笑し、上層部も小園を狂人扱いしていた。海軍が斜め銃を制式兵器として夜戦に採用したのは、小園の部隊が実際にラバウルでこれを用い、敵機を撃墜してみせてからのことである。

美濃部の着任で、３０２空には二つの飛行隊が誕生した。雷電48機を擁する第1飛行隊長はクラスメイトの山田。美濃部は夜間戦闘機「月光」24機が配備された第2飛行隊長となった。ただし、斜め銃装備の月光による夜間迎撃訓練は、後に「B29撃墜王」と喧伝されることになる予科練出身の遠藤幸男《さちお》中尉に任せ、美濃部自身は新たに配備された零戦による夜襲訓練に没頭した。小園は、再出発を決意した美濃部との約束をたがえず、横鎮などを奔走して夜襲隊育成のための零戦をかき集めてくれた。

小園がいちずに振りかざす斜め銃万能論には山田も美濃部も閉口したものだが、級友同士、「使いようでは利用価値はある」と合意して、あえて逆らわなかった。そのせいか、小園は2人を非常に信用していた。

美濃部が見学した横鎮作戦室の首都圏防空指令所には、200平方メートル以上の関東中部圏の立体模型があった。まだレーダー監視網はなく、離島や監視船、富士山、岬などからの見張り報告を基に、主要地点の豆電球を点じて敵機の位置を刻々と表示し、厚木基地などから飛び立つ迎撃戦闘機を無線で誘導する仕組みである。

昼間、夜間の迎撃隊は着々と整備されつつあった。あとは、先制攻撃で米機動部隊をたたく空母夜襲隊の編成を急がねばならない。6月15日の硫黄島空襲時、302空は未明に零戦5機を厚木基地から発進させ、犬吠﨑を起点とする600キロの扇形索敵を行った。残念ながら予定コースを飛んだのは隊長の美濃部だけで、他の4機は途中から引き返してきた。訓練開始から2週間そこらでは無理もない。美濃部は「訓練期間はやはり3カ月は要る。成算はあるが、これからだ」と感じた。

だが、米機動部隊撃滅の切り札たらんと3度目の零戦夜襲隊育成に情熱を燃やしていた彼を、戦局は待ってはくれなかった。

既に戦力をすり減らしていた海軍は、小沢治三郎中将率いる空母機動部隊を出撃させた6月19〜20日のマリアナ沖海戦で、またも大敗北を喫してしまう。小沢艦隊が採用した「アウトレンジ戦法」は、味方艦載機の航続距離の長さを生かし、敵機の行動圏外から攻撃に飛び立つものだったが、米軍のレーダー監視網の中では何の役にも立たなかった。日本側の艦載機は「マリアナの七面鳥打ち」と揶揄《やゆ》されたほど次々に撃墜され、空母機動部隊は事実上消滅した。7月9日には、大本営が呼号する「絶対国防圏」の要だったサイパン島の日本軍守備隊が玉砕した。

美濃部に転勤の辞令が出たのは、その翌日のことだった。

在勤1カ月半にすぎなかった302空と美濃部の運命は、終戦直後にほんの一瞬だが再び交錯する。いわゆる「厚木航空隊反乱事件」に芙蓉部隊指揮官として同調の構えを示したのである。徹底抗戦を叫んだ司令の小園は、今度は本当に狂乱状態に陥った末、身柄を拘束された。飛行長に昇格していた山田は反乱を制止できなかった責めを負い、自決の道を選んだ。明るい性格の男だったが身寄りがなく、鎌倉の家に招いた時に心底喜んでいた顔が、いつまでも美濃部の記憶から離れなかった。

美濃部が手塩にかけて育てた戦闘316飛行隊も、彼が隊長を罷免された後に悲惨な運命をたどっている。鳥本大尉の一隊はサイパン、従二大尉以下は硫黄島で全滅。しかも他の戦闘機と同じように運用されたらしいということを、美濃部は戦後、生き残った整備員から聞いて言葉を失った。

フィリピン出陣

7月10日、美濃部は第153航空隊の戦闘901飛行隊長に補職された。フィリピン南部ミンダナオ島のダバオで第1航空艦隊(1航艦)再建の一翼を担い、東南アジアの資源地帯を死守せよとの命令だった。艦隊と言っても空母は既にない。太平洋の島々を不沈空母に見立てた基地航空部隊である。1航艦は2月のマリアナ空襲と6月のマリアナ沖海戦で壊滅していたが、南洋各地に残留していた搭乗員の収容と、内地からの大掛かりな補充によってフィリピンで再建されることになった。日本と東南アジアを結ぶ防衛線の強化が喫緊の課題となったためである。

美濃部の零戦夜襲隊育成は、またしても中途で断ち切られた。海軍中央の無関心ぶりには無性に腹が立ったが、出陣命令は断れない。赴任に当たって一つだけ条件を付けた。戦闘901は月光夜戦のみと聞いたため、302空の小園司令に頼んで零戦5機と水上機出身のベテランパイロットの追加配備を認めてもらった。基地航空部隊の夜戦は迎撃よりも攻撃を重視すべきだと考えていたからである。

開戦以来4度目となる今度の出陣は、祖国防衛の湊川《みなと》になることが予想された。

湊川とは、14世紀前半の南北朝時代、南朝の忠臣楠木正成《まさしげ》（楠公《なんこう》）が京を守るため、勝ち目のない戦と知りながら兵庫の湊川に布陣し、わずかな手勢で足利尊氏《あしかがたかうじ》・直義《ただよし》らの大軍を迎え撃った故事を指す。嫡男正行《まさつら》ら一族の若者を故郷に帰し、自らは天皇の盾となって奮戦した末に自害して果てた物語である。楠公が誓った「七生報国《しちしょう》」（7度《たび》生まれ変わって国家に尽くす）は、「忠君愛国」「滅私奉公」などと並ぶスローガンとして戦前の修身教科書に採り入れられた。湊川は、海軍兵学校の精神教育で最も強調された古訓の一つでもあった。

赴任の飛行艇便は横浜航空隊（浜空）の根岸水上基地から出ることになっていた。妻の篤子はそこまで送ると言い張ったが、美濃部は許さなかった。彼女は待望の第1子を身ごもっていたからである。

「おなかの子を大事に育てよ。今度こそ僥幸《ぎょうこう》にも生きて再会できると思うな。わが命がお前の中に宿すと知り、思い残すこともない」

さらば祖国——。

7月下旬、美濃部は中継地ルソン島のマニラに降り立った。ラバウルの南東方面艦隊司令部が、フィリピンの防備態勢を固めるためにこの地に将旗を移していた。サイパン玉砕から既に3週間。敵機動部隊からはわずか2日の行程内だというのに、マニラの海軍士官たちは戦闘服も着ておらず、純白の第2種軍装で外出を楽しんでいる。司令部は広大な建物を占拠して支配者気取りだった。街を行く現地の住民はどことなくよそよそしい。

美濃部はふと、中国の古書にあった「遠征の将は城下に住まず」の一文を思い出した。日本軍がバラックや天幕に住み、現地住民の生活を侵さなければ、もっと親しみのある笑顔があるはず。「米軍進攻すれば、彼らはいずれにくみするか」と不安を覚えた。

7月30日に着いた赴任地のダバオも同様の状況だった。上層部は「敵上陸し来たれば、これを水際戦闘により撃滅す」と言い立てているが、海上に哨戒索敵機が出ている気配はない。クラスメイトの田中進に出くわした。1号時代に同じ16分隊で苦楽を共にした大阪人である。今は第1航空艦隊の通信参謀だという。

「対空監視の電探（電波探信儀＝レーダー）配備をしてるんだが、通信通報組織が整わん。さっぱり駄目だ」

不便な海岸や半島の高地を小舟を借りたり徒歩で駆け上がったりしながら、1人で通信網の整備を続けているらしい。ゆっくり話をする暇もない様子だったが、田中の口ぶりから戦備の無策は十分に読み取れた。

ダバオを守備する第32特別根拠地隊の司令部にあいさつに出向く。基地の警備について先任参謀に質問。

「対空警戒の見張り所や海岸防備など何一つ見当たりませんが」

「そんなこと君たちがとやかく言うな。敵が来れば水際で撃滅。それがGF（連合艦隊）の方針だ」

ソロモンやマリアナの敵をご存じないらしい。昼時で、司令部の食事の準備が見えた。美濃部がこの1年忘れていた豪華な洋食である。どうせ軍票（軍隊が占領地で発行する代用通貨）で買いあさった現地調達の食材だろう。嫌な感じがした。

着任あいさつのため1航艦の司令部に回る。林の中に急造した建物で、根拠地隊司令部よりも見劣りがした。司令長官の寺岡謹平中将はまだいなかった。先任（首席）参謀として着任していた猪口力平中佐は、美濃部の兵学校時代の砲術、統率の教官である。今後の任務と153空の飛行隊編成方針を尋ねたが、航空参謀と201空の戦闘機部隊の増強策を話し合っている最中で、そっちに頭がいっぱいの様子だった。偵察攻撃主体の153空については何の指示もなかった。

最後に顔を出した第26航空戦隊司令部でようやく救われた思いがした。司令官は有馬正文少将である。4年ほど前、浜空の司令だった有馬は、共同演習や戦技訓練のため、美濃部がいた内南洋の第4艦隊をたびたび訪れていた。その戦技訓練で、美濃部が率いる水偵隊の1機が、強引な攻撃運動のさなかに浜空の飛行艇と接触して墜落し、2人が殉職する大事故を起こしたことがある。研究会の後で美濃部は有馬に呼び出された。

「航空は勇猛だけでは大成しない。自分の判断だけで部下を率いるな。常に周到な保安を厳守せよ。いやしくも訓練中に部下や航空機を傷つけてはならん」

所轄の異なる一中尉に懇々と訓戒を与える有馬の人柄に心を打たれたのを、きのうのことのように覚えている。美濃部がその後、常に事故絶無を目指して励んできたのは、有馬の教えを肝に銘じていたからだった。有馬の娘がクラスメイトで同じ愛知県人の石田捨雄に嫁いでからは、一層身近な存在に感じられるようになった。

丸太の床のベランダで、有馬はソファーに座って物思いにふけっている様子だった。

「おう、ご苦労。君のような歴戦の士を迎え心強い。百万の味方を得た思いだ」

意外にも仰々しい言葉を掛けられ、美濃部は恐縮してしまった。

「まあ掛けなさい。気の付いたことはどしどし申し出るように」

見たまま感じたままを美濃部が告げると、着任して日の浅い有馬も戦備の不十分を嘆いた。話を聞いているうちに、有馬の苦衷も分かってきた。6月のマリアナ沖海戦に敗れた後、有馬は死地と覚悟を決めていたパラオから、ここダバオに後退してきたとのこと。命令に従ったまでとはいえ、そのことを後悔していることが言葉の端々から察せられた。

体当たり待て

1航艦の体制は8月に入って徐々に整ってきた。寺岡司令長官は部下思いで温厚誠実な、書に優れた学者肌。闘将とは程遠いタイプで、美濃部の目には海軍人事当局の戦局不認識を象徴しているように映った。参謀長の小田原俊彦大佐も温厚な人物である。

1航艦直属となった153空の司令部は、美濃部が着任する半月ほど前にセレベス島（スラウェシ島）のケンダリー基地から転進してきていた。司令の高橋農夫吉《のぶきち》大佐、副長の高橋勝《すぐる》中佐とも水上機操縦の先輩、飛行長の土岐《とき》修少佐は2期上の偵察出身だが、いずれも夜戦運用の経験はない。平和な時代の航空隊であれば居心地のいい上司ばかりだが、非常時では頼りになりそうもなかった。既に海軍の人事は適材適所の余力を失い、寄せ集めでお茶を濁している感すらあった。

ミンダナオ島には飛行場が5カ所あった。島の北岸カガヤン・デ・オロに陸軍基地。他は海軍の基地で、第1、第2ダバオ、そしてダバオ湾西南端のサランガニと、島の西南端サンボアンガ。第1ダバオ基地に201空、第2ダバオ基地には153空のほか、761空の攻撃704飛行隊（1式陸攻）がいて、飛行隊長を務めるクラスメイトの楠畑義信と話す機会があった。

「洋上哨戒はしているか？」

「それどころじゃない。ニューギニア西部戦でガタガタだ。761空の飛行隊全部合わせても30機足らず。それも若いパイロットばかりで使い物にならん」

「新鋭の銀河隊、攻撃401は？」

「詳しいことは分からんが、故障が多くて内地からの進出が遅れているそうだ。攻撃105、攻撃251の艦爆、艦攻も寄せ集め中で、これから訓練、編成するところらしい」

お手上げの状態は、美濃部のいる153空も似たようなものだった。1期後輩の偵察102飛行隊長は積極性に欠け、故障続出の「彗星」偵察機を持て余している。1航艦の参謀たちは201空の戦闘機隊の補充に夢中になっていた。

——今にも米機動部隊が来襲しようというのに何としたことか——。

連合艦隊からは訳の分からない新語を使った命令が届いた。

「敵機動部隊に対しては短切《たんせつ》なる奇襲攻撃で対処せよ」

「短切」などという単語を、美濃部は生まれて初めて聞いた。実際は以前から上級司令部への命令で用いられていたらしいが、「きびきびした」「無駄のない」といった意味合いだと知っても、言葉遊びのたぐいにしか思えない。「洋上哨戒で敵情をつかむこともせず、どんな攻撃をしろというのか」と怒りがこみ上げてきた。

基地支援任務に当たる26航戦司令部の尽力でダバオ地区に夜間防空用の探照灯が導入されたのは、8月7日のことである。この頃、第2ダバオ基地の戦闘901飛行隊にもようやく月光7機と零戦5機が配備され、わずか1、2機ずつではあったが、夜間の哨戒飛行にも着手した。8月半ばには、飛行機を分散してヤシ林の中に隠蔽するための引き込み道路が整備され、滑走路から離れた山の中腹には戦闘指揮所が設けられた。

零戦5機の追加を小園に中央に掛け合ってもらってまで実現させた以上、戦場で実績を上げなければ夜襲隊の意義は理解されない。編成間もない戦闘901の部下を前に、美濃部はこう訴えた。

「わが航空隊は1億銃後の期待と、地上整備員、電信員、探照灯員の祈りと支援を受けている。これらに報いるために、肉薄必殺の攻撃をもってこの地に敵の進攻を食い止めることこそ、われわれの使命である」

だが、強気の言葉とは裏腹に、夜間の防空・迎撃態勢はお寒い限りだった。レーダーも完備しておらず、空襲の恐れがある夜、パイロットは2時間も3時間も上空4000メートル付近でじっと待機している以外に手がない。予想進入路で待ち伏せておき、探照灯の照射圏内に入って来る敵機を地上の探照灯員の協力で発見、追尾するのである。暗黒の空間で想像を絶する忍耐力を要求される任務だった。若い搭乗員の中に、一思いに早く結果を出したいと考え始める者がいても不思議はなかった。

9月4日の夜、定期便となっていたB24の来襲があった時のことである。上空で待機していた1機が迎撃中、中川義正1飛曹と大住勇上飛曹（上等飛行兵曹）の月光ペアが指揮所に来て「出して下さい」と盛んに訴えた。美濃部は「今からでは遅い」と思ったが、彼らの熱意に折れて発進させた。

離陸直後に敵は滑走路に投弾してきた。中川機がB24の離脱方向に先回りし、後ろ下方から食いつこうとしているところまでは目視できた。何分かが経過し、飛行場に静寂が戻った時、電信員がいきなり立ち上がった。

「隊長、中川機より連絡、われ体当たりす！」

「なに！　それはいかん！」

こんなことで死なせてなるものか。決戦の舞台は今夜だけではない。美濃部は電信機に飛び付いて打電した。

「体当たり待て」

応答はなかった。夜空には南十字星だけが光り輝いている。息詰まるような重苦しい空気が指揮所に漂った。

突然、整備員たちが滑走路の方に転がるように駆けだしていった。

「月光だ！　月光だぞ！」

「月光着陸します！」

海の方から逆風を突いて、ゆらゆらと1機が進入してきた。停止した機体は、双発の右プロペラがひん曲がり、風防が粉々に壊れている。どの方向からどの部分に当たったのかは分からないが、月光はプロペラで敵機にかみついたようだった。10センチずれていたら自爆していたに違いない。

生還した中川と大住は整備員の肩を借り、抱かれるようにして地上に降り立った。中川は顔から血を流していた。出迎えた美濃部は言葉が見つからず、部下たちの目もはばからず手放しで泣いた。その場にいた全員が顔をくしゃくしゃにして泣いていた。

1航艦司令部の敵信傍受班によると、この夜、1機のB24が胴体後ろ下部を切断されて帰投能力を失い、ビアク島の西方海上に不時着したとのことだった。

ダバオ水鳥事件

9月10日の朝方、美濃部は前日の空襲で被弾した第2ダバオ飛行場の整備を指揮していた。201空と761空は敵大型機の攻撃を避けてセブやサンボアンガに後退し、第2ダバオは急に寂しくなっていた。

「友軍機だ!」

歓声を聞いて見上げると、小型機の大群である。今どき味方機が来るはずがない。ソロモンで見慣れた4機編隊だった。

「味方ではない、敵だ。みな退避せよ」

爆撃が始まった。美濃部の前後にも2発。伏せていると、爆発の砂塵が全身に降り注いだ。前方5メートルにまた1弾。その衝撃で転がされた。「これで終わり」と目をつむったが、爆発しない。急いで立ち上がり、通信機用の防空壕に飛び込んだ。不発弾だった。

敵機動部隊による空襲は、前日からの2日間で延べ1000機に達し、ダバオ市街方面は火災の黒煙で覆われていた。空襲は昼前に峠を越えたが、まだあちこちで誘爆の音がしている。美濃部が飛行場北西の山腹に設けた戦闘指揮所に移り、なすすべもなくその様子を眺めていると、1航艦司令部から電話命令が飛び込んできた。

「水陸両用戦車多数、第2ダバオ基地正面に接近中。各隊重要書類を焼却し、直ちに陸戦配備に就け」

言っている意味が分からない。見晴らしの利く指揮所から改めてダバオ湾を眺めた。

「第2ダバオは私の所ですが、敵は見えませんよ」

「ごたごた言わず命令通りにせよ。司令部はミンタルに移動する」

ガチャリと電話を切られた。ミンタルは在留邦人がマニラ麻の大規模栽培を行っているダバオ郊外の町である。慌ただしい雰囲気は伝わってきたが、あまりにも不可解な命令だった。

横堀政雄1飛曹の回想によると、美濃部はすぐに「どうもおかしい。那須、湾内を偵察してこい」と命じ、那須幸七2飛曹が零戦で飛んだが、「何も見えない」とのこと。続いて指名された横堀の偵察でも、湾のいちばん奥で日本の駆逐艦らしいのが1隻炎上しているほかは何の異状もなかったという。

美濃部は戦闘901の部下を引き連れ、飛行場から離れた林間にある153空本部に向かった。周辺は大混乱していた。書類は焼かれ始め、銃器が配られている。

美濃部は自分の部下たちに
「暗号書や航空図などは1カ所にまとめ、俺の指示を待て。焼いてはならん」

と告げ、本部に入った。司令の高橋以下も陸戦の武装準備を始めていた。

「司令、ダバオ湾内には船1隻見えません。敵の上陸は考えられません。今書類を焼いては、あすから困ります」

「議論している場合ではない。命令通りするしかない」

敵前での抗命は海軍刑法で死刑と定められている。意見具申も、否定されれば重ねては許されない。

——いない敵とどうやって戦うのか——。

もどかしいにも程がある。

「車を貸して下さい。1航艦司令部に直接確認します」

そう言い捨てると、美濃部は運転手に命じ、東方のダバオ市街へ車を走らせた。黒煙におびえる避難民が荷物を背に西へ西へと街道を小走りで急いでいた。陸海の軍人の姿も交じっている。黄色の将官マークを付けた車が向かってくるのが目に入った。1航艦司令部の一行だった。美濃部は道を遮り、長官車に駆け寄った。

「長官、第2ダバオに水陸両用戦車接近中と言われますが、湾内に船1隻見えません」

司令長官の寺岡は幕僚を振り返った。先任参謀の猪口が口を出した。

「サマール島の島陰になってるんじゃないか?」

「本格的上陸なら大艦隊が海を圧し、艦砲射撃もあるはずです。敵情不明なら、なぜ飛行偵察しないんです。第1は発着可能ですか？」

「零戦が2機あるが、パイロットがいない」

「私に1機貸してください。緩旋回中は、敵を見ず。バンク（翼を振る動作）して突入すれば、そこに敵大群ありの合図としましょう。とにかくミンタルには行かず、第2基地で様子を見ていてください」

ダバオ川の橋に差し掛かると、若い陸軍中尉に車を止められた。

「師団命令で避難民の通過次第、橋を爆破します。帰れませんよ」

美濃部は空中偵察の件を伝え、緩旋回なら爆破は中止することを約束させた。その足で根拠地隊司令部に寄る。対空部隊が味方撃ちしないよう電話での依頼を申し込むと、中年の中尉が心細げに答えた。

「私は警備で残っているだけで、電話は全て不通です。司令部は退去しました」

水際での撃滅を豪語しながら、このざまである。

「敵は来ていないよ。俺が見てくる」

そう言って彼を励まし、車に飛び乗って第1基地へ。途中、敵戦闘機4機に襲われ、運転手と一緒に側溝に飛び込んで難を逃れた。

第1基地には201空の副長玉井浅一《あさいち》中佐がいたが、彼は「この零戦はセブに行くために残しておいたものだ」と言い、偵察に出るどころか、そのままセブ島に飛び去ってしまった。もう1機は訓練用の旧式零戦だった。美濃部はそれに乗って離陸し、ダバオ湾の内外を再偵察した。もちろん、どこにも艦影など見えない。海岸線も異状なし。緩やかに旋回して南のサランガニ飛行場を見渡すと、兵舎が爆撃で焼かれていたものの、敵上陸の気配は全くなかった。

これが、美濃部の体験したダバオの大誤報事件のいきさつである。1180（治承4）年10月の富士川の戦いで、一斉に飛び立つ水鳥の羽音を源氏の大軍来襲と勘違いした平氏側が慌てふためいて退散した故事になぞらえ、「ダバオ水鳥事件」とも呼ばれる。

事の発端は、空襲におびえていた警備隊の見張り員が早朝、強風の海上に立ち騒ぐ白波を敵の上陸用舟艇の接近と思い込んで報告したことだった。幻影を見たのである。警備隊長、根拠地隊司令部、その通報を受けた陸軍の師団司令部、1航艦司令部は空襲を避けて防空壕の中だった。最初の誤報が伝言ゲームで広がるうちに、さまざまな尾ひれが付いた。恐怖にかられた各司令部が後退を始めると、流言飛語に拍車がかかってパニック状態に陥ったのだった。連合艦隊までが虚報をうのみにして作戦命令を発令し、翌日に取り消すという失態を犯した。

後日、軍令部から調査団がやって来て、美濃部は奥宮正武少佐から事情聴取を受けた。1航艦司令長官の寺岡中将、第32特別根拠地隊司令官の代谷《しろや》清志中将は1カ月後に更迭された。だが、結局この一件は末端の見張り員のせいにして処理され、上級者の確認責任は不問のまま、公式の記録から除外されて闇に葬られた。

有馬少将死す

ダバオ水鳥事件の後も、米機動部隊によるフィリピン各地への空襲は断続的に続いた。美濃部が指揮する戦闘901飛行隊はその都度、夜間行動能力を買われて迎撃や索敵攻撃に駆り出され、敵機数機を撃墜したほか、空母1隻に爆弾を命中させて損傷を与えた。半面、分隊長ら士官4人全員が戦死するなど損害も膨らみ、9月半ばには戦闘運用単位として成立し得ない状況に追い込まれた。

海軍省功績調査部長宛てに提出された、この頃の戦闘901の戦時日誌が、わずかながらも奇跡的に残っている。

「今次数度の戦闘において丙戦訓練と用法により新しき戦闘方策を樹立せるを実証せり。即ち、敵空母に対し未明発艦前の敵飛行機を甲板上に破壊し、爾後《じご》わが昼間戦闘を有利にす。これがためには、この種索敵攻撃兵力を増大するとともに、さらに組織的教育訓練を実施せば成功必至なり」

丙戦とは夜間戦闘機のことである。美濃部が夜襲戦法の効果に自信を深めたことをうかがわせる記述だが、悲痛な報告も目に付く。

「基地通信力の不足は偵察戦闘実施において致命的欠陥なるを暴露し、戦備の不十分を裏書きせり。戦闘第901飛行隊は飛行機隊全部（月光3機、零戦1機）および整備員の一部をMMに転進、兵力の充実を図らんとする状況にあり」

MMはルソン島のマニラを指す。1航艦司令部からは「内地に帰って再建してはどうか」と打診されたが、美濃部は「もうごめんです。この地で死ぬまで戦いたい」と断った。

9月19日にタバオからマニラに移ると、1航艦の幕僚が「長官が心配しておられるから、あいさつするように」と連絡してきた。実は1週間ほど前の空戦で戦闘901の零戦1機が自爆したとき、「美濃部隊長戦死」の誤報が流れたことがあったのである。司令部に出向くと、寺岡はくすぐったいほど温かく迎えてくれた。

「君の所は整備員まで飛行機の偽装、隔離をして地上被害も少ない。他の部隊も同様にしてくれるといいのだが」

美濃部は「見る所は見ておられる」と思い、寺岡を少し見直した。

9月21日の朝、美濃部はマニラ郊外のニコルス飛行場にいた。153空の本部もここに進出し、他の所在部隊とともに26航戦司令官有馬少将の指揮下に入っていた。早朝訓練中の戦闘機が突然、実弾を発射する音が聞こえた。何事かと思って見上げると、早くも10機以上のグラマンの編隊がこっちに向かっている。

美濃部は中2階の指揮所から飛び降り、そのまま地面に伏せた。曳光弾の光や銃撃の音とともに薬きょうがバラバラと背中に落ちてきた。10メートル先の防空壕に駆け込もうとしたが、腰が抜けて立てない。はって指揮所の陰に隠れた。各部隊の幹部たちは防空壕に入ったようだった。

――自分だけが臆病者か？　人間誰でもこうなるのか？――

敵機が去った後、不意打ちに腰を抜かした自分を恥じながら弾痕だらけの指揮所に戻ると、驚いたことに有馬がたった一人、基地の被害を厳しい目で見渡していた。彼は空襲のさなかも指揮所を離れなかったのである。美濃部は手記に「神のごとき姿であった」と記しているが、ダバオで再会した時に感じたように、有馬は自らを死に追い込もうとしている様子がうかがえた。

この日の空襲でも、多くの飛行機が滑走路上でむざむざと撃破されてしまった。レーダーも対空監視組織もない中では仕方がなかったとも言えるのに、有馬は1航艦から指揮を任されていながら何もできなかったことに責任を感じているようだった。最近は宿舎に帰らずに指揮所で寝泊まりし、当直見張り員と同じ兵食を運ばせて食べていた。

2日後の夕方、有馬は急に思い出したように指揮所で美濃部に話し掛けてきた。

「美濃部君、君の主張する夜戦隊の攻撃法はいい考えだ。惜しむらくは兵力が少ない。僕も一緒に行くから、1航艦の意見として中央に電報を打ってもらおう」

「司令官、既に意見具申は再三しています。しかし、少々の増強では五十歩百歩です。もう一度、今の兵力で実績を上げてみせます。そうすれば必ず意見は通るでしょう」

「そんなことでは、いつまでたっても敵機動部隊を撃滅はできん。今から行こう」

美濃部はこれまでの経験から、あまりくどい意見具申はかえって逆効果になりはしないかと思い、気が進まなかった。

「司令部はもう夕食時でしょう。それに、私もまだ食事前です」

「夜でも構わん。待ってやるから早く食事してこい。こんなことは一刻を争うんだ」

1航艦司令部を美濃部とともに訪ねた有馬は夜ふけまで、参謀長の小田原大佐に夜戦隊増強の考えを切々と説明した。そのかいあって、取りあえずマニラ郊外キャビテの水上機部隊からパイロット約10人を引き抜き、マニラの北西にあるクラーク基地で零戦への転換訓練を行うことになった。内地からも新たな分隊長らが戦闘901に補充された。

10月に入って間もなく、1航艦司令長官の寺岡がクラーク基地の戦闘901の訓練場にやって来て、「体当たりした中川兵曹はどうしとるか?」「整備員は偽装に苦労しておるな」と、ひとしきり隊員たちと会話を交わした。美濃部もこの時点では知らなかったが、ダバオ水鳥事件の引責人事発令を前にした離任の巡視だった。非常時には頼りなさを感じたものの、部下思いで親しみと温かみのある将軍ではあった。

戦局は急速に悪化していた。10月15日の早朝、クラーク基地の整備を指揮していた有馬が、滑走路のわきで訓練指導中の美濃部を前触れもなしに訪ね、いつになく厳しい表情で話し掛けた。

「美濃部君、戦局をどう思う。武人は死ぬべきときに死なぬと恥を残す。もう訓練しているときではないよ」

いよいよ最後の一戦かと身が引き締まった。数日前から繰り広げられている台湾沖航空戦でも、米機動部隊に猛攻を加えているという大本営の戦果発表をまともに受け取る向きは少なかった。飛行場の周辺にはすすきの穂が風になびき、熱帯ながら秋の気配を漂わせている。有馬は多くを語らなかったが、美濃部は司令官の心遣いに接し、祖国の悲運に思わず泣けてきた。

「分かりました。マニラに帰ります」

零戦4機、月光3機の少数精鋭で、先に散った隊員たちの後を追うときが来た。死に遅れてはならない。美濃部は早速マニラに飛んで153空司令部に出頭し、訓練中止と戦列復帰の許可を得た。

部下を引率するためクラーク基地に引き返したのは、その日の午後遅くである。美濃部は同日付で少佐に進級したため、有馬への報告とあいさつに格好の土産話ができたと考えていた。指揮所の前に、有馬の副官を務める26航戦司令部付の冨永熊男大尉がしょんぼりと突っ立っていた。

「どうかしたのか」

「司令官が飛んで行かれました」

美濃部は言葉を失った。聞けば、ボルネオから到着した761空への出撃命令に際し、有馬は事前に26航戦の幕僚たちに基地建設の見回りを命じた後、冨永には「宿舎にかばんを忘れたから取ってこい」と言い付けたのだという。そして、その隙を見計らったかのように1式陸攻に同乗すると、761空の幹部らが思いとどまるよう懇願するのも聞かず、編隊を率いて飛び立ったとのことだった。

有馬の搭乗機はルソン島東方海上で敵機動部隊を発見し、15時54分に全軍突撃を下令した後、連絡を絶った。実際に敵空母に突入できたかどうかは確認できなかったが、当時の新聞はこれを「空母へ先頭の体当たり　壮烈・有馬正文少将」（10月21日付朝日新聞1面）と大きく伝え、「俺は玉砕精神で征《ゆ》く。指揮官先頭の実を顕示する」「兵隊と同じものを食べて同じように働くのだ」といった彼の生前の言葉を紹介している。

朝方わざわざ自分を訪ねてきたのは、遺訓と決別の辞を残すためだったのだろうかと美濃部は思った。有馬は戦況の悪化と若者の自爆攻撃に心を痛め、周囲にはよく「年寄りから死ぬべきだ」と漏らしていたという。その範を示すための、覚悟の上での決死行であるのは明らかだった。

少将の有馬が「特攻の始祖」と称えられることは、海軍中央にとって具合のいいものではなかった。生還率ゼロの体当たり攻撃で有馬の後に続こうという将官など他にいるはずがない。彼らは死を命じる側の人間であり、終戦直後に某陸軍中将が言い放ったと伝えられるように「自分は死ぬ係ではない」と考えていたからである。

神風特攻隊

10月18日、陸海軍の総力を結集して米軍のフィリピン進攻阻止を狙った「捷《しょう》1号作戦」が発動された。しかし、米軍の猛攻に日本軍は各地で壊滅的な敗北を喫し、20日には大本営が決戦場と位置付けたレイテ島にも米軍の上陸が始まった。結果的に日本海軍の水上部隊は、このフィリピン決戦で事実上消滅する。

連合艦隊司令部は既に1カ月前から陸《おか》に上がっていた。将旗を横浜市日吉の慶應義塾大学キャンパス内に移し、堅固な地下壕から指揮を執っていたのである。10月22日、連合艦隊司令長官豊田副武《そえむ》大将は無線を通じ、次のように全軍に訓示した。

「今や捷号決戦の神機目睫《もくしょう》に迫り、本職は陸軍と緊密に協同、指揮下全兵力を挙げてこれに臨まんとす。全将兵はここに死所を逸せざるの覚悟を新たにし、殊死《しゅし》奮戦もって驕敵《きょうてき》を殲滅《せんめつ》し、皇恩に報ずべし。本職は皇国興廃の関頭に立ち、神霊の加護を信じ、将兵一同の必死体当たりの勇戦により誓って敵を殲滅して聖旨に副《そ》い奉らんことを期す」

10月25日朝、最初の神風特別攻撃隊である201空の関行男大尉以下5機の零戦隊「敷島隊」が爆装体当たり攻撃の命を受けてマニラ北方のマバラカット飛行場から出撃し、敵空母撃沈を含む大きな戦果を挙げた。美濃部はこれをマニラの153空本部で知った。6期下の関は同じ鎌倉に新婚の妻を残している。重苦しい嫌な思いがした。1航艦には、更迭された寺岡の後任司令長官として大西瀧治郎中将が着任していた。

――新長官は何を考えているのだろうか――。

兵学校では決死隊について、指揮官たる者は、確率は少なくても必ず生還の手段を講ずるべきであると教えられた。生還の望みのない体当たりを本人の意思で行うことはあっても、上から命令することが天皇の軍隊にあり得るのだろうか。

「わが隊に同様の命令があれば何とする」と美濃部は悩んだ。敵前命令に反すれば抗命罪である。先のダバオ事件とは事情が異なる。だが、死刑に等しい宣告は人格の否定にほかならない。自分にはできそうにない。――腹は決まらなかった。

その日の夜、1航艦と2航艦に所属する航空隊の飛行隊長以上が集合を命じられた。2航艦(福留繁司令長官)も台湾からマニラに進出していた。

大西に副官として仕えた門司親徳《もじちかのり》主計大尉の回想記「空と海の涯《はて》で」によると、会合場所はクラーク地区のストッツェンベルグという集落にあった761空本部である。元は米空軍の士官宿舎だったらしい。士官室に充てられていた20坪(約66平方メートル)ほどのホールに30~40人ほどが集まった。

レイテ沖海戦の大敗北と敷島隊の特攻出撃の直後である。美濃部の手記によれば、士官室は異様な雰囲気に包まれていた。いつもなら指揮官集合の前は「やあやあ」と互いの近況、誰彼の消息話でにぎやかなのに、参会者は部隊編制別に固まって粛然としている。

大西が部屋に入ってきた。美濃部は着座したと記憶しているが、門司によると、薄暗い電灯の下で指揮官たちは立ったまま大西を遠巻きに囲んだ。丸顔の童顔だった同期の前任寺岡とは対照的に、角刈りの頭に目鼻立ちのはっきりした険しい顔つき。美濃部は初めて見る大西の容貌に威圧的なものを感じた。

「本日、1航艦と2航艦を統一作戦指揮下に編成し、第1連合基地航空隊とすることになった。司令長官は福留中将、参謀長は私が務める」

大西はそう切り出し、レイテ島進攻の米軍に対するオルモック逆上陸作戦や、初の神風特攻隊が大きな戦果を上げたことを説明した。さらに、陸海軍の両総長が参内した折、天皇から「ソロモンでは夜間魚雷艇の襲撃に打つ手がないと聞いたが、対策は」とのご下問があったこと、それに対し軍令部の及川古志郎《こしろう》総長が「海軍の責任において善処します」と奏上したことを紹介し、こう呼び掛けた。

「敵の魚雷艇の夜間跳梁《ちょうりょう》を抑える良策あれば申し出よ。これは軍令部からも、特に具体策を要請された」

声を上げる者はいない。美濃部は「総長は成案もないまま陛下に善処を約束したのか」とあきれたが、確かにこれは至難の業である。レイテ島オルモック湾はマニラから700キロの遠距離。上陸兵力を運ぶ船団をどう守るか。レーダー装備の敵魚雷艇は夜でも昼間と同様に高速で襲いかかってくる。駆逐艦も潜水艦も手を焼く難敵なのに、肝心の護衛艦艇はほとんど残っていない。しかも上空にはグラマンが3段構えで待ち受けている。

「何かないか。どうだ、え?」

大西は一同を見回しながら、しきりに発言を促した。

「誰も意見はないのか!」

美濃部は多くの先輩の中で控えて居たが、おもむろに手を挙げた。

「やります」

大西がぎょろりとにらんだ。

「どのようにしてやるか？」

中将ともあろう者がソロモン敗戦の対策も考えていなかったのか。美濃部はいつもの悪い癖でカチンときたが、大西の伝記も書いた草柳大蔵《くさやなぎだいぞう》によると、これが大西流のやり方らしい。最初から「こうやれ」とは言わない。部下に発言を求め、進言があると「よし、それをやれ」という態度を示すのである。

「敵の懐セブ島に進出します。オルモック湾まではわずか60キロ。昼間は飛行機をジャングルに隠し、夜間に発進します。魚雷艇はガソリン燃料ですから、零戦の20ミリ銃撃で十分です。私以下4機しかいませんが、夜間は抑えてみせます」

「うむ、よし。魚雷艇は153空に任す。634空の水爆隊も協力せよ」

2座の新鋭水上機「瑞雲《ずいうん》」を擁する634空の水上爆撃機隊はつい最近、台湾からマニラに進出してきたばかりだった。大西にさんざんあおられていた飛行長の江村日雄《にちお》少佐は黙って耐えていたが、後輩の美濃部から脇腹をつつかれ、渋面で「セブから行きます」と答えた。江村の634空も終戦まで通常攻撃を反復した数少ない部隊の一つである。

大西は「他にないか」と一同を見回した。沈黙が続いた。

「他の部隊は全力特攻とする。これに異議を唱える者は極刑に処す！」

門司の回想では、大西のこの最後の口ぶりは「自分は、日本が勝つ道はこれ以外にないと信ずるので、今後も特攻隊を続ける。このことに批判は許さない。反対する者はたたき斬る！」となっている。いずれにせよ、もはや問答無用だった。フィリピン方面航空部隊の全面的特攻作戦は、こうして決定された。

大西中将との対話

10月30日、美濃部少佐率いる戦闘901飛行隊は零戦4機・月光3機の可動全機でセブ基地に進出した。練成中の若いパイロットはそっとマニラに残した。まさに湊川の出撃である。

翌31日夜、地形観察と敵情偵察、部下の戦場慣熟を兼ね、零戦4機で発進。レイテ湾には黒々と大小数百の艦船が浮かんでいた。陸地には基地群の照明が滑走路を浮かび上がらせている。近づくと、ものすごい対空砲火を浴びせてきた。深入りせずに引き返す。

11月の第1週は連夜、オルモック輸送作戦（多《た》号作戦）に合わせて零戦2機ずつ超低空で魚雷艇狩りに出動し、計6隻撃沈の成果を上げた。以後、敵の魚雷艇は影を潜め、夜間の被害は激減した。

相手の弱点はすぐに分かった。高速走行中の波が夜光虫の光で白い帯となり、上からたやすく発見できる。しかもガソリンエンジンのため、20ミリ弾で簡単に炎上、爆発する。3人の部下には「思い切って肉薄せよ。一撃でよい。あすという日がある。長追いして不覚を取るな」と教え込んだ。創意工夫なき戦闘機屋は、今や若きパイロットを死の突入に追い込もうとしている。美濃部は「なぜ夜間訓練をしてやらない」と悔しい思いでいっぱいだった。

11月中旬、セブ基地に零戦5機が補給のため着陸した。小松島での教え子が1人いて、美濃部を見かけて懐かしそうに駆け寄ってきた。

「明朝レイテ島タクロバンの銃撃特攻に出ます」

あすで人生を終えるよう命じられた教え子にいきなりこう告げられて、返す言葉など見つかるわけがない。指揮権のない美濃部にはどうすることもできないが、せめて無駄死にだけはさせたくないと思い、かんで含めるように言い聞かせた。

「敵の機関銃はレーダー照準で待ち受けている。レイテ進入の山越えは木の葉をかすめるくらいの超低空でないと突入前にやられるぞ」

11月中旬にセブからタクロバンへ向かった神風特攻隊としては、梅花隊、第8聖武隊、第9聖武隊が記録に残っているが、この教え子の所属は確認できない。美濃部によると、発進して間もなく、風防を撃たれた1機が血まみれのパイロットを乗せて引き返してきた。あとの4機は山越えの際に吹き飛んだとのことだった。

大西中将に呼ばれ、美濃部がマニラに飛んだのは11月10日のことである。1航艦司令部の長官室で、今度は2人きりの対談となった。

「敵の大型飛行艇が暴れ、東シナ海の輸送路が危ない。パラオのコッソル水道に飛行艇基地がある。君の所の月光で何とかならんか」

大西は例の調子で意見を求めてきた。先日の会合で美濃部が示した魚雷艇狩りの夜襲戦法が効果を上げているのを知っている様子である。セブ基地には戦闘９０１のほか、戦闘８０４の月光隊も加わっていた。

「月光は下方斜め銃1門です。1秒間に6発、秒速１２０メートルの飛行機からは20メートルごとに1発しか撃てません。効果はありません」

大西はじっと聞いていたが、間髪を入れずに切り返してきた。

「特攻ではどうか」

――来た！　特攻万能の大西中将。飛行艇と10機の部下の刺し違え。それで戦局にどれほど寄与するのか。こんな命令は持って帰れない。さりとて断ることもできない。この辺が最後の暴れ所。言うべきは言おう――。

「長官、飛行艇をやっつければいいんですね。零戦の前方固定銃なら可能です。私に命じて下さい。部下の使い方は指揮官たる私の責務です。20機や30機は零戦4機で全滅させます」

自信はあった。中尉時代に南洋を1年間飛び続け、コッソル水道も熟知している。

「それで君たちは帰れるか？」

「そんなことは分かりません」

補給基地のあるパラオは、今や敵地のペリリュー島に近い。大西は少し考えてから
「君たち零戦夜襲隊はまだ必要だ。出すわけにいかん」

と言った。美濃部はここぞとばかり、姿勢を正して訴えた。

「長官、特攻を最良のごとく申されますが、敵はレーダー連動の機銃群による弾幕待ち受けです。関大尉の時は意表を突いて成功しました。今は敵も対策を講じています。常時32機で3層、計100機近くで守っています。幕僚をセブに派遣して実情を確認していただきたい。初陣の若いパイロットでは突入前にみな落とされます」

きっと怒鳴られる。そう思って身構えていると、大西からは意外な言葉が返ってきた。

「特攻はむごい。しかし、他に方法があるか」

美濃部は泣けてきた。これまでの無策で1航艦は虎の子の300機を失った。大西にも神策などあろうはずもない。むごいと承知の特攻で戦うしかないのか――。

「飛行艇攻撃はやめよう。レイテの方は君に任す」

大西はそう告げた後、少し話をしていけと美濃部を引き留めた。どうやら彼を気に入ったようだった。

海軍航空の草分けの一人である大西は若い頃から傍若無人の人柄で知られ、飲酒の末の失敗も含め数々の武勇伝を残している。上司であろうが部下であろうが、無能と判断した人間は徹底的に嫌った半面、創意工夫のできる人間、自分でプログラムを作れる人間はことのほか高く評価したといわれる。

美濃部は大西のようなこわもてのタイプは苦手だった。その後も砕けて自分から話を向けることはできず、大西が独り言のように「今や部隊幹部も頼りにならぬ。若い者に頼るほかにない。これは私の信念だ。特攻は続ける」と、苦渋に満ちた顔で語るのを複雑な思いで聞いているしかなかった。

1航艦の幕僚に最前線の敵情を肌で感じてもらいたいという希望は入れられた。セブに戻る美濃部に同行したのは先任参謀の猪口大佐（10月15日付で進級）である。米軍の艦艇に埋め尽くされたレイテ湾と十字砲火の弾幕のすさまじさを目に焼き付けてもらいたかった。ところが、いつの間にか猪口は飛行場から離れた根拠地隊司令部に姿を消し、美濃部が未明の作戦指揮中、さっさとクラーク行きの便に乗って帰ってしまった。レイテは放棄されようとしていた。

非情の帰国命令

セブ島の防衛に当たる第33特別根拠地隊は幹部宿舎を用意してくれていたが、美濃部は進出後、飛行場近くの搭乗員宿舎で零戦隊の部下3人と簡素な兵食を共にし、アンペラの茎で編んだむしろの上でごろ寝する日々を送った。特攻ならずとも、遅かれ早かれ散る身である。死を共にする上官と部下は兄弟以上の縁と、互いに寄り添って励まし合った。交互に魚雷艇狩りや戦場偵察に出撃する合間に、4人でドミノゲームに興じたこともある。夜半、3人のあどけない寝顔を見るたびに「こんな若い者まで死の道連れにするのか」と、戦いの厳しさをしみじみと感じた。

作戦の渦中にあった飛行隊長としての気持ちを、美濃部は次のように記している。

――本心。死ぬことは怖い。生き永らえて戦のない所で貧しくても出世しなくともよい。結婚日浅い妻待つ故国に帰りたい。母に孝行がしたかった。これが本心であった。

――覚悟。今は祖国存亡の危機。帝国海軍の中堅幹部として戦場にあり。われ戦わずして誰が国を守る。天皇の赤子としてこれまで育てられた恩顧に応えるは男子の本懐。一命を捧げるは家門の名誉。これが覚悟であった。

もはやフィリピン戦線に勝ち目はなくとも、少しでも敵をたたき、その間に本土の固めが進むことを期待していた。海軍兵学校出の者が死を賭して戦うのは当然である。艦隊司令長官以下、司令も隊長も最後の死に時と覚悟しているものと信じていた。

11月25日、再び大西から美濃部に出頭を命じる電報があった。2週間前にじっくり会ったばかりである。「何事だろう?」。マニラの153空に問い合わせても「分からない」と言う。1航艦司令部はマニラを離れ、クラーク地区マバラカット飛行場近くのバンバンに移っていた。

長官室に入ると、幕僚たちと打ち合わせ中の大西が美濃部の方に向き直り、「来たか」というような表情を見せた。

「君の所の夜襲戦闘機はよくやっている。至急内地に帰って夜襲隊を錬成し、来年1月15日までに再進出せよ」

有無を言わせぬ口調である。美濃部はまたカチンときた。

――多くの部下を失い、どの面下げて帰れるか。2カ月足らずで夜間訓練はできない。フィリピンにこれ以上若い者を追加しても無意味――。

「このままセブで戦わせてください」

大西のギョロ目がぐいっと光った。美濃部はどうしても、この威圧的な風貌になじめない。いったい何を考えているのか。

幕僚の一人が口を添えた。

「他の飛行隊は皆帰った。残っているのは君の所だけだ」

「隊員も一緒でしょうね」

美濃部が幕僚に確認を求めると、大西が答えた。

「いや、搭乗員は残していけ」

——そんなばかな。生死を共にと、叱咤《しった》激励して一緒に戦ってきたのだ。残して帰れるものか——。

「再建せよと言われても、私一人で何ができますか。夜襲隊は飛行機の分散隠蔽や敵襲下の発着誘導灯火設備など、整備員に至るまで基幹となる隊員が必要です」

「よし、分かった。中央には夜襲隊の育成については配慮するよう手配する。ただしセブの零夜戦はこちらで必要だ。残して行くように」

またもや問答無用だった。さすがの美濃部もこれ以上は逆らえなかった。彼は手記の中で、大西のことを「おっかない大西中将」と呼んでいる。とにかく苦手だった。

それにしても、美濃部が背信行為を強いられるのはこれで3度目である。ブーゲンビル島では水上機から零戦に転換してブインに戻ってくると豪語しながら、トラック空襲で全機を失い、第8艦隊司令部の期待を裏切った。厚木の戦闘316飛行隊では出撃直前に隊長を解任され、55機の零戦は空しく南海に散華した。そして今度は、兄弟以上に信頼し合って戦ってきた若い部下を置き去りにせよとは。これほど上官部下の信義にもとる裏切りがあるだろうか。しかし、軍命には抗し得なかった。

マニラの153空には10月から11月にかけて、内地から戦闘804飛行隊と戦闘812飛行隊が編入されていた。いずれも後に芙蓉部隊に合流することになる夜戦隊である。戦闘812飛行隊長の徳倉《とくら》正志大尉は4期下の水上機パイロットで、刈谷中学の後輩でもあった。

帰国準備に取り掛かった美濃部は、徳倉に1月半ばには戻ってくることを伝え、「セブの零戦をくれぐれも頼む」と言い残した。再進出までの日数は限られている。セブに引き返して3人に説明する余裕はなかった。気掛かりではあったが、しばしの別れだと自分を納得させた。

横堀政雄の回想によると、戦闘901の隊員はマニラ郊外のニコルス基地で、美濃部から「誰々は俺と一緒に内地に飛行機を取りに行く」と説明を受けた。そして、まず横堀ら5、6人の月光搭乗員が鳩部隊のダグラス輸送機で台湾を経由し、千葉県木更津《きさらづ》に向かった。鳩部隊は輸送専門の1021空の通称である。内地が真冬であることをすっかり忘れていて、全員が半袖半ズボンの防暑服のまま木更津基地に降り立ったという。

美濃部の出発は若干ずれ込んだ。あの後、大西から整備員も残せと言われ、1航艦司令部との間で押し問答が続いたためである。「夜襲隊は整備員の協力なしでは成り立たない」と必死で抗議し、ようやくベテラン整備員数人の同行が許された。11月29日にマニラ湾のキャビテ軍港から飛行艇で出発。台湾経由で神戸に着いたのは12月1日である。

戦闘901のフィリピン再進出は結果的に実現しなかった。1945（昭和20）年の年明けからフィリピン各地は米軍の猛攻にさらされ、終戦までに日本軍30万人以上が戦死（大半は餓死）する地獄と化したからである。大西ら1航艦司令部や各航空隊の幹部は米軍がルソン島リンガエンに上陸を開始した翌1月10日、大勢の部下を残して真っ先に台湾に避難し、そこから容赦なく特攻作戦を指揮した。

美濃部に置き去りにされた形となったセブ基地の零戦トリオは、徳倉の率いる戦闘812に編入されて戦闘を続行していたが、1月下旬に命からがらフィリピンを脱出し、台湾に転進した。3人のうち、負傷していた西村實《みのる》上飛曹は内地に帰還して芙蓉部隊に加わることになる。

ところが、1航艦はあとの2人に対し「那須、山本両兵曹はセブ基地に復帰すべし」という不可解で苛酷な命令を下した。台湾から追い返したのである。3月26日、米軍はセブ島にも上陸を開始した。根拠地隊司令官の原田覚《かく》少将は2人を惜しみ、零戦でミンダナオ島ダバオに脱出させた。結局2人は飛行機を焼かれて島の山中に逃れ、そこで終戦を迎えている。

美濃部は終戦直後、フィリピンからの復員者名簿に那須と山本の名前を見つけて胸をなでおろし、神に感謝した。ただ、彼らの悲惨な足取りを知ったのは、戦後かなりたってからのことである。

なぜ2人が米軍支配下のフィリピンに再び送り込まれたのか。死刑囚の刑場送りにも似た措置に、どういう作戦上の必要性があったのか。美濃部には全く理解できず、怒りを静めるのに苦労した。2人に会って置き去りの事情を説明する気にはなれなかった。そんな弁解には何の価値もないと思ったからである。

［第8章］

芙蓉部隊発進せよ

藤枝基地発見

1944(昭和19)年12月1日、美濃部正は思いがけず再び故国の土を踏んだ。5カ月ぶりに見る内地の世相は一変していた。国民生活の窮乏ぶりは、大阪から乗り込んだ汽車の車内の雰囲気からも伝わってきた。

用紙不足でますます薄くなった新聞は特攻の戦果を盛んに書き立て、玉砕を賛美していた。国民は近代戦の何たるかも知らされず、いまだに大本営の発表を信じ、軍を頼りに、勝利へのいちるの望みをつないでいるのだろうか。フィリピンの戦況を知る美濃部は、くじけそうになる気持ちにむち打ち、東京・霞が関の海軍省に赴いた。

大西中将からの口添えがあったためか、人事局、航空本部とも好意的に隊員集めや機材配付に応じてくれた。水上機搭乗員の名簿からは小松島空教官時代の下士官教員を何人か選び出し、厚木の302空零戦隊からもベテラン操縦員を引き抜いてもらった。ただし、残りの大半のパイロットは新人とせざるを得なかった。

想定と違ったのは機材である。零戦20機はすんなりもらえることになったが、月光夜戦は既に生産中止だという。仕方なく、艦上爆撃機「彗星」を引き取って夜戦に転用することを決心した。海軍の軍用機の多くが空冷式のエンジンを搭載していたのに対し、彗星は液冷式である。構造が複雑で整備員に毛嫌いされたため故障が続出し、パイロットたちから「殺人機」と陰口をたたかれていた。せっかくの高速性能を生かし切れないまま、あちこちの飛行場に野ざらしで放置されているという。

美濃部にとって彗星は初めての飛行機である。ただでさえ夜襲部隊には整備員や兵器員の力が欠かせないのに、こんな難物を使いこなせる人材が残っているだろうか。

人事局員が「この人なら」と推薦したのが、「彗星のスペシャリスト」の異名をとる学徒出身の佐藤吉雄大尉だった。美濃部の記憶では、さる軍需品メーカー社長の娘婿だという。さらに、整備練習生の教育を担当する相模野航空隊から彗星の整備講習を受けた片山理作、内堀正男の両整備兵長（整長）ら腕利きを回してもらえることになった。

美濃部はその足で軍令部に向かい、フィリピン再進出を1カ月延期してもらった。それでも日数は限られている。慌ただしい日々が始まった。

経緯は不明だが、戦闘901は美濃部がフィリピンにいた11月15日付で752空に編入されていた。752空の所属は木更津に司令部を置く第3航空艦隊で、司令長官はフィリピンで顔なじみの寺岡中将である。美濃部は3航艦に出頭して寺岡にあいさつし、夜襲隊の運用、錬成方針に承認を得た。

しかし、まだ最大の問題が残っている。訓練基地をどこにするか。木更津基地に本隊、香取基地に派遣隊を置く752空は既に攻撃3隊と偵察1隊を抱え、新たに夜戦隊を受け入れる余裕はないとのことだった。司令以下の幹部の口ぶりは「戦闘901の編入は書類上の話」と言わんばかりで、夜戦隊への関心は全く感じられない。美濃部は「こんな司令なら、いない方がましだ」と思い、反論する気も起きなかった。

だが、頼りにしていた3航艦司令部も思案投げ首の様子で、関東地方の基地からはどこも「受け入れ余地なし」と断わってきたという。戦場で傷つき疲れ果てたパイロットや整備員を収容する場所もないとは――。

こうなったら自分で何とかするしかない。フィリピン再進出は1カ月延びたとはいえ、余すところ60日ほどしかない。帰国して数日後の早朝、美濃部は零戦で木更津を飛び立ち、西に向かった。当てがあるわけではない。「戦いの苦労のほかに飛行場探しまでするのか」と泣きたい気持ちだった。

重い気持ちのまま箱根を過ぎた頃、ふと右手を見ると、新雪に覆われた富士山が変わらぬ気高さでそびえている。何とも言えない美しさに、幼い日の母の面影が重なった。滅入る美濃部を、富士山がまるで日本の母のように励ましてくれた気がした。

「しっかりしなさい。みんな精いっぱい頑張っているよ」

郷里近くの、明治、岡崎、伊保原《いぼばら》、豊橋の海軍航空基地を次々訪ねたが、どこも練習機で混んでいて、夜戦を受け入れてくれる所はなかった。1年前に予備士官として動員された学徒出身者の訓練中だった。いずれ特攻要員として実施部隊に派遣されるのだろう。

1年前と言えば、既に米軍が大学、高校出のパイロットを大量にソロモン戦線に投入していた時期である。海軍上層部の認識の甘さが訓練の立ち遅れにつながったのに、若年パイロットを「未熟」と決めつけて肉弾突入させる飛躍した発想は、冷酷無責任と言うしかなかった。

愛知県高岡村の上空で機上から墓参りし、美濃部は途方に暮れて帰途に就いた。

大井川を越えた頃、右下に1本の滑走路が見えた。こんな所に飛行場があったとは知らなかった。陸軍の持ち物だろうか。高度を下げると、「銀河」らしき大型の双発機がぽつんと2、3機いるだけで閑散としている。富士山がほほ笑みかけてきた。

幸運にも顔見知りの堀田陽少佐（1期後輩の機関学校46期）がいた。聞けば、この辺りは静岡県静浜村（現焼津市）といい、2人が今立っているのは海軍が建設中の藤枝基地で、乙航空隊の関東航空隊が管理しているとのこと。堀田は整備長だった。実際に作戦を遂行する番号航空隊などの甲航空隊と違い、方面の名前をかぶせた乙航空隊は飛行機隊を持たず、基地の整備や管理を担当する。この年の7月に導入された「空地分離制度」の産物である。

「基地は未完成で、どの部隊も使用していません。横須賀空が時折テスト飛行で使っている程度です。この辺は湿地帯でして、梅雨時には滑走路も水浸しになりますが、夜戦隊が来るなら基地を挙げて協力します。湿地帯に放水路を造れば何とかなりましょう」

堀田の説明は、美濃部を満足させるのに十分過ぎる内容だった。司令の市川重大佐《しげる》も温厚な人物で、夜戦隊の練成に快く同意した。

帰りの気分は行きとは打って変わって晴れ晴れとしていた。心も軽く箱根を越え、左手を振り返った。夕日に映える大富士が「よかったね」と美濃部をねぎらってくれた。

隊旗受領

厚木302空の夜戦隊など国内部隊から引き抜いたパイロットや整備員らは年の瀬が近づいた頃から藤枝基地にぽつぽつと着任し始めた。国鉄東海道本線の藤枝駅で静岡鉄道の小さな汽車に乗り換え、志太《しだ》駅で下車。田んぼ道をてくてく歩いて基地に向かうと「関東空」の看板が見えた。年末にようやく滑走路が完成するが、基地内は施設整備の工事が進行中で、大勢の徴用工らが働いていた。まだ兵舎はなく、移転が決まった静浜国民学校の教室が隊員の宿舎に充てられた。

偵察第4飛行隊での彗星操縦経験を買われて戦闘901に配属された学徒出身の河原政則少

尉は「元旦の朝、真っ赤に映えた富士山を仰いだときの印象が忘れられない」と書き残している。基地の周辺には菜畑が一面に広がり、「戦争さえなければ極楽だ」と思えるほど、のどかで美しい光景だったという。

1945（昭和20）年1月2日、そののどかな景色を打ち破るような激しい訓練が始まった。水上機出身者は93式中間練習機での離着陸訓練から取り組み、零戦や彗星への機種転換に進む。藤枝の滑走路は東西に伸びていて、風はほとんど西から吹いてくる。訓練にはもってこいだが、冬季は強い横風も吹き荒れ、特に夜間の飛行訓練は実戦と変わらぬ危険を伴った。

フィリピンの戦局は予想を超える速さで悪化していた。9日、マニラ奪還を目指す米軍はついにリンガエンに上陸した。日本軍の敗退、玉砕は時間の問題だった。

連合艦隊命令。

「戦闘901は比島進出を取りやめ、本土防衛に備えて練成すべし」

「ついに来た」というのが美濃部の受け止め方だった。もはや祖国が危ない。名古屋方面も連日の大空襲だという。

——敵機動部隊をいかにして迎え撃つか。上陸軍による国土の蹂躙《じゅうりん》にいかにして抵抗し、国民の盾となるか。特攻は簡単だが、線香花火に似て数日で戦力を失う。何を目的に、どう戦うべきか。そのために部隊をどう練成すべきか——。

答えは既に出ている。夜襲部隊による反復攻撃で敵機の巣をたたくしかない。

２月に入ると、フィリピンを脱出してきた戦闘８０４、戦闘８１２が藤枝基地に合流し、国内の部隊から指名されて転勤してくるパイロットや整備員も一気に増えた。焼津市史によると、関東空部隊の３月当時の人員は飛行科２１６人、整備科４４０人となっている。恐らく２月の時点でこれに近い規模に膨れ上がっていたはずである。

関東空部隊と言っても便宜的な位置付けである。２月の時点で戦闘９０１と戦闘８１２はまだ７５２空に編入されたままで、戦闘８０４はなぜか北海道美幌基地を管理する北東空に所属している。書類上のこととはいえ、戦争末期の海軍の部隊編制は混乱を極めていた。美濃部に対しても、軍令部からは「３個飛行隊は藤枝で面倒を見るように」という口頭での指示があっただけだった。

それぞれの飛行隊が所属航空隊司令の指揮を離れ、藤枝という独立基地で行動するためには、指揮命令と団結の観点からも統合的な部隊名が必要だと美濃部は考えた。

すぐに思い浮かんだ名前が「芙蓉部隊」である。練成基地を探しあぐねていた時に「おいで」と招いた霊峰富士。朝な夕なに藤枝基地から仰ぎ見る霊山の異名「芙蓉峰」は、兵学校で歌い継がれた「江田島健児の歌」の２番の歌詞にも出てくる懐かしい言葉だった。

「玲瓏《れいろう》聳《そび》ゆる東海の　芙蓉の嶺を仰ぎては　神州男児の熱血に　我が胸さらに躍るかな　ああ

光栄の国柱《くにばしら》　護《まも》らで止《や》まじ身を捨てて」

2月の初め、業務連絡のため木更津の3航艦司令部に出向いた際、美濃部は副官を通じて隊名の承認と隊旗の揮毫《きごう》を司令長官の寺岡に願い出た。寺岡は当時から海軍の名筆家として知られ、丸みを帯びた書体で綴った毛筆の日誌などが防衛省の戦史資料室に残っている。美濃部は零戦の胴体に積み込んできた静岡みかん2箱を、黙って副官に差し出した。フィリピンの戦場で一緒に戦った間柄とはいえ、副官から見れば、雲の上の司令長官と一介の少佐である。恐る恐る美濃部の用向きを寺岡に取り次いだ。

「美濃部君がごますりをするはずがない。副官、希望通りにするよう」

長官室に早速、硯《すずり》箱と太い筆、大きな布が用意された。「芙蓉隊」の3文字が黒々としたためられた。以後、藤枝基地の指揮所に掲げられる芙蓉部隊の隊旗である。寺岡はおまけに、土産のお返しとして千葉県特産の落花生2俵を美濃部に持たせた。落花生はしばらくの間、寒空の下で訓練を続ける隊員たちの、いいおやつになった。

帰国してからというもの、美濃部には暮れも正月もなかった。年末に隊員や機材の受け入れ交渉で軍令部に出張した際、1度だけ鎌倉の家に立ち寄ったことがある。だが、岳父が赴任したフィリピンが玉砕間近の戦況であることも、自身が部隊再建の使命を帯びていることも語れず、ほんの短時間の歓談で別れるしかなかった。

1月に生まれた長女には「桂子」と名付けた。女の子だったら結婚記念日（11月11日）の十一と十一を縦に並べて「圭子」にするつもりだったが、美濃部家に同じ名前の娘がいることを篤子から指摘され、木偏を加えたのである。

彗星の製造元の愛知航空機（現愛知機械工業）に整備指導を依頼しに行った折には郷里にも足を延ばしたが、ゆっくりできる暇はなかった。母のことは涙ぐんで、一言「やつれたね」と言ったきりだった。言わず語らずのうちに戦いの厳しさを理解してくれたようだった。美濃部は黙って亡父の仏前に別れを告げた。

猛訓練と猫日課

編制上の芙蓉部隊の機材は彗星72機、零戦20機とされていたが、これが一度に配備されたわけではない。美濃部はあちこちの基地に問い合わせ、放置されている彗星があると聞くと、そのたびに隊員を派遣して1機、また1機と空輸させては補充を図った。機材がそろうまでは、先行していた戦闘901の夜間訓練を全員に見学させた。

戦力で圧倒的に優勢な米軍に対抗するためには、敵の直衛戦闘機の警戒が緩む夜間に作戦を行う以外にない。普段から体を夜間戦闘に順応させるため、食事や睡眠から飛行訓練、整備作業に至るまで、一切の日課を昼夜逆転で行った。猫のように昼間は寝て、夜に行動する。隊員たちはこれを「猫日課」と呼んだ。夜間の灯火使用も極力抑え、目を暗夜に慣れさせた。美濃部は「提灯や懐中電灯もなしに蛍狩りで夜道を駆けていた子供の頃を思い出して実施した」と記している。

当時の夜間飛行訓練は、薄暮訓練から始めて徐々に暗夜訓練に移行するのが一般的だったが、搭乗員の不安をどう抑えて事故を防ぐかが大きな課題だった。夜間飛行で最も難しいのは、地平線の判別と着陸時の高度判定である。夕暮れ時は1、2回着陸を訓練しているうちに真っ暗になり、ますます不安と難度が増して事故を招きやすい。美濃部は初心者向けを未明の訓練に変更し、夜明け1時間前から着陸を反復させた。時間がたてば明るくなるから、教わる側も教える側も安心して取り組むことができるようになった。

夜間の航法通信訓練は、藤枝基地―御前崎―伊良湖岬の短距離から始めて徐々に距離を伸ばし、単機で洋上200カイリ以上の進出と帰投が可能になるまで繰り返した。

最前線の敵襲下では夜間の発着が最大の弱点になる。無灯火での発着技術を身に付けさせるため、飛行場の灯火も管制して訓練した。滑走路灯は両端と中間の両側のみ。しかも覆いを掛けて離着陸機だけに分かる指向性のカンテラ灯を使用した。これなら上空からは基地の存在が分からない。ただし、離陸時は前方に見えるカンテラ灯だけを頼りに発進しなければならない。そして着陸時は、滑走路に向かう正確なコースに入って初めて着陸目標を視認できるという、常識を超えた制限を克服しなければならなかった。いずれも高度の操縦技術と、危険を乗り越える勇気が求められた。

カンテラ灯の向きを離陸時、着陸時に切り替えるのは地上勤務の夜設灯係員の役目である。滑走路わきのたこつぼに潜み、敵機の爆撃や味方発着機の事故の脅威に耐えながら、離着陸する飛行機に正確に光を投じて位置を知らせる重要な任務だった。発進しようとした飛行機が何の弾みか左に振られて滑走路からはみ出し、夜設灯係員をプロペラで袈裟《けさ》懸けに斬って死なせる事故が実際に起きている。

当時、夜間の作戦運用に堪え得る搭乗員の養成には、1年間で400時間の飛行訓練が必要というのが常識だった。しかし、戦局の急激な悪化の中、そんな悠長なことをやっている時間はない。実用機課程を卒業して赴任してきた新人は6カ月、他機種からの転換者は3カ月を目標に、夜間の無灯火発着・航法・戦場運動の全員習得を目指した。「特攻部隊の3倍」といわれたほど濃密な訓練だった。

乏しい機材と燃料で不足しがちな飛行訓練を補うため、地上訓練も強化した。格納庫の床に飛行場の立体模型を置き、2階に場周経路を作って夜間飛行誘導コースの見え具合を確認させたほか、図上演習や座学も積極的に取り入れた。通信、航法、気象の講義は「練習航空隊以上だ」というぼやき声も出たが、悪天候やコンパス誤差による犠牲を防ぎ、芙蓉部隊の戦術思想と作戦要領を理解させるためには欠かせない取り組みだった。

犠牲者は早くも2月の訓練中に出た。零戦1機が洋上出撃訓練中に未帰還となったのである。それでも美濃部は猛訓練の手綱を緩めなかった。超低空で接近する夜間の銃爆撃訓練などはまさに命懸けだったが、「天候や敵に食われないためなら、部下に恨まれてもいい」と腹をくくり、寸暇を惜しんで厳しい教育を強行した。戦闘812飛行隊長の徳倉大尉はじめ各隊の幹部も美濃部の考えに共鳴し、率先して各隊の隊員たちに芙蓉部隊の方針をたたき込んだ。

新兵器も意欲的に採用した。試作中のロケット爆弾もその一つである。なぜか海軍中央はこうした特殊爆弾の使用に保守的だった。美濃部がその存在を知って問い合わせた航空技術廠（空技廠）も制式採用に及び腰で、「実験段階で安全管理方式に未解決点がある」「生産が間に合いそうもない」と出し惜しみの理由ばかり並べた。

「国敗れんとして特攻まで出しているときに何が安全管理だ。多少の危険は覚悟の上だ。実戦に使わせてもらいたい」

美濃部は強硬に必要性を主張し、芙蓉部隊への配備を認めさせた。命中精度の高さが何よりも魅力的だった。

彼が特に力を入れたのは整備部隊の強化である。「航空作戦はパイロットだけの戦いではない。整備員との両輪だ」という持論は、戦場での経験を通じてますます強固なものになってい た。難物と言われた彗星の稼働率をいかに上げるかが、今後の芙蓉部隊の活動を左右する。美濃部は製造元の愛知航空機から技師を招いて整備講習会を開き、複雑な液冷エンジンの基本構造から理詰めで勉強させた。搭乗員にも、整備の重要性を耳にたこができるほど説いて聞かせた。

飛行機の隠匿も戦地仕込みの念の入れようだった。ソロモンやフィリピンでは何千機もの飛行機がむざむざと地上で撃破されている。資材も労働力も不足し、女子挺身隊まで動員して生産した飛行機だというのに、海軍は基地の防御には無関心だった。それは藤枝基地も同様だったため、芙蓉部隊では夜間訓練が終わると整備隊の下士官が率先し、寒風の中を若い兵らと飛行機を1キロも離れた森や竹やぶまで手押しで運んで隠していた。

美濃部兵曹

美濃部は毎日毎夜、それこそ必死で動き、必死で考えを説明して回った。フィリピンで散華した部下の遺族に便りを出す余裕すらなかった。

まだ29歳の新米の少佐である。600人近くに膨れ上がった航空部隊の統率者としてはあまりにも若かった。嫌になるほど未熟を自覚している彼にとって、心の支えは隊員たちの理解協力と一致団結しかない。「一億特攻」の狂風が吹き始めた中、若い隊員たちの心には美濃部の言葉が突き刺さった。「戦勢不利な祖国を何とかして救いたい。一命を国に捧げるのは当然だが、その前に全知、全能力を捧げるのだ」。特攻よりも苛酷と言われた訓練に彼らが耐えたのは、この言葉があってこそだった。

厚木302空の彗星夜戦隊から戦闘812に転勤となり、芙蓉部隊の最年少パイロットとして2月9日に藤枝基地にやってきた18歳の坪井晴隆飛長（飛行兵長）は、初めて接したときから、この10歳上の指揮官に魅了されてしまった。

「美濃部さんはとにかく異彩を放っていました。頭の回転が速く、弁舌が巧みというか、説得力があるんです。あんな人を見たのは初めてでした」

この頃の美濃部の書類上の立場は131空付と戦闘901飛行隊長を兼務しているにすぎない。隊員たちは普段「指揮官」と呼び、彼が正式に131空の飛行長に補されてからも、それは変わらなかった。やがて芙蓉部隊は事実上の独立部隊になるのだが、「司令」と呼ぶわけにもいかないから、それが一番当たり障りのない呼び名だったのだろう。

戦闘804の田崎貞平上飛曹の回想によると、古参の下士官たちは、この指揮官のことを陰では親しみも込めて「美濃部兵曹」と呼んでいた。階級は彼らが特攻死で2階級特進しても届かない少佐だとはいえ、年齢はそう離れていない。めっぽう怖いが、自分たちのことを本当によく分かってくれている。そして、いつも一生懸命である。上官というより同僚の一人という連帯意識から生まれたニックネームだった。

整備重視を盛んに強調する美濃部の姿勢は整備員たちのプライドを刺激し、「愛機飛ばざるは整備員の恥」というスローガンが急速に浸透していった。

終戦直後にまとめられた「芙蓉部隊天号作戦々史」の中に、2月のある夜のことが記されている。23時ごろ、飛行機を隠している森林を美濃部が見回っていると、話し声が聞こえる。猫日課の下でも「夜間訓練は健康から」をモットーに掲げ、作業が20時までに片付かない場合は翌日実施するよう整備隊長には厳命していたはずである。

「もう寝ないと隊長に叱られるぞ。あしたはまた0時起こしだ。横になる暇もない」

「見つかるといかんから貴様見張っておれ。もう少しで完備するんだ」

徹夜してでも彗星の修理に意欲を燃やす整備員は、もちろん1人や2人ではなかった。この会話を美濃部から聞いた幹部搭乗員たちは感激のあまり合掌したと記されている。整備不良で10%台に落ちていた彗星の稼働率は、芙蓉部隊では最大で80%前後という驚異的な水準に達した。

「和やかな、それでいて強固な団結と士気に満ち満ちていた」

坪井は自身の回想記でそんなふうに芙蓉部隊を振り返っている。戦闘804は「雷八幡大菩薩《いなずま》」と大書した長さ2メートルの旗を作って気勢を上げていた。坪井のいる戦闘812の下士官連中はこれにライバル意識を燃やし、6メートルもある「芙蓉夜叉《やしゃ》王大権現」という旗を作った。焼津のある寺の住職に「そんな仏、わしゃ知らん」とそっぽを向かれたが、無理やり頼み込んで揮毫《きごう》させたのである。

美濃部はと言うと、まだ円熟の境地には程遠い。

2月の寒風が吹きすさぶ遠州灘での命懸けの夜間訓練。それを見守る誰も彼もが、少しでも役に立ちたいと青春の全てを傾けていた。藤枝基地主計科の竹田という先任下士官がある夜、指揮所にやってきた。

「皆さんご苦労さまです。夜食にと汁粉を作りました。指揮官、試食して下さい」

一口飲んで全然甘くない。

「こんな物飲めるか！」

美濃部は思わず怒鳴ってしまった。竹田はもう涙を浮かべている。

「今は砂糖もありません。これでも基地のありったけをかき集めたのです」

半べその弁解に返す言葉もなかった。内地の事情に暗く、それほど物資が不足しているとは知らなかった。心ない一喝を、美濃部は後々まで悔やんだ。

最初で最後の特攻命令

戦局は一段と深刻の度合いを増していた。米軍は予想通り硫黄島の攻略に出た。サイパンと東京のほぼ中間に浮かぶ島である。上陸作戦に先立ち、日本軍の航空支援を断つため関東各地の航空基地制圧に向かったのが、1945（昭和20）年2月16日の米艦載機による本土初空襲だった。木更津基地の3航艦司令部は藤枝で錬成中の芙蓉部隊にも索敵を命じた。米機動部隊は東京からわずか200キロ近くまで接近していた。芙蓉部隊はこの初出撃で零戦1機が敵機と交戦したらしく、最初の戦死者を出した。

翌17日未明、徹夜で整備した彗星6機と零戦1機が索敵のため藤枝を飛び立った。河原少尉も指揮所の黒板に書かれた彗星の搭乗割に自分の名前を見つけた。彼の回想によると、指揮所前のテーブルには別れの杯が用意されていた。美濃部は「機動部隊を見つけたら、そのままぶち当たれ」と命じ、基地司令の市川大佐までが搭乗員一人一人と握手を交わした。結局全機が敵を発見できず、「帰投せよ」の命令で引き返すのだが、これはまさしく特攻と言ってよかった。

芙蓉部隊が安易な特攻への依存を拒否したのは事実である。しかし、戦闘目的の一つとした米機動部隊の無力化のためなら、機を見て突っ込むことも明確に想定していた。狙いは空母を沈めることではなく、甲板に待機する飛行機を撃破することだった。要は、飛行機なき空母にすればいいわけである。芙蓉部隊天号作戦々史によると、未明にまず銃撃とロケット爆撃を用い、最後は「人機もろともに甲板上に滑り込み、発進準備中の飛行機を掃き落とす」。これが、美濃部の研究してきた夜襲戦法だった。

むやみな特攻作戦との決定的な違いは、「確算なき戦は実施せず」という当たり前の前提を置いていた点である。十分に敵を引き寄せた上でなければ効果は期待できない。この日に限って美濃部が河原らに特攻を命じたのは、米機動部隊の本土接近が判明し、確実に捕捉できると踏んだからにすぎない。「不幸にして芙蓉隊の主命たる本戦闘の機会は、終戦となり恵まれ得ず」。美濃部が出した特攻命令は、これが最初で最後となった。

17日朝、索敵を終えて藤枝基地に戻ってきた彗星6機と零戦1機は、西の空からいきなり現れた米艦載機群の空襲で全て焼かれてしまった。草や木で擬装する間もなかった。対空火器すらない無防備な基地の上空を米軍機はわが物顔で乱舞し、指揮所は直撃弾を受けて砕け散った。中にいた美濃部と司令の市川はすぐ横の簡易防空壕に飛び込み、間一髪で難を逃れた。再建途上で7機を一度に失ったのは大きな痛手だった。

3航艦司令部から各基地に「飛行機用予備機銃なるべく多数をもって急速防空砲台を構築す

べし。なお、防空砲台の強化に関しては目下、中央に対して急速手配中なり」という電報が打たれたのは2日後のことである。例によって後の祭りだった。

この空襲の後始末に追われていた頃、芙蓉部隊が神風特攻隊・第2御盾《みたて》隊に編成されたらしいという噂《うわさ》が流れ、「隊内が一時騒然となったことがある」と坪井飛長が書き残している。

「抑え切れない激情と殺気は、酒の宴となり、各兵舎から隊員の若さを爆発させるような歌声が夜の基地内に響き渡り、巡検の当直士官も黙って通り過ぎて行った」

17日の出撃が特攻命令だった上に、3航艦司令部は実際この頃、千葉県香取基地の601空に第2御盾隊の編成・出撃を指示していた。131空の司令部も香取にあったため、誰かが早合点して口にした憶測が一気に広がったのかもしれない。

坪井によると、美濃部が搭乗員を集めて
「俺はお前たちを特攻では絶対に殺さん」

と訓示し、隊内の動揺は間もなく収まった。坪井は「すごいことを言う人だなあと思いましたね。同時に、何か気が抜けたような感じもしました」と振り返る。美濃部はよく、特攻のことを「つまらん作戦だ」と言っていたという。

海軍中央では、その「つまらん作戦」が、来るべき沖縄決戦の唯一の戦法として拡充・強化されようとしていた。練習機の特攻転用である。当時軍令部員だった土肥一夫中佐の小さなメモ帳に、軍令部総長官邸で2月4日に行われた図演研究後の幕僚たちのやりとりが鉛筆の走り書きで記録されている。ＡＦは航空艦隊を指す。
1課長「3月中においては3ＡＦ中、使用可能の兵力は何か」
寺井「今の訓練様式では駄目。特攻ならば使用可能」
1課長「今まで攻撃成果上がらざりしは到達し得ざりしによる」
寺井「吾《わ》が飛行機隊にはＡＢ組必ずあり到達可能。命中率は、行けば大抵命中す」
1課長「基地上空の集合すら困難なり。ｋｄｂを攻撃すること極めて困難ならずや」
Ａ組、Ｂ組とはパイロットの練度を示す指標で、Ａは夜間を含む全任務に従事可能、Ｂは一部の制約を除く大半の任務に従事可能な技量である。ちなみにＣは限定された平易な任務のみ従事可能、Ｄは錬成を必要とするレベルとされた。ｋｄｂは機動部隊のことである。総長官邸でのやりとりは続く。
松浦「命中率に極めて不安あり。従来命中と称するものは大部分命中しおらず。夜間雷撃のごとき、特に然《しか》り。この点で、命中率の良い特攻を採るべきものと思う」
1課長「5月末までは歯を食いしばって3ＡＦを錬成するを要す。尓後《じご》逐次戦力を向上せざるべからず」
1部長「それは駄目なり。燃料の面より」

宮崎「南西諸島は皇国興廃の分岐点なり。これを取られて尓後何物も成り立たず。1機1隻を投入、絶対にこれを取られざるを要す」

鈴木「今後は後詰めがない。戦果を期待し得る時機を伺い度《たし》」

1課長「編制上の意見？」

松浦「2月より工場疎開を開始す。所要飛行機の生産を低下せざるためにも方針を速やかに決定の要あり。練習航空隊の急速戦力化。6月末、中練以上搭乗可能7700人」

1課長「練習生が練習機で特攻をやる方法、研究を要す」

寺崎「白菊多数あり。これの戦力化を要すべし。ただし航続距離小」

2枚羽の93式中間練習機（通称「赤トンボ」）や、「白菊」という可憐《かれん》な名前の機上作業練習機に少年たちを乗せて敵艦に体当たりさせる方針は、あっさりと決まった。連合艦隊参謀大井篤大佐の手記によると、1週間後の2月11、12両日に横浜・日吉の連合艦隊司令部壕内で作戦研究会が開かれ、14日には首脳部への報告が行われている。それから何日かたって、藤枝基地にいる美濃部の元に、ある会議への出席指示が舞い込んだ。

木更津作戦会議

2月も押し詰まった頃、美濃部は木更津基地で、芙蓉部隊の命運を左右する会議に出席した。沖縄に迫る米軍との決戦を想定した「菊水作戦」の研究会である。菊水は楠木正成の紋所で、まさに湊川の戦いと位置づけられた作戦だった。その模様を美濃部の手記「大正っ子の太平洋戦記」から、ほぼ原文のまま引用したい。GFは連合艦隊、AFは航空艦隊の略語である。文中には「GF首席参謀黒岩少将」なる人物が登場するが、海軍兵学校卒業者に該当者はいない。当時の連合艦隊首席（先任）参謀は神《かみ》重徳大佐（死後少将に進級）である。手記の別項には、「黒岩少将」が終戦直後に津島海峡で遭難死したことが記されており、これは神の死亡時の状況と合致する。美濃部が実名を用いなかった理由は分からない。

20年2月末、GF主催の次期作戦会議が木更津基地3AF司令部で開催された。参会者は3AF、10AFの幕僚およびその指揮下の部隊長、飛行長、横須賀鎮守府航空部隊飛行長。いずれも航空の先輩。私は最若輩の少佐、末席にいた。

議題「沖縄方面に敵進攻時の迎撃作戦、GF方針および各部隊戦闘部署について」

部厚い印刷物が配付された。私は目を通し、夜襲戦闘機隊の認識がどこにもない。これまで3AF、軍令部との了解に基づく作戦運用はどこにもない。芙蓉部隊が戦闘序列第16空襲部隊として一般攻撃部隊の中にある。護衛戦闘機、偵察機隊の任務は明記されているが、夜襲戦闘機の認識は不明である。

「10AF飛行課程訓練を廃止」

中間練習機、航法訓練機「白菊」隊までが攻撃部署にある。あのすさまじい対空砲火、直衛戦闘機網の中に時速150キロ足らずの訓練機がどのようにして敵に近づけるのか？　戦場を知らぬ狂人参謀の殺人戦法に怒りを感じた。

菊水湊川の最後の一戦というのに、部隊長、艦隊司令部はいつどこで指揮官先頭に立つのか？　比島戦同様、若者たちのみけしかけて、また逃げるのか。

GF首席参謀、黒岩少将の説明。

「敵沖縄進攻の迎撃戦は、菊水作戦と呼称、全力特攻とする。今や航空燃料は月1機当たり15時間分（通常60時間以上）に枯渇している。搭乗員の練度は低下、必死特攻にのみ勝機を求め得る。台湾方面から1AF、南九州から5AF、これに3AF、10AFを投入して南北から敵を挟撃、一挙撃滅する」

私はこれまで芙蓉部隊に対して、特攻に勝る夜襲攻撃に備え、厳しくも激しい訓練をしてきた。これは1AF大西中将、軍令部、航空本部、人事局、3AF寺岡中将の了解を得てのこと。比島特攻戦の最中でも、夜戦隊は独特の活躍で戦果を挙げてきた。

しかるに何ぞや。GFは指揮下部隊の能力、練度も無視。比島戦で証明済みの効果なき非情の特攻戦。これで勝算があるというのか？　私は指揮官として、このまま受命して部下に何と説明するか。

列席の将官、大中佐80余名。誰一人異議を申し出る人はいない。軍隊統帥の厳然たる大海軍。GF首席参謀の説明した基本方針は、取りも直さず最高指揮官GF司令長官の方針。軍人勅諭「上官の命令は朕《ちん》が命令と心得よ」

命令一歩前の方針といえども拝服するのは軍律の基本である。戦局は日本国存亡の岐路にある。一介の少佐の批判を許す雰囲気ではなかった。

しかし私の頭には、マリアナ戦に備えた戦闘316飛行隊がGFの不認識故にマリアナ、硫黄島で空母夜襲の能力を抹殺され、迎撃戦に空しく全滅したこと。比島レイテ決戦の敵の対空砲火、戦闘機の重層配備、優れたレーダー戦の中に、散華した特攻600余機の若き命をもってしても敗退したGFの無策。天皇に対しての比島敗戦責任は誰が負うているのか？　比島戦の敗因および敗戦責任はどのようになっているのか？　練習機まで注ぎ込んだ戦略戦術、幼稚な猪突でほんとに勝てると思っているのか。降伏なき皇軍には今や最後の指揮官先頭、全力決戦死闘して天皇および国民におわびするときではないか。

訓練も行き届かない少年兵、前途ある学徒を死突させ、無益な道連れにして何の菊水作戦か。海軍伝統の楠公精神はいずこにありや。将軍、幕僚の突撃時期不明瞭。

私はよくよく反骨精神が強いのか。「何も言うな。皆にならい、武士は言挙げせぬものぞ。黙って死ね」と自らを抑えたが、戦闘316、901の亡き部下、藤枝基地で必死に訓練している300名の搭乗員の期待を裏切ることはできない。抗命罪覚悟、一人くらいこんな愚劣な作戦に反対、それで海軍から抹殺されようとも甘んじて受けよう！

末席から立ち上がっていた。ミッドウエー作戦会議（17年4月岩国基地）以来2度目のGF作戦案に対する批判であった。

「全力特攻、特に速力の遅い練習機まで駆り出しても、十重二十重のグラマンの防御網を突破することは不可能です。特攻の掛け声ばかりでは勝てないのは比島戦で証明済み」

GF参謀は、末席の若造、何を言うかとばかり色をなした。

「必死尽忠の士4000機、空を覆うて進撃するとき、何者がこれを遮るか。第一線の少壮士官の言とも思えぬ」

敗北思想の卑怯者と言わんばかり。満座の中で臆病者とばかりの一喝。相手は今を時めくGF首席参謀黒岩少将。私はミッドウエー作戦以来のGF作戦の無策、稚拙を嫌というほど体験してきた。この黒岩参謀こそ、その元凶。開戦以来3年余。誰よりも多く弾幕突破、敵至近の最前線で飛び続けてきた。後方にあって航空戦の音痴幕僚に何が分かる。軍命は天皇の命令とはいえ、よもや大御心《おおみこころ》はかかる無策非情の作戦を望んでおわしますはずがない。ばかの一つ覚えの猪突攻撃命令にはもう我慢がならない。レイテの逆上陸、多号作戦に対しても、陛下のご懸念をごまかして強行、あの惨敗。このような海軍から規律違反で抹殺されようと引き下がれない。

「今の若い搭乗員の中に死を恐れる者はおりません。ただ、一命を賭して国に殉ずるには、それだけの成算と意義が要ります。死にがいのある戦果を上げたいのは当然。精神力一点張りの空念仏《から》では心から勇んでたつことはできません。同じ死ぬなら、確算ある手段を立てていただきたい」

「それならば君に具体策があると言うのか」

私はあぜんとした。GF参謀ともあろう者が一飛行隊長に代案を求めるとは。

「搭乗員の練度不足を特攻の理由に挙げているが、指導訓練の創意工夫が足りないのではないか。私の所では総飛行時間200時間の零戦パイロットでも皆、夜間洋上進撃可能です。劣速の練習機が何千機進撃しようとも、昼間ではバッタのごとく落とされます」

この間、列席の先輩からは何一つ意見なく、中にはタバコをくゆらせている者もある。

「2000機の練習機を駆り出す前に、ここにいる古参パイロットが西から帝都に進入されたい。私が箱根上空で、零戦で待ち受けます。1機でも進入できますか。艦隊司令部は芙蓉部隊の若者たちの必死の訓練を見ていただきたい」

誰も何も言えなかった。海軍当局は燃料節約のため各基地での暖房使用を厳しく制限していたが、保阪正康の『昭和史　忘れ得ぬ証言者たち』によると、美濃部は緊張と恐怖で全身汗びっしょりになり、シャツが体に張り付いたほどだったという。

連合艦隊、3航艦、横鎮の幕僚が深夜の藤枝基地を特別視察に訪れたのは、木更津会議の直後である。その結果、芙蓉部隊は特攻編制から除外され、夜襲部隊として菊水作戦に参加することになった。異例の作戦方針変更だった。3航艦司令長官寺岡中将の支持と、大西中将や故有馬少将から出されていた意見具申が背景にあるのはもちろんだが、幕僚たちは芙蓉部隊のすさまじい夜間訓練と隊員たちの熱気に圧倒されたのである。

実は海軍省人事局や航空本部にも美濃部の考えに共感を抱く人物がいた。木更津会議の一件が水面下で伝わってからは、そうした陰の理解者がひそかに芙蓉部隊の応援に乗り出した。人事面では、会議直後の2月28日、美濃部を131空の飛行長に格上げし、戦闘901と戦闘812を131空に編入するとの内示があった（発令は3月5日付）。

「若い優秀な人材が特攻で無為に消えていく。君の所でできるだけ多くのパイロットを養ってくれ」

人事局員はこっそり美濃部にそう告げ、特攻部隊から目立たないように人材をリストアップしては、芙蓉部隊各飛行隊の「隊付」というあいまいな名目で転入発令を繰り返した。当時は戦死者の激増で人事全体が混乱し、海軍辞令公報への掲載も遅れるのが常態化していたから、芙蓉部隊への補充が定員を大幅に上回っていることに気付く者はいない。「シンドラーのリスト」にも似た救済の試みは、戦争が終わるまで途切れることなく続いた。彼らの大半は錬成途中のまま藤枝で終戦を迎えた。美濃部も南九州に進出した後は、藤枝にどんな新人が来ているのか把握できなかったほどである。

特攻拠点鹿屋

美濃部が正式に131空の飛行長に補されたと言っても、形だけの人事である。千葉県香取基地の司令部にあいさつには出向いたが、司令も副長も夜戦には無関心だった。3月20日には戦闘804も131空に編入された。3個飛行隊は、書類上は131空の藤枝基地派遣隊でありながら、実態は今まで通り「芙蓉部隊」の呼称で関東空の作戦指揮下に入り、美濃部が統合指揮を続けることになった。

2月は空襲の影響と悪天候で十分な飛行訓練ができなかったが、3月に入ってからはほぼ連日連夜にわたって訓練が続けられた。131空藤枝基地派遣隊の3月の戦時日誌によると、雨模様となった5日から8日にかけても飛行訓練を実施している。この間、木更津基地や三重県鈴鹿基地、山口県岩国基地から続々と機材が空輸されてきた。

「せめて3カ月あったらなあ」

美濃部がそんな愚痴をこぼしたのを坪井はよく覚えている。教え足りないことが山ほどあるのに、戦局の悪化はそれを待ってはくれなかった。米軍はフィリピンから真っすぐ沖縄に向かって進撃し、3月26日、まず慶良間諸島に上陸を開始。連合艦隊は直ちに天1号作戦(沖縄方面航空作戦)を発動した。陸軍と共に南九州に2000機の航空兵力を集結させ、米軍に大出血を強いる狙いだった。その柱が菊水作戦による全力特攻である。

芙蓉部隊は30日13時00分、飛行経験の長い技量A組を中心とする第1陣が彗星25機、零戦16機で藤枝基地を発進し、鹿児島県鹿屋《かのや》基地に向かった。前日まで南九州に押し寄せていた敵機が去り、2時間前に「進出すべし」の最終電が入ったのである。錬成に必要な機材を除く可動全機を美濃部自ら零戦で率い、残留隊員総出の帽振れに見送られて次々と飛び立っていった。

紀伊半島付近が雲に覆われていたため、大半は引き返して翌日出直しとなったが、美濃部ら零戦2機と彗星3機は夕刻に鹿屋基地に到着した。

九州の最南端、鹿児島県大隅半島の中ほどに位置し、滑走路2本を有する鹿屋基地には既に新編の第5航空艦隊が司令部を置き、天航空部隊として、3航艦のほか、練習航空隊を束ねる10航艦を統一指揮下に収めていた。さらに陸軍の第6航空軍が連合艦隊に臨時編入され、5航艦との協同作戦を進めていた。作戦と言っても、特攻機を飛ばすことが中心である。既に多くの特攻隊が鹿屋に集結し、出撃命令を待っていた。

進出した夜、美濃部は5航艦司令部に出頭して今後の指示を仰いだが、細かい話は何も出なかった。既にこの時点で5航艦の兵力は底を突き始めていた。幕僚たちは、多くの可動機を保有する芙蓉部隊の進出を口では歓迎したものの、通常の夜間攻撃で作戦に臨むことには懐疑的な様子がうかがえた。

翌31日に大挙して出直し、無事に鹿屋に着いた隊員たちの宿舎は、疎開で空き家になった基地周辺の民家が充てられた。

藤枝とは違って南国鹿屋は今が春たけなわだった。基地の周りには菜の花、桃の花、そして早咲きの八重桜が爛漫《らんまん》と咲き乱れていた。特攻機の座席には桜の花が飾られ、幼顔の少年飛行兵たちは小枝を振りつつ、二度と戻ることのない滑走路の砂塵を蹴って次々に飛び立っていった。

基地周辺の山々からは時折、発破の炸裂音がこだましてきた。陸軍は70万人とも100万人ともいわれる兵力を九州全域に展開し、米軍侵攻に備えた洞窟陣地の構築を急いでいた。兵隊たちの日課の大半は穴掘り作業で、全九州の山を削って要塞化するための突貫工事は、まさに空前絶後の公共事業とも言えた。芙蓉部隊の隊員たちも米軍の空襲を避けるため、間もなく鹿屋基地周辺の洞窟内にねぐらを移すことになる。

芙蓉部隊天号作戦々史によると、この作戦に当たり、横須賀航空隊からは上層部に対して「芙蓉隊の戦闘法は期待し得ず」との所見が提出されていた。美濃部が自らの主張を押し通して編成した芙蓉部隊は、いよいよ真価を問われる正念場を迎えようとしていた。

菊水作戦の決死行

米軍が沖縄本島に上陸を開始した4月1日、芙蓉部隊は彗星3機を15時00分に発進させ、鹿屋進出後初の敵機動部隊索敵を行った。索敵出動は5日まで連日続けられた。

4日の索敵には、戦場に慣れさせるため、19歳になったばかりの操縦・坪井飛長と、兵学校73期の偵察・鈴木昌康中尉のペアも出した。2人ともこれが芙蓉部隊での初陣である。05時45分発進、09時40分帰着予定の往復1200キロ。必死の捜索も空しく帰投する途中、佐多岬の沖合に潜水艦らしきものを発見した。基地に打電後、鈴木が双眼鏡で目を凝らしたが敵味方を識別できない。坪井が「擬襲攻撃してみましょう」と急降下で突っ込んだが、発砲するでも回避運動するでもない。味方と判断して基地に戻った。

2人の報告を聞いて、美濃部は烈火のごとく叱り付けた。

「ばかもの！　この時期、味方の艦艇がうろうろしているはずがない。なぜ接近して、爆弾はなくとも7・7ミリでも撃ち込まん！」

ここは攻撃のまね事で済ませられる訓練場ではない。技量未熟は仕方がないとしても、全軍が特攻作戦を続ける中、独り通常戦法を貫こうとする芙蓉部隊に対しては、「お手並み拝見」とでもいうような冷ややかな視線が注がれていた時期である。しかも鈴木は兵学校出である。坪井が「あれほど怒鳴られたのは後にも先にもありません」と振り返るほどの荒々しい口調になってしまった。

鈴木はこのことを気にしての深入りか、1週間後に出撃した特攻隊支援の陽動作戦で未帰還となった。

4月4日夜、ついに沖縄決戦「菊水作戦」の開始が決まった。

天航空部隊作戦命令第48号「菊水1号作戦X《エックス》日を6日と予定す」

5日の夕刻、鹿屋基地には翌日の総攻撃に備え、あちこちの掩体壕《えんたい》から続々と飛行機が引き出されてきた。その数、約300機。久しぶりに見る海軍航空隊の威容だったが、美濃部は逆に不安を感じた。燃料満載の300機が無防備で飛行場いっぱいに並べられている。ここを襲われたら一夜にして全機壊滅することになる。混雑ぶりも気になった。この数時間前、索敵から戻ってきた坪井操縦の彗星が滑走路わきの他部隊の零戦に接触して大破し、後席の原敏夫中尉が重傷、坪井も顔にやけどを負ったばかりである。祈るような気持ちで出撃準備を続けるしかなかった。

鹿屋に集結した特攻隊の中には、芙蓉部隊のことを聞きつけて隊員を臆病者呼ばわりしたり嫌味な言葉を投げてきたりする者がいた。隊員たちは無視するようにしていたが、ある晩、酒に酔った特攻隊員が軍刀を抜いて芙蓉部隊隊員を罵倒したことがあった。美濃部もこれは放置できず、特攻隊の所属航空隊司令に厳重な取り締まりを申し入れた。

「美濃部君、君の考え方には海軍の中でも批判があるよ」

そんな言葉を聞いて、美濃部は逆に闘志が湧いてきた。

芙蓉部隊の任務は、索敵のほか、特攻機の誘導、電探欺瞞紙（細長い銀紙の束）の散布で敵のレーダーを攪乱する陽動作戦、沖縄の米軍飛行場に対する銃爆撃と多岐にわたる。わずか2カ月の訓練。しかも鹿屋進出後は現地での慣熟飛行もままならず、ぶっつけ本番での遠距離夜間出撃である。海軍航空の常識を超える損害覚悟の冒険的作戦だったが、美濃部は「特攻に反対した芙蓉部隊の鼎《かなえ》の軽重が問われている」と腹をくくった。

特攻しか頭にない司令部に対しては、常に先手を打って日々の攻撃目標、出撃機数、発進時間、使用爆弾区分と攻撃要領を伝え、了解を求めた。

気象の変わりやすい4月の南西諸島は、全コース快晴という日がほとんどない。暗闇の中、星明かりを頼りの単機行動。孤独な単座の零戦にはなおさら難しい任務だった。敵はレーダー装備の夜間戦闘機で厳重に警戒している。敵地に入れば猛烈な弾幕をかいくぐっての突入である。初めは低空で飛んで相手に撃たせ、それによって敵の位置をつかむという危険極まりない攻撃を隊員に求めた。

「死んでも無駄な場合にはメンツも名もうんぬんするな。次の攻撃で倍の働きをなせ」

美濃部はそう言って隊員たちを送り出し、故障で引き返した者を慰めた。だが、任務から逃げてくるような行動は許さなかった。ある朝、出撃した彗星がエンジン不調と称して引き返してきた。爆音を聞いていた美濃部はすぐに「異常なし」と判断し、降りてきたペアを一喝した。

「心の迷いで不調に思えたんだ。もう一度行ってこい！」

特攻旋風が吹き荒れる中での苦しい命令だった。既に日が昇っている。彼らが戻ってくるまで、美濃部は指揮所で無事を祈り続けた。

菊水1号作戦初日の6日午後、航空作戦に呼応した水上部隊による沖縄特攻のため、戦艦大和が瀬戸内海から出撃した。木更津での会議で美濃部を一蹴しようとした連合艦隊首席参謀「黒岩少将」こと神大佐の立案といわれる。一億特攻の先駆けとして大和の最後に花を添えるだけの、何の成算もない悲壮な殴り込み作戦だった。

5航艦司令部からは美濃部に

「大和の直衛機が足りない。君の所の零戦を出せないか」

という問い合わせがあった。7日の朝には大隅半島沖を通過するらしい。だが、芙蓉部隊は6日未明の総攻撃で彗星8機と零戦6機のうち零戦2機が未帰還となり、次の出撃に向けて被弾機の補修など徹夜の準備を続けている真っ最中である。

「夜戦隊を昼間の護衛に使うことなど無意味ですし、不可能です」

美濃部はそう指摘して申し入れを断った。

芙蓉部隊は菊水1号作戦から下旬の菊水4号作戦まで連日出撃を繰り返し、そのたびに未帰還機を出している。7日に陸軍特攻隊を誘導した彗星3機のうち1機は、陸軍機を敵空母に突入させると、自らも体当たり攻撃を敢行した。菊水2号作戦初日の12日の総攻撃では彗星5機、零戦3機を失った。菊水3号作戦でも零戦1機が沖縄の米軍飛行場を執拗に銃撃した後、滑走路に体当たりしした。

特攻隊は4月だけで700機以上が未帰還となった。しかも鹿屋基地は逆に米軍機の銃爆撃を受けるようになり、5航艦指揮下の航空兵力はあっと言う間に激減した。

沖縄方面の天候不良で作戦が中止された24日、鹿屋基地の洞窟内にある5航艦司令部で陸軍幹部も交えた会議が開かれた。幕僚たちの間に沖縄放棄もやむなしという諦めムードが芽生えているのを感じ、美濃部は発言を求めた。

「沖縄では今ようやく地上軍が玉砕反撃に出ようとしています。勝負は別として最後の力をいま一度出すべきです。兵力がないのなら、芙蓉部隊だけでも全力攻撃をかけます」

「君の所が出るなら、第6航空軍もいま一度攻撃をかけよう」

青木喬《たかし》陸軍少将がこう応じ、菊水4号作戦の実施が決まった。この日の5航艦作戦記録には、状況判断として「強靭《きょうじん》なる夜間攻撃を反復して累積戦果を期するのほか適策なし」と記されている。鹿屋の芙蓉部隊には中旬以降2度にわたって藤枝から補充機が進出し、21日時点でも可動機は彗星40機、零戦14機を維持していた。正攻法で敵を悩ませる芙蓉部隊の存在感は急速に高まっていた。

ただ、どれだけ特攻を繰り返しても、沖縄の米軍は微動だにしない。空襲の被害ばかりが増す鹿屋基地での作戦続行に、美濃部も限界を感じ始めていた。

［第9章］

最後の決戦秘密基地

牧場に見せ掛けた飛行場

鹿児島県鹿屋市から30キロほど北の大隅半島の付け根に、八合原《はちごうばる》という標高約180メートルの広々とした台地がある。戦時中の行政区分では曽於《そお》郡月野村から岩川《いわがわ》町にかけての地域で、戦後は大隅町への統合を経て今は曽於市になっている。昔から農業や畜産の盛んな土地柄だったが、大隅町誌などによると、佐世保海軍施設部が1943（昭和18）年の秋に一帯をひそかに調べ、翌年5月に約530ヘクタールを軍用地として買収した。それから1年弱の突貫工事で滑走路を使える状態にまでこぎつけたのが岩川飛行場である。

美濃部がここに目を付けたのは4月下旬のことだった。鹿屋基地への空襲はますます激化し、菊水作戦の続行に支障が出始めていた。5航艦司令部は鹿屋基地所在の各航空隊を北九州方面に後退させる方針を固め、芙蓉部隊には司令部とともに大分基地に移動するよう指示した。ところが美濃部は、彗星や零戦の航続距離から大分まで引き下がっては沖縄の米軍攻撃が困難になるとして、南九州に踏みとどまることを認めてもらった。問題は新しい基地をどこにするかである。

池田秀一《ひでかず》上飛曹の回想録によると、美濃部はここでも上空から飛行場を探し回った。岩川飛行場はたまに不時着場として使われる程度で、未完成のまま海軍の航空関係者からも忘れられた格好になっていた。そこが気に入った。藤枝基地も偶然の発見だったが、こんな絶好の場所に二つ目の空き家が残っていたとは思いも寄らなかった。降りてみると、周囲には山林も多く、飛行機を隠すのにちょうどいい。すぐに戻って5航艦司令部に掛け合い、芙蓉部隊の専用基地として使用する手はずを整えてもらった。美濃部は最初から岩川を完璧な秘密基地にするつもりだった。

物事が一気に動き始めた。開隊されたばかりの3214設営隊に4月27日、佐世保鎮守府から命令文書が届く。

「第3214設営隊長は急きょ岩川海軍航空基地に進出、第5航空艦隊司令長官の区処を受け、特攻用秘匿基地の造成に任ずべし」

芙蓉部隊戦時日誌によると、美濃部は5月9日に改めて岩川基地を視察した。設営隊などの関係者に基地整備の基本方針を説明するためである。12日の日誌には「関東空部隊を芙蓉部隊に変更さる」とある。ニックネームがとうとう正式な部隊名となった。翌日には5航艦司令部から新たな命令が下った。

「芙蓉部隊作戦基地を岩川に変更す。九州空司令官は右移動に協力するとともに急速基地施設を完成し、基地任務を担当すべし」

南九州一帯は既に米軍との最前線と化していた。基地の被害を局限する上で、米軍のようにレーダー網や大規模な対空火器を構築することは望むべくもない。残された方策は敵から発見されないようにすることだけである。夜間だけ行動する芙蓉部隊専用の基地ならできないはずはない。美濃部はこれまで学んだこと、考えていたことを全て試みた。徹底した隠匿でなければ価値はないから、一切の妥協を排した。

基本コンセプトは「岩川基地を牧場に見せ掛ける」というものである。滑走路は芝生を張って突き固めただけだったので、頻繁に離着陸していると轍《わだち》が白く露出してくる。これを防ぐため、滑走路や誘導路には金網を敷き、その上に刈り草を一面に敷き詰めた。昼間は移動式の家屋4棟と樹木10数本を定位置に据え、10頭ほどの牛を放牧しておく。滑走路の周りには竹垣を巡らせて牧場の雰囲気を演出した。約70機の飛行機は全て周辺の雑木林や松林の中に引き込み、樹木の枝葉で完全に覆った。未帰還機が出ても、同じ場所を同じように擬装した。米軍の偵察機からの写真判定で少しでも疑問視されるのを防ぐためである。

刈り草も樹木の枝葉も3日もすれば変色してくる。そうなる前に青々とした新鮮な草や枝葉と交換しなければならない。日中は常時10人の滑走路擬装隊を編成して作業に当たらせた。上空からは牧童たちが牛の世話をしているようにしか見えなかったはずである。膨大な量の刈り草や枝葉の収集は2万円で周辺の農家と契約した。今なら3000万円ほどだろうか。1機

10万円以上もする飛行機を守るためなら安い出費である。

滑走路の周囲は農耕地として近隣町村の農家に無償で貸与した。食料増産を支援するためでもあった。基地の事務会議室や隊舎も近くの農家からの借り上げで、軍事施設には見えない。崖っぷちの杉林の中には簡素な細長い三角兵舎を分散配置した。梅雨時は湿気のため飛行服がカビで真っ白になり、蚊の大軍にも悩まされたが、鹿屋の洞窟に比べればずっとましだった。

昼間の岩川基地は、戦争の影すら感じられないほど、のどかな光景が広がっていた。

日が暮れ落ちると、どこからともなく人が集まってきて滑走路上の家屋や樹木をわきに移し、牛たちはあちこちの林に連れて行かれた。隠していた飛行機を滑走路に引き出すのを手伝わせるのである。昼間とは打って変わった緊迫した空気が基地全体を包み、未明からは闇夜を突いて1機、また1機と飛行機が飛び立った。

そしてまた日が昇ると、何事もなかったかのように前日と全く同じ位置に家屋や樹木があり、牛たちがのんきに草をはんでいるのである。

岩川基地は最前線にありながら米軍の目を欺き通し、ついに終戦まで1発の爆弾も落とされなかった。地上戦力の損耗ゼロという基地は、少なくとも九州では他に例がない。

近隣の住民たちは献身的な協力を惜しまなかった。食料の差し入れや慰問のほか、飛行機の出し入れや衛生隊の手伝いを買って出る人も多かった。芙蓉部隊がどういう部隊であるかを知る者は恐らくいなかったはずである。

若い隊員たちを一番喜ばせたのは、隣町にある鹿児島県末吉《すえよし》高等女学校（現県立曽於高校）の女生徒たちとの交流だった。手作りの日の丸の鉢巻きをプレゼントされた恩田善雄上飛曹は、裏地にきれいな筆字で書かれた歌を何度も何度も読み返した。

「今日もまた大空の雲かきわけて銀の翼の勇士いでたつ」

指揮官留任を直訴

岩川基地には5月13日から機材や隊員の移動が始まり、23日には全員が鹿屋を引き払った。24日午後、竣工したばかりの講堂に100人を超す搭乗員が集められた。これまでに戦死した60人もの同志の霊に全員で黙とうした後、美濃部が今後の作戦方針や注意事項を説明した。「按摩《あんま》が必要なれば手配する」という指揮官の配慮に感動したことが池田の回想録に記されている。座席が窮屈な彗星での長時間飛行は、今で言うエコノミークラス症候群につながる恐れがあった。

移転直前の菊水5号、同6号作戦でも、芙蓉部隊は沖縄本島や伊江島の米軍飛行場に果敢な銃爆撃を加え続けた。暗夜の洋上では至難の操縦技術が要求された。敵地に入ったら連続蛇行進撃によって定進路と定速度を避け、とにかくレーダー連動照準射撃の初弾をかわす。そして曳光弾を見て、その下に潜る。

「米軍機がいたらケツにつけ。あいつらの着陸時は必ず滑走路に照明を入れるし、下からは絶対に撃ってこない。そこを狙え」

美濃部はそんな指示を出していたと坪井は語る。

岩川基地からの初出撃は25日だった。敵機動部隊の行動が活発になったため、彗星15機、零戦4機が索敵に向かったが、発見には至らなかった。27、28両日の菊水8号作戦では彗星1機が帰って来なかった。

出撃ごとの飛行機の出し入れは、大変な労力が要る作業だった。しかも美濃部は、戻ってきた飛行機から必ずガソリンを抜き取らせた。米軍機の盲爆や探り撃ちでも、1発被弾すれば発火しかねないからである。

基地の灯火管制には藤枝以上に気を遣っていた。指向性のカンテラ灯を持つ夜設灯係員を滑走路わきに配置して発着を誘導するのは藤枝と同様だが、味方識別のための飛行高度と進入方向を定め、それを知らない限りはカンテラ灯の明かりが目に入らないようにした。また、飛行場の位置を示す場周灯を設けない代わりに、志布志《しぶし》湾の枇榔島《びろうじま》を補助目標に設定し、この島から302度（北を0度に時計回りで示す角度）の方角に10・3カイリ（約4分）飛べば岩川基地の上空にたどり着けるようにした。

この間、美濃部を動揺させる不可解な出来事が起きている。2期後輩に当たる座光寺《ざこうじ》一好少佐(機関学校47期)を5月15日付で131空付とする人事が発令されたのである。美濃部の身柄については海軍辞令公報に何も載っていない。どういう意図か——。

「君はマラリアで弱っているから、しばらく休め」

5航艦司令部に問い合わせると、そんな答えが返ってきた。ちょうど1年前、戦闘316飛行隊長を突然解任された時の理由と全く同じである。あの時は、苦心して育て上げた夜襲部隊55機を硫黄島やサイパン島で迎撃戦に使われ、全滅させられている。

持ち駒をほぼ出し尽くした5航艦司令部にとってみれば、70機を擁する芙蓉部隊は最後の特攻兵力として魅力的に映るに違いない。

——自分を外し、その隙に芙蓉部隊を特攻転用するのではあるまいか——。

苦い経験があるだけに、考えれば考えるほど疑心が生じてくる。

座光寺には気の毒だったが、美濃部は思い余って5航艦司令長官の宇垣纏《まとめ》中将に直訴し、岩川基地で芙蓉部隊の指揮を執るのは自分であることを再確認してもらった。

「岩川基地指揮官を芙蓉部隊岩川派遣隊指揮官に指定す」

5月19日08時42分に打電された、この天航空部隊作戦命令第45号は、背景を知らない者には何のことやらさっぱり分からなかったはずである。座光寺自身はそうした事情も知らず、6月下旬にようやく岩川に到着した。彼の回想録にこんな記述がある。

「司令部の意向では、私は岩川の基地に行って直接沖縄攻撃隊の指揮に当たり、今まで岩川で頑張っていた美濃部少佐には藤枝基地の搭乗員の訓練を担当させる腹だったらしいが、美濃部少佐が頑として聞かない」

2人の間でどんなやりとりがあったのだろうか。座光寺は美濃部の要請を受け入れ、藤枝で練成部隊を指揮することになった。半月ほどの岩川滞在中、美濃部の薫陶は座光寺に強い印象を残した。

「岩川では美濃部少佐に小型機の夜間操作など、いろいろ教えてもらった。裸馬に乗って坂道を飛行場まで上がった記憶が濃い。飛行機を隠すのが他のどの隊よりもうまいと定評があり、それを見たかった。大きな百姓家で行われた美濃部少佐統裁の沖縄攻撃図上演習もよく覚えている。初めて見る芙蓉部隊の作戦計画に胸を躍らせた」

藤枝基地からは練成を終えた補充の人員が続々と岩川に送り込まれてきた。それと入れ替わりに、鹿屋や岩川で出撃を重ねた隊員たちは藤枝に戻され、新人の教育に当たったほか、熱海温泉などで休養し、次の岩川進出に備えた。前線作戦基地と後方支援基地の好循環を確立していた点で、芙蓉部隊は当時の日本海軍では例外的な存在だった。

太平洋戦争は人類史上初めて飛行機が作戦の主体となった戦争であり、制空権の争奪が勝敗のカギを握った戦争である。しかし、2012（平成24）年に発表された由良《ゆら》富士雄（現防衛大学校准教授）の論文「太平洋戦争における航空運用の実相」によると、海軍は最後の最後まで、この航空戦力という新たな戦力の本質を理解できず、飛行機の優位性が明らかになってからも、一発勝負である「艦隊決戦」の枠の中で活用策を追求するレベルから抜け出せなかった。敵味方の航空戦力が連続的な攻防を行い、そのために継続的な戦力の補充が必要となる長期の「航空対峙戦」には、全く対応できなかったのである。

ほとんど唯一、その本質を理解し、航空戦力の真価を発揮させるための努力を続けたのが美濃部正であり、芙蓉部隊だった。これが開戦当初から、航空隊レベルにとどまらず、航空艦隊レベルで展開されていたら、あの戦争の様相は全く違ったものになっていたかもしれない。

待遇差別粉砕

岩川基地の芙蓉部隊の陣容は6月1日時点で准士官以上100人、下士官・兵763人の計863人に膨らんでいた。「部隊付」というあいまいな肩書の隊員も増えたため、美濃部は飛行科の機構改革に踏み切った。戦闘804、812、901という3個飛行隊の枠を取り払ったのである。

彗星搭乗員は藤枝からの進出時期に応じて阪東《ばんどう》隊、相模《さがみ》隊、時宗《ときむね》隊に再編し、零戦パイロットは統合して人龍《じんりゅう》隊とした。各隊には准士官以上の第1中隊と下士官・兵の第2中隊を設け、中隊対抗のバレーボール試合などをやらせて士気の向上を図った。もちろん非公式の改革だが、美濃部の信念に基づいて独立運用されている芙蓉部隊にとって、お仕着せの編制区分は今や何の意味も持たなくなっていた。

飛行学生の実用機課程を2月に修了したばかりの兵学校73期生も藤枝から次々に岩川に進出してきた。戦後に航空自衛隊で要職を歴任する藤澤保雄中尉もその一人である。

3月に藤枝に着任した際、彼は美濃部に「彗星に乗れるか」と聞かれ、「乗れます」と答えた。もちろん乗ったことはない。「乗ったことがあるか」という質問だったら「いいえ」と答えただろうが、決意を示しただけだから「うそをついたわけではない」と自分を納得させた。どうにか彗星を乗りこなせるようになり、5月下旬に岩川にやって来た。

ベテランの下士官偵察員はこんな半人前のパイロットを怖がってペアを組みたがらない。美濃部は「藤澤中尉だってうまいぞ」とかばったが、藤澤が夜空の星を敵機と勘違いして20分も避退運動を繰り返したなどと聞くと、苦笑するしかなかった。

芙蓉部隊にも学徒出身者は40人以上いた。学業を捨てて祖国防衛に立ち上がった若者たちは、柔軟で科学的な発想力を存分に発揮した。農家の庭先に沖縄本島の立体模型を作って攻撃進入要領を研究したほか、夜間発着誘導の工夫も彼らの提案に負うところが大きかった。

梅雨時の6月に入った頃、芙蓉部隊の副食の質が急に落ちた。昆布、あらめ、ひじきと海藻類ばかりで、西条空の中練特攻部隊とは雲泥の差である。特攻待機というだけで何もしない者にごちそうを出し、沖縄地上戦を支援する主力として決死の努力を重ねる芙蓉部隊にはこの粗食。主計科の士官を通じて何度か九州空に改善を申し入れても、さっぱりらちが開かない。美濃部も鹿屋基地に出向き、九州空副長の久保清中佐に直接掛け合ったが、「君の所は特攻部隊じゃないから駄目だ」と、取り付く島もなかった。

5航艦司令部での作戦打ち合わせ後に供される昼食は決まって豪華な洋食である。九州空の士官食堂にも見事な料理が用意されていた。

——全海軍が心を合わせ、火の玉となって沖縄戦に臨んでいるのではないのか？——

海軍の一員であることへの誇りが揺らぐのを、美濃部は禁じ得なかった。「指揮官先頭」の楠公精神は掛け声だけで、各隊司令も飛行訓練は隊長任せ。体当たり機に弾幕突破法や交戦法などは不要とばかり、ろくな訓練もしていない。西条空に至っては昼間から特攻要員に酒を許し、司令は自室に鍵を掛けて閉じこもっている。

美濃部は1通の電報を関係司令部と当局宛てに打たせせた。

「必死純忠の士を遇するに辺境の粗食をもってす。現下の時局、あえて難ずるには非《あら》ざれど、巷間《こうかん》美食を欲しいままにする者あるを遺憾とす」

上層部への痛烈な抗議だった。この種の電報発信は軍規違反の最たるものだが、美濃部は血みどろの連続戦闘を続ける搭乗員や整備員が哀れでならなかった。給養小隊の先任下士官が貧しい食材に肩を落としている姿も見ている。

やがて佐世保鎮守府から調査団が岩川基地にやって来た。美濃部は主計科分隊士の浅野博三郎少尉に「調査団がいる間は昆布とあらめ料理にせよ」と命じて開き直った。

調査団一行はあまりにひどい食事に顔を見合わせ、一言も発せずに帰って行った。美濃部の非礼は不問に付された。潜水艦向けの高級食材を満載した貨物列車が岩川駅に着いたのは、それから間もなくのことである。

給養先任がにこにこして美濃部の元にやって来た。

「指揮官、夕食は全員、稲荷ずしにします」

「1000人分のすしを作るのは大変じゃないか?」

1缶20人分のすしの缶詰がどっさり送られてきたと聞き、美濃部もたまげた。再び部隊に活気が出てきた。やけどが癒えて6月初めに藤枝から復帰していた坪井飛長も、仲間と「えらいごちそうが出るな」と話したことを覚えている。

終戦直後に作成された岩川基地の引き渡し目録には、米1000俵、乾パン300箱のほか、副食として牛肉大和煮、紅鮭、イカ、サンマ、たけのこ、ごぼう、にんじんなどの缶詰、さらにはコーヒーや紅茶といった嗜好品《しこう》もかなりの数量が記録されている。

岩川基地の施設整備には佐鎮から派遣された3214設営隊などが懸命の工事を続けていた。ただ、美濃部も多忙で深くは考えなかったが、なぜか作業員とは会話も交流もなかった。朝鮮から徴用されてきた土工が酷使されていたことは、戦後に知った。芙蓉部隊の給養基準は設営隊作業員のそれと混同されたのではないかと美濃部は推測している。

遠のく希望

沖縄特攻の菊水作戦は芙蓉部隊が岩川に移ってからも続いたが、特攻機に使う実用機は底を突き、5航艦司令部は機上作業練習機の白菊を投入する事態に追い込まれていた。

岩川基地の通信所は飛行場から離れた林間の地下壕に設けられていた。内壁は竹筋《ちっきん》コンクリート造り。鉄筋不足を補う苦肉の工法である。ここに呉警備隊から通信隊が派遣されていた。美濃部は手記に「印象に残るのは、若い少尉の小隊長の適切な事務処理であった」と記している が、名前を聞くのを忘れていた。この小隊長が、第2章で触れた鳥井道夫少尉（後のサントリー副社長）である。

5月末、その鳥井が白菊特攻機から傍受したという電文を美濃部にそっと渡した。

「海軍のばか野郎」

美濃部はすぐに握りつぶして鳥井に言った。

「このことはみんなに知られないよう処理してくれ」

美濃部は新聞を読むゆとりもなかった。鳥井は東京通信隊が放送する新聞電報の時局要点を自発的に指揮官に届け続けた。

6月に実施された菊水9号、同10号作戦によっても、日本軍は米軍の勢いを阻止することができなかった。23日、沖縄を守備する陸軍司令官らが自決し、地上での組織的な戦闘は終わりを告げた。連合艦隊司令部が「何者がこれを遮るか」と豪語した菊水作戦は、木更津会議で美濃部が指摘した通り、自ら消耗を急いで無残な結末を迎えた。

米軍は毎晩のように沖縄に奇襲を仕掛けてくる夜戦部隊の基地を捜索するため、執拗に偵察機を飛ばしてきた。6月のある日、5航艦司令部から「米軍は日本夜戦基地を捜索攻撃の企図あり」との情報がもたらされた。美濃部は心配になって馬で飛行場を見て回った。自動車は故障が多くて緊急時に使えないので、芙蓉部隊では3頭の馬を飼っていた。

滑走路の東端に鹿屋基地から派遣されている防空部隊の高射砲陣地がある。心細い装備ながら、若い少尉に率いられた隊員が昼夜交代で敵襲に備えていた。この日は5航艦からの情報を知ってか、いつも以上に張り切っている。

「敵機が超低空で偵察してきても、絶対に発砲しないでくれ。最初の1、2機は落とせるだろうが、軍事施設の所在を知らせるようなものだ。新たな敵機を呼び込み、猛爆撃を受ければ秘密基地は壊滅する。ここは辛抱してもらいたい」

彼らは納得しかねるといった表情を浮かべた。美濃部は手記に「この部隊の説得には一苦労した」と書いているが、何とか聞き入れてもらった。

岩川芙蓉会の調査によると、終戦直前の8月6日、宮崎県都城市《みやこのじょう》を空爆した米艦載機の一群が帰路に岩川を通過する際、余った焼夷弾をあちこちに落としたほか、超低空で機銃掃射を繰り返し、市街地を中心とする約20カ所で少なくとも住民ら8人が犠牲になった。米軍は滑走路周辺の森や林にも探り撃ちをしていったが、防空部隊はよく我慢して応戦を踏みとどまり、基地が発見されることはなかった。

菊水作戦が6月に終わった後も、芙蓉部隊は米軍飛行場への夜襲を続行した。7月10日から31日までに九州各地の海軍航空隊からは計42回の出撃が記録されている。このうち16回が芙蓉部隊の出撃である。未帰還機は増える一方だった。3度、4度と死線を突破した隊員たちの間にも次第に疲れの色が見え始めた。

勝利の希望が薄れる中での、果てしのない戦いの日々。訓練や攻撃にさらなる努力を求めるのは、確かに厳しいことだった。遅かれ早かれ戦死するのなら、和やかに別れの酒でも飲んで一思いに楽になりたいと願う隊員がいても不思議ではない。

「指揮官、なぜ自分たちを特攻に出さないんですか。自分は死を恐れていません」

実際に美濃部にそう詰め寄るパイロットもいた。連日の出撃に備えて不眠不休の修理と完全擬装を求められる整備隊にも、目に涙をためて無言の不満を訴える士官がいた。美濃部ですら自信がぐらつき、他の部隊と同様に特攻隊に転じようかという考えが頭の片隅をよぎったことがある。しかし、それだけは思いとどまった。死の命令を下すことは軍隊統率の邪道である。創意と工夫と全員一致の努力、それによって死生を超越した戦闘集団を最後まで維持したい――。

7月上旬、その美濃部の願いは再びぐらつき始める。大阪から芸能慰問団が岩川基地を訪れた。隊員たちは歌謡に落語、漫才、寸劇といった出し物を見入ってはいたが、表情はどこかうつろで、心の底から笑っているような晴れやかさがない。戦局の重圧が彼らに重くのしかかっているのは明らかだった。「天命もはやこれまでか」。美濃部は戦いの限界、部隊指揮の限界を感じないわけにいかなかった。

同じ頃、軍令部に出仕している実兄の太田守少佐が作戦部隊視察のついでに岩川を訪れた。

5航艦作戦記録には7月9日に軍令部と接触したことが記されている。恐らくこの直後に鹿屋から足を延ばしたのだろう。兄弟は久しぶりに水入らずの一夜を過ごした。芙蓉部隊の健闘は中央も認めているとのこと。守の話は戦争指導の機密情報にまで及んだ。

「中央では今、鈴木大将（貫太郎首相）たちがひそかに降伏和平の工作中だ」

「何をばかな。今ごろ降伏和平などもっての外。死んだ戦友が浮かばれるか」

降伏和平に動くなら、特攻作戦開始の前に軍令部総長が死をもって抗戦の限界を天皇に奏上すべきだった。「遅過ぎる」。それが美濃部の実感だった。一方で、大勢の部下やその家族のことを考えると、早く誰かに助けてもらいたい。強気と弱気のどちらが本心なのか、自分でもよく分からなかった。

坪井によると、美濃部はこの頃から、出撃する隊員に「あまり無理はするな」と言うようになったという。

宇垣中将の視察

7月23日の昼すぎ、県立岩川工業学校（現曽於高校）3年の小林範三《はんぞう》は、芙蓉部隊の射爆兵器分隊に遊びに行き、分隊士の植村祐一少尉らと雑談していた。学徒動員で岩川基地の滑走路造りに従事した経験があるが、芙蓉部隊との縁は、植村が小林家を下宿（休憩所）にしたのがきっかけである。誘われて基地に出入りしているうちに、隊員たちにかわいがられるようになった。畜産が盛んな土地柄もあって学校では乗馬クラブに所属し、美濃部が馬で基地を巡察する姿もよく見掛けていた。

「馬に乗る時、美濃部さんは乗馬靴を履いていました。いつもさっそうとしていました」

小林は今でもこの日のことを鮮明に記憶している。どこからか練習機の白菊が舞い降りてきた。しばらくすると、美濃部が見るからに偉そうな人物と栗毛の馬を連ねて自分の目の前を通り過ぎた。隊員が、5航艦司令長官の宇垣纏《まとめ》中将だと教えてくれた。

宇垣は開戦時の連合艦隊参謀長で、海軍随一の知将、戦略家と言われていた。半面、傲慢《ごうまん》で冷淡な印象を与える態度は人を遠ざけ、いつも不機嫌そうに見える表情から「黄金仮面」というあだ名が付いていた。

朝方に突然、長官視察の知らせを受けた岩川基地はぴりぴりした雰囲気に包まれていた。菊水作戦開始以来、美濃部はしばしば5航艦司令部に出頭していたのに、宇垣からは一度も親しい言葉を掛けられたことがない。特攻を唯一最善の作戦と信じているのか、芙蓉部隊の出撃が作戦の柱になってからも「ご苦労」の一言さえなかった。

宇垣が残した有名な陣中日記「戦藻録《せんそうろく》」の7月23日の記述には、奄美《あまみ》大島以南の降雨で沖縄方面夜間総攻撃を延期したこと、そして敵の来襲もないことから「此《こ》の機会に岩川基地を視察すべし」となった経緯がつづられている。1カ月前の6月22日には、志布志湾沿岸一帯を自動車で見回った際に「岩川街道の秘密滑走路」を視察したことに触れている。恐らく宇垣はこの時から岩川基地に興味を抱き、機会を見つけて芙蓉部隊を訪ねようと思っていたのかもしれない。

美濃部は煩雑な報告書類はあえて作らず、一緒に馬で回って宇垣自身の目で基地内を見てもらうことにした。随行してきた5航艦や陸軍6航軍の幕僚たちには、飛行隊長らに細部を説明させた。戦藻録の記述を抜粋する。「簑部《みのべ》」は当て字である。

「簑部少佐隊長の説明を聴く。馬にて飛行機隠匿状況を視《み》る。飛行場も殆《ほとん》ど青草に蔽《おお》われ、彗星夜戦、零夜戦共小型なる丈《だ》けに木陰によく秘匿せられあり。まだ敵機の銃爆撃を受けずと云《い》う。夜間の発着のみなれば敵の気付かざる処《ところ》なり。芙蓉部隊長は水上機出身なるが、よく統率して今日までの活躍は目覚ましきものなり。夜間戦闘機の活用を計るべしとの主張には同意を表する所なり」

宇垣はこの日記を開戦の2カ月前から、玉音放送後に特攻機を率いて沖縄に向かう終戦の日まで、ほぼ毎日したためた。戦局全般や作戦推移の表と裏が淡々と記され、太平洋戦争研究の第1級資料という評価が定着しているが、皮肉屋の彼が特定の部隊名と指揮官の名前を挙げ、ここまで高く評価している箇所は極めて珍しい。この日の記述は「良き視察と訪問を為《な》せり」という上機嫌の言葉で結ばれている。

美濃部は、宇垣も馬が好きだということを知り、まずほっとした。そして轡《くつわ》を並べて巡回しているうちに、だんだん胸が熱くなった。宇垣の口調には、父親が息子を案ずるような響きがあったからである。

「司令部は大分基地に引き下がる。君の所が最前線となる。この辺は米軍上陸の矢面となろう。この地は君に委ねる。多くの部下を抱えて大変だろうが、よろしく頼む。もう再び会うことはないかもしれんなあ」

背伸びを重ねて1000人を超す組織を束ねてはいても、30歳になったばかりである。張り詰めた緊張感をほぐしてくれる相談相手もおらず、「孤立部隊」とひがんでいただけに、予想もしなかった宇垣の思いやりは美濃部の心の奥の奥までしみ込んでいった。

「ご心配をお掛けします。未熟者ですが精いっぱいやります」

皇軍最後の日も近い。それ以上多くを語る必要はなかった。宇垣の視察を機に、美濃部は岩川基地最後の日に備えた作戦計画の準備を急いだ。

この2週間近く前、つまり兄の守が帰京した直後の7月10、11両日、美濃部は5航艦司令部で開かれた本土防衛作戦（決号作戦）の研究会に出席している。司令部からはその後、矢継ぎ早に命令や指示が飛んで来ていた。

「敵の本土上陸に備え、各隊陸戦部署を決めるべし」

「斬り込み隊用の槍《やり》を用意せよ」

だが、「本土決戦」「一億玉砕」を呼号しながら、敵上陸時の上級司令部の対応は不明のままだった。噂によれば、陸軍は信州松本に、海軍は奈良県の大和基地（現在の天理市付近）に巨大な地下防空壕を建設中とのこと。5航艦司令部が大分基地から九重《くじゅう》の山奥に後退する準備を進めているという話まで伝わってきた。ソロモンやフィリピンで現地司令部が一般戦闘員を盾に山にこもったのと同じ着想である。

美濃部の目には、もはや狂者の戦にしか映らなかった。学徒出身者や少年兵まで道連れにして何の意味があるのか。彼らには、これ以上無益な抗戦を避け、敗戦後の日本の復興を支えてもらいたかった。

長官視察後に美濃部がひそかに作成した芙蓉部隊の決号作戦計画は次のようなものだった。10月か11月ごろに米軍が上陸してくるとの前提である。

兵学校出と古参搭乗員を主体に編成する24機を美濃部自ら率い、敵上陸部隊に最後の体当たり特攻を行う。飛行隊長クラスを基地防衛指揮官に充て、敵の戦車群が侵攻してきたときは、志布志街道の松山—岩川間の樹上につり下げた飛行機用の爆弾やロケット弾で攻撃。航空用ガソリンをドラム缶ごと山上から街道に転がして火をつける。整備員の志願者は爆弾を抱え、たこつぼに潜んで自爆攻撃で敵戦車と刺し違える。

その他の隊員は部隊指揮を解き、自由義勇軍とする。帰郷するもよし、国民の中に入って戦うもよし。各自の判断で行動する。

この計画は、作戦に加える一部の士官にしか知らせなかった。美濃部は手記に「これが私の限界であった」と記している。

聖断に迷う

8月15日の岩川上空は、朝から抜けるような青空が広がっていた。珍しく敵機が1機も飛んでこない。坪井は同僚たちと「お盆だから人殺しも休みなんかなあ」と冗談を言い合った。芙蓉部隊は8月に入ってからも索敵出撃や沖縄本島攻撃などを繰り返し、この日の夕方も沖縄方面の攻撃を予定していた。美濃部は午前中、例の最終玉砕作戦に加える士官を集めて図上演習を行った。

昼食後、作戦室にいたところに電話が入った。隣の松山村（現志布志市松山町）に駐屯する陸軍積《せき》兵団（第86師団）本部からだった。

「重大放送を聞かれましたか。陸軍の方は受信機不良でよく聴き取れませんでした。詳しい内容を知らせていただきたい」

「何も知りませんが。何かあったんですか?」

ラジオを聴く暇はなく、そもそもラジオを置いてもいない。命令電報の確認や作戦関係の報告に全神経を注いでいた。広島、長崎への原爆投下やソ連(現ロシア)の満洲侵攻は通信小隊長の鳥井を通じて聞いてはいたので、いよいよ対ソ宣戦が布告されたのだろうかと思った。受話器を置いたところに、鳥井が血相を変えて飛び込んできた。

「大変なことになりました」

渡されたのは、終戦の詔勅全文を伝える新聞電報受信紙である。一読し、初めて事態の急変を知った。これは本当に陛下のお言葉なのか——。頭がぐらぐらした。この戦に敗れることは分かっている。しかし、このタイミングでの「降伏」は思ってもいなかった。

「とにかく全無線機を動員して、東京、各艦隊司令部、あらゆる電波の傍受を強化し、ラジオの待ち受けをしてくれ」

ねぎらいの言葉も掛けずに鳥井を帰した。噂を聞きつけた隊長や分隊長らが続々と作戦室に集まってきて、無言で美濃部の顔をじっと見つめている。

「司令部からは何も指示はないが、今夜の出撃は取りあえず中止する。全機戦闘準備を整えて待機せよ。明日以降は九州南部の哨戒索敵を行う」

その後に入ってきた情報も降伏を裏付けるものばかりだったが、5航艦司令部からは何の指示もない。午後遅く、厚木302空司令の小園安名《こぞのやすな》大佐が発した電文を受信した。

「君側《くんそく》の奸《かん》、聖明を覆い奉り、遂に3000年の歴史を汚《けが》す降伏を受諾せり。厚木は同志を集め断固徹底抗戦せん」

美濃部は昨年、厚木で小園に仕え、無器用ながら忠誠心あふれる人柄を尊敬していた。副長西畑喜一郎中佐は飛行学生時代の水上機操縦教官。何より飛行長はクラスメイトの親友、山田九七郎少佐である。他に具体的な命令や指示はない。東京にいちばん近い厚木基地の判断が最も信頼できると思った。

――やはりそうだったか。ようし、それならば断固死突あるのみ――。

全軍宛てに打電させた。

「302空に呼応し、芙蓉部隊も九州において起《た》つ」

続いて搭乗員全員を集めて訓示。

「座して神州が汚されるのを見るより、むしろ武人の節を全うして死のう。指揮官の意思に従う者はついてこい!」

異論を口にする者はいなかった。

同じ頃、大分基地では5航艦司令長官の宇垣中将が玉音放送に関する記述を戦藻録の末尾に加えると、701空の中津留達雄大尉が操縦する彗星に同乗し、20歳《はたち》そこそこの若者10数人を道連れに最後の沖縄特攻に飛び立った。

東京・南平台《なんぺいだい》の軍令部次長官舎では夜、美濃部の兄の太田守少佐が同僚の軍令部員とともに大西中将を訪ねている。守の手記によると、「2000万人特攻論」を叫んでいた大西も既に抗戦主張を断念した様子で、彼らに酒を勧めてこう言った。

「これから先日本はどうなるか分からない。しかしただ一つ、君たちは日本人として恥じないように行動せよ」

大西が「特攻隊の英霊に曰《もう》す　善く戦いたり深謝す」で始まる遺書を残して割腹自殺を図るのは、この数時間後のことである。

翌16日午後、海軍総隊は戦闘行動の即時停止を発令したが、自衛反撃は妨げていなかった。美濃部は同日夕と17日夕、自衛のため彗星12機と零戦8機を発進させ、南九州沿岸の哨戒索敵を命じた。結果的に、これが芙蓉部隊最後の出撃となった。

5航艦司令部から麾下《きか》全部隊の所轄長に対し、18日正午に大分基地に参集せよとの命令が打電されたのは、当日の朝のことである。

「俺が帰ってくるまで早まったことをするな。万事帰ってから指揮する。それまでは待っておれ」

「美濃部さんは1人でゼロ戦に乗って大分に飛んで行きました」と坪井は言う。

5航艦司令部は大分基地から1・5キロほど南、大分県護国神社のある松栄山《しょうえいざん》東側の崖に掘られた洞窟内にあった。指揮官招集が遅れたのは、宇垣が特攻出撃して長官が不在になったことに加え、終戦をめぐる流言が広がり、事実関係を明白にした上でなければ第一線部隊の動揺は抑えられないと判断したことによる。宇垣の後任に草鹿龍之介中将が発令された17日、参謀長の横井俊之少将は上京して各方面で事情を聴取し、この会議の直前に大分に戻ったばかりだった。

司令部の会議室には天号作戦部隊の司令、各級指揮官だけでなく、呼ばれもしない大尉、中尉までが強引に集まっていた。どの顔もやつれてはいるが、殺気を漂わせている。説明次第ではただではおかないと考えている指揮官は、美濃部だけではなさそうだった。

「このたびのポツダム宣言受諾は全く聖断によるもので、決して一部軟弱派の策謀ではない。全員特攻の気構えで敢闘してきたものを、今になって降伏受諾は腹に据えかねるだろう。しかし、国家の大方針が決定された以上、みだりな行動は逆臣の汚名を受けるだけだ。5航艦は一切の戦闘行為を停止して上命を待つ」

説明を始めた横井に厳しい視線が注がれた。福岡市にあった夕刊フクニチ新聞記者の上野文雄の取材によると、緊迫した空気が一変したのは、横井が14日の御前会議の速記録を朗読し始めてからだった。

「自分はいかになろうとも国民の命を助けたい。この上戦闘を続けては、結局我が国が全く焦土となる。万民にこれ以上の苦悩をなめさせることは私としては忍び難い」

それまで肩ひじを怒らせていた若い大尉や中尉も天皇のこの言葉に打たれ、がっくりと頭《こうべ》を垂れた。すすり泣き、むせび泣く声が室内に充満した。草鹿長官の発声で最後の「天皇陛下万歳」を三唱し、全員号泣のうちに会議は散会となった。

泣き腫らした顔で部屋を出ようとした美濃部を、参謀長の横井が呼び止めた。

「君の部隊はこれまで実によく戦った。若い者が多くて大変だろうが、早まったことをせず、部隊をなだめてほしい。自重してもらいたい」

厚木の決起部隊を支持した電報のことを横井が懸念しているのは明らかだった。

「分かっています。一命に代えても部隊は鎮めます」

美濃部に言えることはそれしかなかった。

帰途、さまざまな思いが彼の胸を去来した。戦死した部下の顔が走馬灯のように浮かんでは消えた。割り切れない気持ちを消し去ることはできそうもなかった。

やがて高千穂峰《たかちほのみね》が右手に見えた。霧島山の噴煙がきょうも静かにたなびいている。

「国破れて山河《さんが》在り」

杜甫《とほ》の詩の通りだった。戦乱で人の世は激しく移り変わろうとしているのに、山も川も以前の姿と何の変わりもない。

岩川基地に戻ると、美濃部は総員集合を命じた。日が暮れようとしていた。

「戦争は終わった。負けた！」

若い隊員たちの間に驚きと混乱、不満、怨嗟《えんさ》の入り混じったざわめきが広がった。何と諭していいのか美濃部も分からなくなった。

「日本の軍隊は天皇の軍隊だ。俺はお前たちを預かっているだけだ。従って聖慮に沿い、矛を収める。一切の戦闘行為を停止し、部隊は解散する。今後は日本の再建に力を尽くせ。亡き友を思えば腹に据えかねよう。あくまで戦わんとする者は、この指揮官を斬ってから行け！」

泣いていきり立つ隊員を鎮めるためには、こう言うしかなかった。男泣きに泣く隊員たちを置いて、美濃部はその場を離れた。部屋に帰るなりベッドに倒れ込んだ。張り詰めていたものが切れて、心身を支えられなくなった。ただただ泣けてきた。翌19日も、美濃部は抜け殻のように終日ベッドに横たわっていた。

岩川基地の終焉

8月20日、5航艦司令部からの指示で大分に派遣した井村雄次大尉が口達命令を受領して戻ってきた。

「一つ、兵器員を残して隊員は速やかに復員さすべし。二つ、全隊員は24時間以内に基地の2キロ圏外に退去すべし。三つ、全ての武装を解除して1カ所に集めよ」

他の事を聞いても要領を得ない。復員手続きも、今後の司令部との連絡方法も分からない。岩川基地所在の先任者である西条空司令の土井大佐に指示を仰ごうと出向いたが、土井は「あとはよろしく頼む」と言い残し、さっさとどこかへ去ってしまった。

草鹿の回想録によると、18日の指揮官集合後、進駐してくる米軍との摩擦を恐れた彼は上京して海軍省や軍令部と協議し、とにかく特攻隊員を中心に復員を急ぐことを認めさせた。そして大分の司令部にいる横井に電話で「復員の命令文書は適当に参謀長に任せる。俺の名前です ぐ出せ」と指示した。こうして出されたのが3カ条の口達命令だったが、細部の詰めを欠いたため、逆に大混乱を招いた。

海軍最大の航空拠点だった鹿屋基地周辺には、5航艦司令部が大分に後退した後も、特攻要員のほか整備、通信など地上勤務の基地隊員ら数万人が残っていた。彼らは解散・退去命令を受けると、一斉に汽車や徒歩で北に向かって逃走を開始した。米軍が今にも上陸してくるといったデマが乱れ飛ぶ中、軍隊が真っ先に逃げるのを見て動揺した市民も避難を始め、軍の倉庫では略奪が相次いだ。

鹿屋市長の永田良吉は日記に「市内は無警察状態となり、無秩序で大混乱に陥る」（21日）、「前夜海軍部隊全部逃げ出したため、朝から市民は全く落ち着きを失い、ほとんど市外へ避難」（22日）と苦々しげに書き残している。

余波は岩川にも及んだ。鉄道の混乱である。「搭乗員は米軍に逮捕される」。そんな不穏な情報もまことしやかに伝わってきた。美濃部は彼らの復員に飛行機を使うことを決めた。降伏軍が勝手に兵器を動かすことには問題があるが、反抗のためではない。何か起きたら自分が責任を取ればいいだけである。

退去期限が迫った21日朝、あちこちに隠していた彗星、零戦、93中練など計40機余りが飛行場に引き出され、日の丸を塗りつぶしたり、機体番号やエンジン番号を削り取ったりする作業が始まった。胴体部分の兵装などを全て取り外せば、彗星には3～4人、零戦にも2人は乗れる。同じ方向に帰る者がいれば便乗させることにした。搭乗員の身分を示す物は機密書類などとともに全て焼却させた。指揮所の近くでは芙蓉部隊初の合同慰霊祭が執り行われた。

飛行機の準備が整うと、美濃部は改めて搭乗員を集めて呼び掛けた。

「各自思い思いに好きなところへ飛んで行け。俺が責任を取る。決して早まったことはするな。3年待って日本の行く末を見定めよう。その時どうしても生きる意味が見つからなければ、それからでも遅くない。10年後、縁あらばこの岩川の地で再会しよう」

1人の隊員が思い詰めたような表情で美濃部に近づいてきた。

「私は家に帰っても生きていくよりどころがありません。この基地に残してください」

「これからどうすればいいのか、実は俺にも分からん。だが、鳥はうれしいときも悲しいときも古巣に帰る。とにかく父母の元に帰れ」

正午を期して1番機が飛び立った。続いて1機、また1機。いったん基地を離れた飛行機は大きく旋回した後、滑走路近くの号令台に立つ美濃部を目指して緩降下すると、翼を振って別れを告げ、再び上昇して空のかなたに飛び去っていった。美濃部はそのたびに右手を大きく振って別れを惜しんだ。全機が発進を終えるのに2時間以上かかった。

残務整理のために残ってもらうことにした隊員は、補佐官役を頼んだ学徒出身の大野隆正大尉ら10数人だが、司令部からは具体的な指示がない。美濃部は22日、武器や弾薬、燃料のほか、1年分の食料や衣服などを高千穂山中の農家の離れに輸送した。看護婦として衛生隊を手伝っていた河野姉妹の親戚の豪農で、しばらくはここを拠点に情勢を見守る考えだった。

ところが翌日に伝令が来て、「5航艦幹部は原隊に復帰せよ」とのこと。岩川駅前の五代呉服店の離れに移動し、以後はここが残務処理班の本部となった。各航空隊がもぬけの殻となり、米軍による接収に支障を来すことを憂慮した司令部は、ラジオ放送で連日のように「第5航空艦隊の各隊幹部は原隊に復帰せよ」と呼び掛けていた。芙蓉部隊でも、帰郷後にこの放送を耳にした士官が次々に岩川に引き返してきた。

草鹿は進駐軍の受け入れ準備に当たる鹿屋連絡委員会の委員長に任命され、折からの台風を冒して27日に鹿屋市内の事務所に入った。美濃部が打ち合わせのため出頭した際、草鹿はしみじみと言った。

「勝ち戦の時は誰でも勇敢に戦う。負け戦に冷静に対処し得るのが真の勇者だ。寂しいことだ」

部隊が四散した鹿屋基地は荒れ果てたままで、近く米軍が進駐してくるというのに掃除の兵力すらないとのこと。日本海軍の恥をさらすにも程がある。美濃部は岩川基地から20人ほどを応援に差し向けた。

5航艦の混乱ぶりに頭を痛めた海軍省は、軍事参議官の井上成美《しげよし》大将を査閲使とする調査団を9月14日から10日間にわたって大分基地などに派遣し、美濃部ら各航空部隊の指揮官を順次呼び出して事情聴取と指導を行った。30日に海軍大臣宛てに提出された報告書は、特に下士官・兵の給与整理を迅速適正に実行する必要性を指摘し、「海軍有終の美を全《まっと》うするを要す」

と結んでいる。

岩川基地の残務整理は、隊員の復員手続きと基地の接収準備が大きな柱だった。部隊が解散した際、1年分の生活費として現金200円を全員に支給したが、後になって退職金は給料の20か月分を支払うよう指示された。この差額を郵便書留で送金した。隊員たちが置いていった現住所が違っていたのか、あるいは既に転居していたのか、受取人不明で戻ってくるケースが続出した。復員証明書の発送も困難を極めた。個別の問い合わせには限界があるため、とうとう美濃部は新聞広告を出した。

「岩川海軍航空基地員に告ぐ　身上処理賜金交付のため昭和20年8月21日現在当基地所属員は10月15日までに左記事項を速達便にて至急通知すべし　海軍芙蓉部隊」

左記事項には現住所、入隊年月日、分隊長名など計10項目が挙げられている。地元の鹿児島日報には10月4日付の2面にまず登場し、5日付と6日付では1面に掲載された。紙不足のため、新聞は裏表2ページの1枚紙である。広告とはいえ、海軍存続中に芙蓉部隊の名前が活字となってメディアに登場しようとは、誰も思っていなかったはずである。

武器、弾薬、燃料などは残留隊員を招集して警備管理に当たらせた。食料その他の生活物資は、鹿児島県庁や基地周辺の町村役場に分譲した。美濃部が最も辛かったのは、3カ月親しんだ愛馬との別れだった。戦争が終わってしばらくは小林範三少年が面倒を見ていたが、やがてどこかへ引き取られていった。

基地の引き渡し目録は、指示通り和文、英文の2種類を作成した。いずれも残留の士官たちが飛行機、兵器、糧食といった分野別に8月31日時点の品目、数量、保管場所を詳細な一覧表にまとめたものである。飛行機の「良品」はゼロ、「損品」は彗星3機、零戦14機。そして基地の図面には「参考」としてこう記した。

「当基地は不時着場にすぎざるところ、最近主滑走路の一部をようやく転圧し、小型機の前進基地として一部使用を開始し、設備強化を準備中のところなり。降着破損せる機材多く、修理ならず放置中の機材あり。降着は斜線の発着可能地帯のみ安全なるも、他の箇所は自然のままにして降着時めり込み危険なり。降着に際しては確認の上実施するを要す。なお大型機の降着は、めり込む恐れあり」

要するに、「ここは大変危険な飛行場である。接収はご自由だが、安全は保証できない。残している機材は全て着陸時に破損したものである」と言っているようなもので、「使えるものなら使ってみろ」とけんかを売っているように聞こえなくもない。

鹿児島地方復員人事部長から佐世保地方復員局に提出された報告書によると、米軍による岩川基地の接収は11月15日に行われた。美濃部は事前の通告を受け、岩川町内の洋服店でパラシュートの白絹地をワイシャツや下着に仕立ててもらった。当日はそれらを制服の下に着込み、米軍接収官一行の到着を旧指揮所前で待った。鹿児島県曽於地方事務所の大山正夫所長、岩川警察署の大久保豊署長が立会人である。

美濃部は無性に腹立たしかった。何故《なにゆえ》こんな屈辱的役目を引き受けなければならないのか。兵学校以来、降伏の仕方など習ったこともない。忠臣蔵の赤穂城明け渡しのくだりを小説か何かで読んだことがある程度である。

接収は、拍子抜けするほどあっさり終わった。停戦命令後に飛行機40機以上を飛ばした件では憲兵隊から注意を受けていたが、隊員を郷里に帰すためであって、武器は全部外していたことを説明すると、すんなり了解してくれた。美濃部は腰に下げていた軍刀を外し、接収官の米陸軍大尉に差し出した。

「接収がスムーズにいかなければ貴官を斬るところでした」

相手は目を丸くして軍刀を受け取った。

結局のところ、米軍が岩川基地を使うことはなかった。70人ほどの米兵が近くに駐屯して弾薬などの処分に当たっていたが、10カ月ほどで引き揚げていった。飛行場はあっという間に元の姿に戻り、ここに海軍夜襲戦闘機隊の秘密基地があったことも、美濃部正という指揮官がいたことも歴史のかなたに消え去っていった。

［第10章］

平和日本を見つめて

復員支援

長い戦後が美濃部正を待っていた。

1945（昭和20）年11月下旬、美濃部は東京・霞が関の海軍省に出頭し、岩川基地の接収書を提出した。12月1日には陸軍省も海軍省も廃止され、それぞれ第1復員省、第2復員省に改組されることが決まっていた。どうなるにせよ、彼はもう負けた海軍などに未練はない。人事局に寄ってあいさつした。

「これで私も自由になれます、お世話になりました」

「いいところに来た。名古屋の人事部に行ってくれ」

2週間ほど前の海軍辞令公報に、10月8日付で名古屋地方海軍人事部部員に補するという人事発令が掲載されていた。いつの間にか前職が第3航空艦隊司令部付になっていたことすら知らなかった。

「君は愛知県出身だったな。復員業務の課長をしてもらいたい。同期の丹羽少佐は岐阜の人事部だ。他に人はいないんだ。海外には幾百万の兵がいる。これを迎える。幾十万の戦没英霊が眠っている。これを家族に渡す。これは生き残った者の務めだ」

言われてみればその通りである。しかし、美濃部の体力はマラリアと戦中の疲れで限界に達していた。月に1度は40度超の高熱に悩まされる。顧みなかった家庭は女子供のみ。敗戦と米軍進駐後の不穏な噂《うわさ》に脅え、生活物資の配給不足と戦う日々が続いていた。

1月に生まれた長女桂子は新生児メレナという消化管出血症状を抱え、母乳不足がたたっているのか、生後10カ月になるというのに首が据わらない。「何としても育て上げたい」と思った。名古屋勤務のため、妻子を伴って愛知県碧海《へきかい》郡高岡村吉原《よしはら》の生家に同居した。弟の裕は結核で兵学校を辞めた後も療養を続けていた。陸軍士官学校に進んだ朗は満州から復員して名古屋工業専門学校（現名古屋工業大学）に通学中だった。これに加えて妹が2人。母のことは還暦を過ぎた後も農耕に明け暮れていた。

海軍省廃止によって勤め先の名称は名古屋地方復員人事部に変わった。美濃部の役職は遺族課長。前線の作戦部隊しか知らない彼には勝手の違うことばかりだった。

1946（昭和21）年3月、管内で初の英霊伝達式を名古屋市の名刹《めいさつ》、覚王山日泰寺《かくおうざんにったいじ》で行った。1500柱の旧海軍戦没者を慰霊し、遺骨を遺族に渡す行事だが、寺の儀式を仕切ることなど初めてである。司会者が「僧侶読経」とアナウンスしたときのこと――。

「僧侶とは何事か！」

大僧正の怒声が会場にとどろいた。司会者も美濃部も訳が分からず、うろうろするばかり。

「大僧正読経」と言うべきだったらしく、厳かな式典はいきなり混乱した。それに乗じて遺族の親戚らしい若者が席から立ち上がった。

「遺骨箱の中は紙切れ1枚だ。遺骨も遺品も入ってない。あんな物は受け取れない」

美濃部は険しい表情で若者の方に歩み寄ると、そばにいた戦没者の老母のわきに膝をつき、彼女の手を取って話し掛けた。

「あなたもそう思いますか。確かにあの紙切れはわれわれが書いたものです。鰯《いわし》の頭も信心からです。南方には何一つ遺品もなく、いつどこでどうなったのか分からない英霊がたくさんいます。南海の海底や孤島で全滅した戦友たちの霊をこうして白木の箱に収め、お返しするのです。不要ならば壊しましょう」

美濃部の開き直りに周囲の遺族たちは静まり返った。彼は涙が出て仕方がなかった。

6月に復員庁が発足したのを機に、名古屋地方の復員支援業務は愛知県民生部に統合された。美濃部は第2世話課の遺族班長（地方公務員）として、引き続き旧海軍の戦没者遺族と未復員者の支援に当たった。英霊伝達式は県内各地で続いた。

復員が進むに従い、まだ夫や息子が戻って来ない家族からは不安と焦燥の声が役所に殺到し始めた。岐阜の山奥から出てきたという1人の老婆が美濃部の元にやってきて、1通のはがきを差し出した。10人の戦友の氏名と留守宅住所が書かれ、「皆無事に頑張って居る。私が代表で便りします。戦友家族にはお母さんからお伝え下さい」とある。

軍事郵便の記号と番号を見て驚いた。2年半ほど前、美濃部がブーゲンビル島ブインの水上基地からラバウルまで運んだ陸海軍部隊のはがき5000通のうちの1通だったのである。敵中捨て身の夜間飛行が懐かしくよみがえった。

「間もなく帰りますよ。安心しなさい」

島の状況を詳しく説明すると、老婆は涙を流して礼を言った。

目を皿のようにして復員者名簿をめくり、フィリピンに置き去りにした格好になっていた2人の部下の名前を見つけて神仏に感謝したのもこの頃である。

6月のある日曜日には、自宅にいた美濃部を仰天させる人物の訪問があった。昨年4月の菊水2号作戦で、「われ突入す」の打電を最後に未帰還となった芙蓉部隊の古参パイロット陶《すえ》三郎飛曹長だった。聞けば沖縄本島の中飛行場銃撃の際、被弾して空中分解した彗星から機外に放り出され、落下傘が開いて陸軍部隊に救助されたのだという。敗戦を信じられず、沖縄の山中に1年以上も潜伏。先月、米軍基地に忍び込んで小型発動機を奪い、急造のボートで単身脱出してきたとのことだった。

今や彼を迎え入れる大海軍はない。せっかく訪ねてきた指揮官も、この通り日々の暮らしに追われている。美濃部は自身の非力を嫌というほど思い知った。

赤貧に安らぐ

世相は一変していた。敗戦で価値観が180度ひっくり返った。「軍閥」や「職業軍人」の呼び名で軍人の全てを否定するかのような風潮が台頭していた。作家の竹山道雄が後に振り返るように「愛国心も犠牲もみな空しくなった」。あれほど称賛された特攻の軍神たちはただの「犬死に」として見向きもされなくなり、死に切れなかった者たちには「特攻くずれ」というレッテルが貼られた。

連合国軍総司令部（GHQ）の意を受けて1946（昭和21）年1月4日に公布・施行された公職追放令は、戦争犯罪人や陸海軍の上級幹部、超国家主義者などを官公庁や地方自治体から排除するのが狙いである。美濃部のような少佐クラスが追放指定を受けるケースはそれほど出ていなかったが、彼自身はそろそろ県庁勤めに見切りをつけたいと思い始めていた。

ところが、公職追放令は1年後の1947（昭和22）年1月4日の改正でさらに強化され、民間企業や経済団体、マスコミにまで対象が広がった。美濃部は朝日新聞社への就職が予定されていたが、案の定駄目になった。おまけにマラリアに加えて脊椎カリエスが悪化していた。医者は1、2年の温泉療養を勧めたが、そんな経済的余裕はなかった。4月に愛知県庁を退職した美濃部は妻子とともに鎌倉に戻った。

人脈もない戦地帰りのパイロットに落ち着いた職場などあるわけがなかった。保険の外交員や電球の行商をしたり、夏場は材木座海岸や由比ガ浜の海水浴場で物を売ったり、茶店を開いたりした。何をやってもうまくいかなかった。

そんな美濃部を励ましてくれたのが、兵学校のクラスメイトたちの奮闘ぶりだった。旧軍人は集会を開くことさえ禁じられていた。誰が編み出したアイデアか、64期生のクラス会は名称を「呉竹会《くれたけ》」に改めた。夫人の集まりということにして、それに夫が同伴する形にしたのである。マッカーサーの裏をかく作戦だった。

1948(昭和23)年夏、美濃部は鎌倉の家でささやかなクラス会を開いた。「夫同伴」で5組ほどが集まった。岐阜の地方人事部に配属された丹羽金一は、今は家業を継いで綿屋をやっているとのこと。「ほこりをかぶるから、この通り丸刈りだ」と笑っていた。海軍は消えたが、たくましい根性は失われていなかった。

美濃部も自分の原点でやり直すことを考え始めた。フィリピン戦線を生き抜いて復員した岳父の貞功《さだかつ》少将は、職もないのに将軍としての気位だけは高く、同じ屋根の下で美濃部の生き方とずれが生じていたことも背景にある。

1949(昭和24)年8月、美濃部は再び生まれ故郷に帰った。母のこ、と、に分けてもらった

14アールに、よそから借りた40アールを加えて農耕を始めた。最低採算面積の半分にも満たない零細農業である。太田家の広大な土地は、戦後の農地改革で大きく削り取られていた。人手は夫婦2人だけ。しかも妻の篤子は海軍士官の家で女中にかしずかれて育ったせいか、百姓仕事には全く向いていない。あまりののろまさに、美濃部が怒声を発することもしばしばだった。

食料不足の時代に文句は言えなかったが、米の収穫が期待できる翌年秋までは、わずかに採れたイモと野菜、それに配給の小麦粉で食いつなぐという赤貧生活だった。

それでも美濃部は、久々に味わう心の安らぎに深い満足感を抱いていた。地獄のようなソロモンの戦場で「貧しくてもいい。地位も要らない。無益な戦のない暮らしがしたい」と憧れた世の中にようやく巡り合えたからである。ひ弱かった長女桂子は、水清き農村を駆け回っているうちに病気知らずの元気な子供に育っていた。美濃部の腰痛もいつの間にか消えていた。

航空自衛隊創設

中華人民共和国の建国、朝鮮戦争の勃発と、日本を取り巻く国際情勢は大戦後10年も経ない間に急激に変化した。旧皇軍に不信を抱いていた美濃部は、警察予備隊の発足にも保安隊（現陸上自衛隊）への改組にも関心はなかった。ただ、妻の篤子が慣れない農耕と赤貧の暮らしにやつれている姿を見るのは辛かった。副業として取り組んだ養鶏にも行き詰まりを感じていた。インフレで餌代は高騰しているのに、卵の値は下がる一方だったからである。

ある日、美濃部はまた鳥の夢を見た。

――空いっぱいに鳥が乱舞している。見上げると、白鳥群と黒鳥群の乱闘である。私はいずれに味方する決心もつかないまま、鳥と化して舞い上がった――。

おかしな夢だと不思議に思っていた時、兵学校クラスメイトの北村謙一（後の自衛艦隊司令官）から海上警備隊（現海上自衛隊）受験を熱心に勧める手紙が届いた。

公職追放令はサンフランシスコ平和条約の発効に伴って廃止された。翌1953（昭和28）年10月、美濃部は海上警備隊に入隊した。最初の仕事は京都府舞鶴に本部を置く第10掃海隊の司令で、新潟を拠点に北陸沿岸の掃海や哨戒に従事した。

空の舞台に復帰したのは、防衛庁と陸海空3自衛隊が発足した1954（昭和29）年7月のことである。海上自衛隊から航空自衛隊に転入し、肩書は3等空佐（3佐）。翌月には2佐に進級した。旧海軍の中佐に当たる。9年の空白を経ての昇格だった。

旧軍のパイロットを空自パイロットに仕立て直すための「経験者技量回復課程」は宮城県の松島基地にある第2操縦学校で実施された。T6という旧式の米軍練習機で飛ぶのだが、教官は米空軍の士官で、地上との連絡を含め教育は全て英語で行われる。美濃部は飛行学生の学生長である。桂子の下には2人の妹が生まれていた。早速、妻子4人も松島に合流した。

ところが、美濃部は2カ月足らずで飛行学生を首になってしまった。もどかしい英語のやりとりの中、分かり切ったことを口にした教官にカチンときて、とうとう衝突したのである。浜松基地の操縦学校で半年ほど頭を冷やしている間に、これから空自パイロットを育成する上では英語教育の推進が欠かせないと痛感するようになる。

翌1955(昭和30)年3月に松島基地で操縦訓練を再開。教官課程も無事に修了し、9月には第2操縦学校の初代訓練科長に就任した。部下の教官には初期教育を終えた日本人が順次加えられた。芙蓉部隊にいた頃、星を敵機と間違えた藤澤保雄(後の航空自衛隊幹部学校長)もその一人である。1等空尉(1尉)になったばかりだった。

「君は何歳になったかね」

「31歳です」

「私が岩川で芙蓉部隊の指揮官をしていた時は29歳だったよ。飛行機を70機も80機も持っていたがな」

美濃部がそんなふうにからかいながら懐かしい部下を迎え入れた場面が、藤澤の回想録に記されている。

松島基地での勤務を1年で終えた美濃部はその後5年ほど、空自作戦運用の土台づくりに参画する。航空集団司令部創設に向け、源田実空将率いる約20人の臨時航空訓練部員の1人に選ばれ、埼玉県豊岡町（現入間市）の陸軍航空士官学校跡に設けられた米ジョンソン基地で、米空軍第41師団による司令部運用の幕僚業務研修に参加。日本列島外周のレーダー監視や、迎撃戦闘機の一元的指揮を入間防空管制指揮所から行うため、2万ページに及ぶ米軍規定集の翻訳、研究、導入に関わった。空自が米空軍とほぼ同一方式で作戦運用する体制を整えるには絶対に欠かせない作業だった。

中部航空司令所（埼玉県入間基地）、西部航空司令所（福岡県春日基地）の防衛幕僚時代には、航空方面隊司令部の新編成に携わり、米軍からの航空警戒管制組織の移管業務を推進した。ところが春日基地での勤務中、これまでの激務のつけが回ってくる。以前から胃痛を覚えていたが、1959（昭和34）年の春、突然の大吐血で人事不省に陥り、開腹手術で胃を切除した。入院は1カ月に及んだ。中学生と小学生2人の娘3人を残しては死ねない。手記には「私は栄達を放棄して、上司におもねず家庭重視型の幹部となった」と記している。だが、45歳という働き盛りの美濃部を空自は離そうとしなかった。

1佐進級から1年後の1960（昭和35）年8月、航空幕僚監部（空幕）の第2代運用課長に就任。年度防衛計画の策定や、米軍との共同作戦運用の調整、さらには米軍から管制を移管した後の運輸省航空局との折衝など、課題は山積していた。空自初の総合防空演習を企画・実施したのも美濃部の課長時代である。

黎明期の空幕運用課長は早死にした人が目立つ。5代目までを見ると、平成の代《よ》を迎えられたのは2代目の美濃部しかいない。3女の聡子によると、オンとオフの切り替えはかなりはっきりしていた。それがよかったのかもしれない。「俺は九州で大病したから」と言って、さっと役所を出ていく。ただし、帰宅はいつも遅い。「ほとんどは麻雀《マージャン》だったんじゃないでしょうか」というのが、聡子の見立てである。

厳しいが、子煩悩な父親だった。どんなに遅く帰ってきても娘たちを起こし、手土産の菓子を一緒に食べた。長女の桂子はいつも怒られ役で、妹たちとけんかした後はかなり激しい口調で叱られた。「でも、嫌いにはなりませんでした」。勉強や進路のことには口を挟まず、やりたいことを自由にやらせたからかもしれない。

美保の鬼司令

空幕運用課長の激務を乗り切った美濃部は1962（昭和37）年2月、自衛隊の最高学府として創設されて間もない統合幕僚学校の教官に転出し、4月から2年余り、教育課長として陸海空3自衛隊の統合作戦要領の研究を推進した。その後、山口県防府基地の第12飛行教育団司令を2年務めた。旧軍の少将に相当する空将補に昇進すると同時に、輸送航空団司令として鳥取県境港市の美保基地に赴任したのは1966（昭和41）年7月、51歳のときである。

着任後にまず命じたのが、秘書役である副官の交代だった。基地司令の副官といえば管理部や人事部など総務関係の人間が務めるのが一般的だったが、美濃部は401飛行隊の若手パイロットから副官を出すよう指示した。白羽の矢を立てられたのは、防衛大学校4期の佐藤政敏2等空尉（2尉）である。美濃部は矢継ぎ早に佐藤に言い付けた。

「俺を司令と思うな。年寄りが司令室にいると思って気軽に出入りせよ」

「公用車を使う際、客がいないときは助手席ではなく司令の横に座れ」

ここまではよかった。

「出張時に飛行機を使うときは副官が操縦せよ」

副官とパイロットの1人2役である。発着時には大急ぎで制服と飛行服を着替えなくてはならない。そうこうしているうちに、だんだん美濃部の意図が分かってきた。若いパイロットにいろいろと教えを授けようとしているのだなと佐藤は思い始めた。

幹部に対する指導は手厳しかった。「怖い人だと思いましたねえ」。特に業務の改善や飛行機の整備には容赦がなかった。会議の席で「ばかもーん！」「意見のないやつは帰れ！」といった怒声が飛ぶのはしょっちゅうだった。

食の大切さをよく佐藤に言って聞かせた。ある日の昼食後、いきなり「副官、付いて来い」と言われ、給養小隊の残飯置き場に同行した。

「残飯の量で隊員の健康状態が分かる。多いのは食事がうまくないからだ」

司令の抜き打ち検査に小隊長は驚いていたが、この日の残飯量は合格点らしかった。

佐藤は副官時代、美濃部に株式投資を勧められている。

「君に1兆円渡すから自衛隊を強化する装備品を調達せよと言われたときに、どの会社に発注すべきかを知っていないと高級幹部になっても意味がない。日常から軍需産業の企業研究をしておくには株が一番だ」

幹部教育の時間に大手証券会社の米子支店長を講師として招き、奥さん連中も参加させたこともある。自衛隊員の給与水準は低く、これでは持ち家も手に入れることができないことを心配して、投資による資産形成を学ばせようとしたのである。

自衛隊に反発する野党や市民団体が抗議のために基地に押し掛けることも当時はよくあった。美濃部の応対はいつも佐藤をはらはらさせた。まだ国会で大きな勢力を誇っていた社会党の大物代議士が支援者を伴って司令に面会を求めてきたことがある。美濃部は副官室の女子職員に「客でもない者にお茶など出さんでよろしい。私には一番いいお茶を出してくれ」と言い付けた。

美濃部は応接室でうまそうに高級茶をすすりながら、代議士一行の抗議を黙って聞いていた。相手は明らかに不満そうな表情を浮かべている。

「承りました」

美濃部はお茶を飲み干すと、一言そう言って司令室に戻った。

後日、これで空幕が浮足立った。お茶の1杯も出されなかった大物代議士が「美保の司令はけしからん」と言ってねじ込んできたらしい。国会対策に支障を来すことを憂慮した防衛庁から、参事官が事情聴取のために美保基地にやってくることになった。その時の才知にたけた行動に佐藤は舌を巻いた。

美濃部は警備隊から選抜した隊員とラッパ手で儀仗隊を編成し、庁舎の玄関にじゅうたんを敷いて、厳かな栄誉礼で参事官を迎えたのである。一言くぎを刺すつもりで乗り込んできた参事官はこれですっかりいい気になってしまい、形ばかりの事情聴取を済ませて東京に戻っていった。佐藤は空幕から「参事官は司令の堂々とした態度にほれ込んで帰庁した」という連絡を受けたのを覚えている。

佐藤の副官勤務は半年ほどで終わった。後任もパイロットが選ばれた。防大6期の菱山克彦2尉である。美濃部の鬼司令ぶりは基地内に鳴り響いていたので、指名を聞いた時は「え、何で僕が？」と自身の悲運を嘆かないわけにいかなかった。

実際に目にした部長や隊長クラスへの指導は聞きしに勝る厳しさで、菱山はいつも部屋の隅で震え上がっていた。見ていて特に気の毒だったのが装備部長だった。

当時の輸送機の主力であるC46は経年で性能低下が著しく、美濃部は徹底的な総合点検や積み荷制限などを指示していたが、古い飛行機のため部品の補給もままならない状況が続いていた。それを知っての上で、一段の努力を求めるのである。

「現場は困っとるんだ！」

「彼らが安心して飛べるようにしてやらなきゃいかんじゃないか！」

C46の部品の整備のことか何かで、美濃部が名古屋の企業に注文を付けに行ったこともあった。空白は次期主力輸送機としてC1導入の計画に着手していた。美濃部は「とにかく早くC1を部隊にもらわんといかん」と言って、あちこちに陳情に動いていた。「C1導入が早まったのは美濃部閣下に後押しされた部分が大きかったんじゃないでしょうか」と菱山は振り返る。

美濃部の輸送航空団司令在任は2年9カ月に及んだ。東京・市ケ谷では毎年、予算編成の季節になると空幕の首脳陣に部隊の要求を突き付け、幕僚たちを激励して帰る美濃部の姿がたびたび目撃された。

当時の輸送航空団の主任務は、第1補給処（木更津）の一般資材や第2補給処（岐阜）の機体・エンジン部品、第3補給処（入間）の通電部品などを各航空基地に定期的に空輸することだったが、たまに陸上自衛隊空挺隊員の空輸・降下訓練支援という任務も回ってくる。美濃部は必ず自ら陸自部隊の空挺訓練を指揮した。しかも、それは常に戦時中の経験を踏まえた実戦的な内容だった。事前の演習計画にとらわれず、当日の天候やアクシデントに応じて美濃部が繰り出す臨機応変の命令・指示は、その厳しい一喝とともに陸自でも語り草となった。

若手隊員たちの記憶

輸送航空団は当時、司令部のある美保のほかに木更津にも部隊を置いていた。美保基地での美濃部の鬼司令ぶりは、当然のことながら木更津にも伝わっていた。どこでどう尾ひれが付いたのかは分からないが、美保の司令部の幕僚が逃走して行方不明になったという噂まで流れていた。防大5期の近藤欣司もその話を耳にした1人である。「世の中には怖い人がいるもんだ」と思っていたところ、飛行教育隊教官として美保に転勤を命じられて面食らってしまった。

赴任してみると、美濃部の態度は相手の責任の重さによって全く違うということが分かった。若手や下級の隊員には好々爺と言っていいほどの一面を見せた。よく格納庫にぶらりと寄っては、パイロットや整備員との雑談を楽しんだ。

「計器にばかり頼る現在の方式は戦時には役立たない。もっと地形や風を読んで飛行しなければば。地文航法や推測航法を磨いた方がいい」

近藤もそんな言葉に共感を覚え、学生教育にも取り入れた。

美濃部の麻雀好きは有名だった。ほとんど毎晩のように幹部に声を掛けていた。近藤も官舎が近かったため、ちょくちょく相手をさせられた。佐藤も副官時代に1度誘われたことがある。ただ、「あまりの下手さに二度と声が掛からなくなりました」。後任の菱山によると、美濃部はその夜のことをよく覚えていて、「佐藤君をあまり負かさんようにするにはどうすればいいかと悩んだよ」と苦笑していたという。

胃が弱かったせいもあり、美濃部は酒を飲まなかった。宴会で勧められると、「副官、代わりに飲め」と佐藤や菱山にピンチヒッターを命じた。

菱山の妻の英子から見た美濃部は、「優しくて楽しくて気さくな人」という印象しかない。菱山は副官を卒業した後、木更津に転勤するのだが、その部隊がやがて丸ごと入間基地に移動することになった。しかも菱山自身は浜松の術科学校に入校が決まり、一足先に木更津を離れることになった。英子はしばらくの間、幼い娘と2人きり木更津に取り残される格好になった。まだ官舎がない時代で、民間の借家住まいである。

「それを美濃部さんがすごく心配されて、木更津まで説明に来てくれたんです。他の奥さん方も集めて、部隊は入間に移ることになったので皆さんも準備をお願いしますと。ああ、部下の家族のことも気に掛けてくれてるんだなあと。その時、ちょっと昔の戦争の話もされて、南洋の方じゃ夜這《よば》いの風習があるんだよとか。そういう話を面白おかしくされて、みんなで大笑いしたものです」

菱山は後になって夜這いの話を美濃部から聞いた。

「わしゃね、こういう話をしたんだけどね。奥さん方どうもあんまりよう分からんようだった」

佐藤の記憶に残る美濃部は、他の幹部にはない「凄み」のようなものを感じさせる人物像である。

「クリアーと言うんでしょうかね。頭の良さは傑出していました。いい加減な人も多かったんですよ。予算がないと言われてすごすご帰ってくるようなのが偉くなってるんですが、美濃部さんは全く違いました」

菱山は後に小松基地司令を務めた際、1992（平成4）年9月に実施された初の国連平和維持活動（PKO）でカンボジアに第1次先遣部隊を輸送するという大役に直面する。その時、既に退官していた美濃部から「菱山君、頑張れよ。やっぱりね、隊員の気持ちを一つにすることが大事だよ」と励まされたことが忘れられないという。

1969（昭和44）年4月、美濃部は航空自衛隊幹部候補生学校長として奈良基地に赴任する。防大や一般大学の卒業者、あるいは自衛隊員の有資格者から選抜された部内候補生を教育する場である。

高校卒業後に入隊し、学生隊本部の庶務班にいた尾上寛《おのえひろし》は、一介の空曹ながら美濃部学校長と接点を持った珍しい人物である。機会をつくったのは、やはり麻雀だった。平日の時間外や土日には幹部を招集して楽しんでいたが、時にはメンバーが足りなくなる。そんな場合によく声が掛かった。尾上は部内幹部候補生に合格の内定を得て、それを報告に行ったときの美濃部の言葉をよく覚えている。

「部内出身の幹部は昇任が困難だが、保身に走らず、何か一つ自分にしかできないことをやれ。正しいと思ったことはやり通せ」

当時、業務部管理課輸送班の士長でドライバーとして勤務していた岡沢修は、月に何度か土日に美濃部の送迎を担当していた。まだ22歳だった。「戦争になったらどうする。行くか?」と尋ねられて、あいまいな返事をしたことを記憶している。岡沢によると、美濃部は昼休みに大抵、校内の中央グラウンドでゴルフの練習をしていた。学生隊舎の方から北の大講堂の方に向かって打つのだが、昼食後に隊舎に歩いて戻ってくる学生もけっこういる。

「おーい、気を付けろー!」

美濃部はいちいちそう叫びながら打ちっ放しを楽しんでいたという。

1970(昭和45)年3月16日、美濃部は自衛隊最高位の空将(旧軍の中将に相当)に昇進した。そして、55歳の誕生日を前にした6月30日付で依願退職した。

朝礼で最後の訓示を行った美濃部は、幹部候補生学校の本部庁舎玄関で大きな花束を受け取った。正門までの道の両側には教職員や学生たちが立ち並んでいた。拍手の見送りに敬礼で応えながら歩いている途中、目ざとく岡沢を見つけて声を掛けた。

「休日ドライバー、ご苦労さんでしたー」

これ以上はないと思われるほどの晴れやかな表情だった。

約束の地へ

航空自衛隊を退官した美濃部は生まれ故郷の愛知県豊田市高岡に戻った。郷里に新居を建て、苦労のかけ通しだった妻の篤子と静かな余生を楽しみたいと考えていた。防衛関連の大手企業から顧問として迎えたいという誘いもあったが、全て断った。再就職先として選んだのは、日本電装（現デンソー）の企業内スクールである日本電装学園（現デンソー工業学園）の学園長という仕事である。「お山の大将が好きな人でしたから」と長女の桂子は語る。

日本電装は戦後、「金の卵」と呼ばれた中学校卒業生を大量に採用するため、社内に技能者養成所を創設した。美濃部が招かれた１９７０（昭和45）年7月には名称を日本電装工業高等学園に改め、第2教育センターの建設など会社の急成長をにらんだ拡充策に着手していた。学科の教員だけでなく、クラブ活動や生活指導の要員を確保する必要があったため、退職自衛官の受け皿にもなる。社長から、学園の運営や教育方針には口を出さないと言われたことも魅力だった。

職場までは車で30分。美濃部は自分で運転して通勤した。学園の規模は、先生と生徒合わせて1000人超。ここでも彼は厳格な生活指導と徹底した技能訓練を教育目標に掲げ、愛知県下では有数の社内教育機関に育て上げた。

1976（昭和51）年11月末に学園長を61歳で退職してからは、園芸と歴史研究を楽しむ晴耕雨読の暮らしに入った。園芸は、年間60コースという少量多品種の野菜作りが主体である。自宅の敷地内に開いた畑を区分けし、詳細な作付け計画を作る。戦争中の作戦計画をほうふつとさせる緻密なチャートが日記に残されている。品目ごとの収穫の結果と教訓もびっしりとつづられ、まるで芙蓉部隊の戦闘詳報を思わせる。

「10年後、縁あらばこの岩川の地で再会しよう」

そう誓い合って解散した芙蓉部隊の部下たちとは、戦後25年近くが過ぎた1970（昭和45）年1月になってようやく再会を果たすことができた。幹部候補生学校長時代のことである。現地で営まれた慰霊祭には空将補の制服姿で出席した。美濃部夫妻の結婚記念日に当たる

1978（昭和53）年11月11日には、岩川基地の指揮所跡地に建立された慰霊碑「芙蓉之塔」の除幕式が行われた。

1984（昭和59）年7月の日記に、美濃部は「天の啓示　69歳の生涯」と記している。子供の頃、手相見に「この子は老いて再び故郷に帰ってくる。69まで生きる」と言われた通りになりつつあった。この頃から体重が急に落ち始め、翌年4月には9時間に及ぶ食道がん手術を受けた。だが、幸いなことに予言の後半部分は外れた。

美濃部が波乱万丈の人生を振り返る手記『大正っ子の太平洋戦記』の執筆に取り掛かったのは、元号が昭和から平成に改まった頃のことである。戦死した部下や兵学校のクラスメイトたちの鎮魂の意味合いもあったが、21世紀を生きる子や孫たちへの教訓を残しておきたいという気持ちも強かった。この中で美濃部は、太平洋戦争敗北の要因について「日本民族が自国中心の国家体制を最善と考え、アジア諸国に強要した独善性の過ち」と指摘し、戦後の日本人に対する苦言を書き連ねている。

「平和、非戦を叫ぶのみで、飽くなき経済繁栄飽食を求め、30億余の貧困飢餓民族への配慮、対策、思いやりに具体策不十分。そんな虫のいい独りよがりが通ずるものか」

「平成の若者よ。心から平和安定を願うなら、日本人の生活を50％切り下げよ。そのお金で飢餓民族の経済発展を支援せよ。今の日本人にその覚悟と実行力なくして世界平和を唱える資格はない」

独善的に願望を唱えるだけなら、「撃滅せよ、必勝を期す」という戦時中の軍部の命令と同じだとも言い切っている。美濃部は遺稿をこう結んだ。

「天を恐れ、常に慎ましさを忘れないでほしい」

体重は40キロを切り、気力だけで続けた執筆は8年に及んだ。この間、美濃部は1通の覚書をしたためている。

「延命医療をお断りする。死亡確認された場合の献体手続きは完了している」

衰弱した父親の身を案じた長女の桂子に頼まれ、娘の美保が祖父母の家を訪ねたのは1997（平成9）年6月9日のことである。彼女は美濃部が輸送航空団司令を務めていた時に生まれた初孫で、美保基地にちなんで名付けられた。祖父はもう口をきけないほど弱っていたが、意識はしっかりしていた。ひ孫に当たる生後10か月の健司を見せると、美濃部は右手を浮かせ、人差し指でゆっくりと宙に文字を書いた。

「けんちゃんか。おおきくなったな」

たぶん、これが最後の言葉だったかもしれない。

6月12日の朝、美濃部正は81歳と11カ月で静かにこの世を去った。自衛隊入隊前に見た夢そのままに、彼の魂は鳥と化して大空に舞い上がった。

［終章］

語り継がれる物語

2002（平成14）年12月8日の午後、久世《くぜ》恭弘はハワイ・オアフ島のホテルの一室でベッドに横になっていた。毎年のように参加しているホノルルマラソンを今年も無事に完走した。満足感に時差ぼけも加わり、うとうとしていた。

つけっ放しにしていたテレビが何か言っている。「パールハーバー」だとか「ゼロ」だとかいう言葉が聞こえた。「ああそうだ。真珠湾奇襲で戦争が始まった日だ」。ぼんやりとテレビの画面に目をやると、思った通り太平洋戦争絡みの特集番組のようだった。戦友会か何かの集まりだろうか。軍服姿の老人が何人かカメラの前で懐かしそうに昔話をしている。つまらない。久世はまた目を閉じて、聞くともなしに音だけ聞いていた。慶応大在学中には米国留学経験もあって英語には慣れている。

「いやいや、ゼロじゃないよ。ほら、いつも暗いうちに飛んできて」

「ああ、しつこいのがあった」

「あれはしつこかった。怖かったよな」

何度か「ジュディ」という女の子の名前が出てきた。何のことだろうか。話のつながりが見えなくなった分、余計にジュディという名前が気になった。

久世は東京・池尻で10年前から「グーフィー&メリーゴーランド」という小さな劇団を主宰していた。自身を含めて正規の団員は3人。彼自身、オーナー、脚本家、演出家、役者を兼ねている。足りない役者は公演の都度、他の劇団からかき集めていた。

ハワイから戻って調べてみると、ジュディは太平洋戦争中、「彗星」という旧日本海軍の爆撃機に米軍が付けていたコードネームであることが分かった。米軍は当時、日本軍の戦闘機には男の子の名前、攻撃機や爆撃機には女の子の名前を付けて呼んでいた。例外の一つは1人乗りの人間爆弾「桜花《おうか》」である。母機につり下げて敵地上空まで運び、切り離し後はロケット噴射で体当たりさせるという究極の特攻兵器を、米軍は「BAKA（ばか）」と命名していた。

久世は東京五輪が開かれた年に鹿児島市で生まれ、高校卒業まで地元で過ごした。鹿児島県内に特攻作戦の拠点となった基地がいくつもあったことはよく知っている。ただ、子供の頃から戦争や特攻の悲惨な話には興味が湧かなかった。肌に合わないのである。物事をネガティブに考えること自体が好きではない。劇団を旗揚げして以来、彼は一貫してコメディーを手掛けてきた。

彗星が糸口になって芙蓉部隊や美濃部正のことを初めて知った時のことを、久世はよく覚えている。

「もう衝撃でした。そんな部隊があったのか。そんな人がいたのかと」

それからは、戦争のことに詳しそうな人に会うたび、「芙蓉部隊のこと知りませんか」と尋ねるようになった。まだインターネットにそれほど関連情報が出ていない時期である。生き残りの隊員を探しだしては会いに行って話を聞き、3年がかりの取材を実らせたのが、渾身《こんしん》の大作「JUDY」だった。サブタイトルは「The Great Unknown Squadron」。「知られざる偉大な航空部隊」といった意味である。

2006（平成18）年7月の初演には、当然のことながらコメディーとは全く違った反応が返ってきた。久世が一番驚いたのは、その場限りの寄せ集めの出演者の間から「これは毎年やった方がいい」という声が上がったことだった。

以来、毎年7月の「JUDY」はグーフィー&メリーゴーランド恒例のイベントとして定着し、2015（平成27）年8月には鹿児島県曽於市教育委員会の助成を得て「岩川公演」も実現した。地元の保育園園長で岩川芙蓉会のメンバーでもある持田初穂が仲立ちした。会場の大隅文化会館大ホールには、1000人近い観客が詰め掛けた。

鹿児島市の主婦前田孝子が、芙蓉部隊のことを新聞で初めて知ったのは1978（昭和53）年の秋のことである。市内の短大を出て中学校の教師をしていたが、前年に退職して趣味の創作活動に入っていた。岩川で生まれ育ちながら、戦争中にそんな部隊がいたことなど聞いたことがなかった。

新聞記事は、岩川基地の跡地に部隊の慰霊碑「芙蓉之塔」が建立されたことを報じたものだった。実家に帰った折、地元の知り合いに部隊のことを尋ねてみても、誰も「知らない」と言う。岩川で写真館を営む澤俊文が詳しいと聞いて相談を持ち掛けた。自分が通った岩川小学校で、平和教育の題材に芙蓉部隊のことを取り上げたいと思ったのである。

「岩川基地が秘密基地だったからこそ、米軍に知られず、町は大きな空襲に見舞われなかった。故郷を守ってくれた芙蓉部隊のことをもっと知ってもらいたい」

そんな思いで2014（平成26）年の夏に書き上げたのが「芙蓉之塔ものがたり」だった。小学生でも読めるように漢字には読み仮名を振った。1200冊を印刷し、旧大隅町内の小中学校に寄贈した。前田は今も、岩川芙蓉会のメンバーの1人として、持田や澤、そして現在会長を務める鳥丸大志郎らとともに、芙蓉部隊と美濃部正の伝承活動に取り組んでいる。

芙蓉部隊が初めて根を下ろした静岡県の藤枝基地は、終戦後に米軍に接収された後、1954（昭和29）年に防衛庁に移管された。創設されたばかりの航空自衛隊がここの活用を思い立ったのは、第2操縦学校が置かれていた松島基地が手狭になり、新たに分校をつくる必要が生じたためだった。静浜基地と名前を変えて再出発したのは4年後の1958（昭和33）年のことである。

静浜基地の滑走路は昔の滑走路を東西両方向に少しずつ延ばして1500メートルになった

が、基本的には昔のものを転圧して舗装し直したものである。滑走路はこれ1本だけで、飛行部隊を持つ空自の基地としては全国で最も規模が小さい。

静浜基地に司令部を置く第11飛行教育団は、空自パイロットを目指す若者たちが初めて大空に第一歩をしるす初級操縦課程を山口県の防府北基地とともに担当している。空自で活躍しているパイロットの半分は、芙蓉部隊と同様、富士山を望むこの場所から巣立ったことになる。

司令部庁舎のすぐわきには、芙蓉部隊の記念碑がひっそりと建っている。

「芙蓉の華　この地に咲き
はるか南西の　大空に散る」

実は、芙蓉の名は第2飛行教育隊のコールサイン「FUYO」として静浜基地に受け継がれている。どんな逆境にもくじけず、創意工夫と一致協力でそれを克服しようと努めた美濃部正少佐の信念と芙蓉部隊の伝統は、今も脈々とこの地に息づいているのである。

あとがき

美濃部正という人間がいたことを知ったのは、つい3年ほど前のことである。太平洋戦争や特攻のことに関心が高い方からすると、いまさら何をと思われるかもしれない。

きっかけは、福岡県小郡市在住の元芙蓉部隊パイロット坪井晴隆さんとの出会いだった。当時、勤め先の福岡支社に赴任していた私は、戦後70年をとらえた戦争体験者インタビューで坪井さんにお会いしたのである。記事の主役となる坪井さんの話に心を打たれたのはもちろんだが、彼の上官だった美濃部正という人間のことを聞いたときは本当に衝撃を受けた。と同時に、美濃部のことを知らずに生きてきたことを深く後悔した。坪井さんから美濃部の手記『大正っ子の太平洋戦記』を借りて読み終えた時、何とも言えない感動を覚えたこと、そして美濃部のことをもっと知りたいと思ったことを記憶している。

そんなとき、私の記事を読んだという方丈社の編集者、西田薫さんから「美濃部正の伝記を書いてみないか」という話が舞い込んだ。同社が『大正っ子の太平洋戦記』の復刻版公刊という冒険的な事業に踏み切ったことにも刺激を受けた。ざっくりと言えば、以上が本書を執筆するに至った経緯である。

芙蓉部隊の活躍は渡辺洋二さんの『彗星夜襲隊』に詳述されている。既に隊員のほとんどは世を去っており、この労作を超える戦記はもう誰も書けないだろう。私にできることは、美濃部の残した幾つかの手記や彼の友人、部下の回想を土台に、彼の人生を可能な限り丹念にたどることしかなかった。本書はその意味で、美濃部の手記を翻訳したものにすぎないかもしれない。

書き終えて自らを慰めているのは、少なくとも事実関係や日付、固有名詞については、美濃部の勘違いや記憶の混同をかなりの程度修正できたのではないかという点である。彼はある手記の中で「戦時中のメモは残っておらず、記憶だけを頼りに書いている。間違いがあれば修正されたい」と記しているが、その点に関しては彼の役にも立てたという自信がある。今後さらに美濃部のことを探求したい方々に、本書が幾らかでも参考になれば幸いである。

本書の執筆に際しては、美濃部の三女の竹内聡子さんから貴重な資料の閲覧を許していただいた。彼女の協力がなければ本書が世に出ることはなかった。この場を借りて改めて感謝の意を表したい。竹内さんが私の自宅から車でほんの10分ほどの町にお住まいであることを知り、何か縁のようなものを感じないわけにはいかなかった。

残念なことに、本書の刊行を楽しみにしていた坪井さんは5月22日に亡くなった。電話をするたびに「何でも早く聞いてください。もう時間は残っていませんから」とおっしゃっていたが、あまりにも急な旅立ちだった。心から冥福を祈りたい。

2017（平成29）年6月

境　克彦

［談話・資料提供者］（敬称略・50音順）
井上良夫　岡沢修　尾上寛　久世恭弘　小林範三　近藤欣司　佐藤政敏　澤俊文　竹内聡子　坪井晴隆　鳥丸大志郎　中野桂子　中村英典　橋本美保　菱山克彦　菱山英子　平田悦大　前田孝子　持田初穂　森史朗　山口良久
航空自衛隊第11飛行教育団司令部渉外室（静浜基地）
つばさ会（空自ＯＢ組織）　関西つばさ会

［引用・参照文献］
▽美濃部正手記
大正っ子の太平洋戦記（方丈社＝復刻版）
まぼろしの戦闘部隊史（高知県防衛協会）
有馬司令官に関する思出（「有馬正文」所収）
海兵六十四期生の思い出（「海兵六十四期生」所収）
空戦術を革命した夜戦月光の斜銃秘話（「丸」１９６４年１月号）
戦争体験と部下統御（「波涛」１９７９年７月号）
夢の思い出（「海兵六十四期生」所収）
▽兵学校関係
海軍士官を志す人の為めに（海軍有終会）
海軍諸学校入学試験問題及模範解答集（帝国軍事協会、帝国教育会出版部）
海軍兵学校（田中常治、今日の話題社）
海軍兵学校・海軍機関学校・海軍経理学校（秋元書房）
海兵六十四期生（同編集委員会、非売品）
第六十五期回想録（同編集委員会、非売品）
無二の航跡（海軍兵学校第62期会、非売品）
67期海軍史（海軍兵学校67期会、非売品）

南十字星（海軍兵学校六十九期、非売品）
元海軍教授の郷愁（平賀春二、海上自衛新聞社）
▽芙蓉部隊関係
大隅町誌（大隅町、非売品）
大隅町と芙蓉之塔（芙蓉之塔保存会、非売品）
昭和史　忘れ得ぬ証言者たち（保阪正康、講談社文庫）
戦藻録（宇垣纒、原書房）
蟷螂の斧（池田秀一、非売品）
特攻この地より（南日本新聞社）
芙蓉部隊戦いの譜（芙蓉会事務局、非売品）
芙蓉之塔ものがたり（前田孝子、非売品）
焼津市史・通史編下巻（同編さん委員会、焼津市）
彗星夜襲隊（渡辺洋二、光人社ＮＦ文庫）
目で見る曽於の１００年（永山又男・中島勇三、郷土出版社）
夜の蝙蝠（池田秀一、非売品）
▽特攻関係
海軍特別攻撃隊―特攻と日本人（奥宮正武、朝日ソノラマ）
語られざる特攻基地・串良（桑原敬一、文春文庫）
修羅の翼（角田和男、光人社ＮＦ文庫）
空と海の涯で（門司親徳、光人社ＮＦ文庫）
特攻の真実（深堀道義、原書房）
特攻とは何か（森史朗、文春新書）
特攻の思想　大西瀧治郎伝（草柳大蔵、文春文庫）

特攻　戦争と日本人（栗原俊雄、中公新書）
大西瀧治郎（故大西瀧治郎海軍中将伝刊行会、非売品）
ドキュメント神風（デニス・ウォーナー、ペギー・ウォーナー著、妹尾作太男訳、時事通信社）
▽海軍関係
有馬正文（同伝記刊行会、非売品）
井上成美（同伝記刊行会、非売品）
海軍制度沿革各巻（海軍大臣官房、非売品）
海軍学徒士官よもやま話（石倉豊、光人社）
回想の海軍ひとすじ物語（福地誠夫、光人社）
現役海軍士官名簿各巻（海軍省、非売品）
最後の飛行艇（日辻常雄、光人社NF文庫）
「彗星」急降下爆撃隊（大野景範、白金書房）
戦史叢書各巻（防衛庁防衛研修所戦史室、朝雲新聞社）
大本営参謀の情報戦記（堀栄三、文春文庫）
海軍技術研究所（中川清造、日本経済新聞社）
日本海軍航空史（同編纂委員会、時事通信社）
日本海軍士官総覧（戸高一成、柏書房）
日本海軍戦闘機隊—戦歴と航空隊史話（秦郁彦・伊沢保穂、大日本絵画）
日本海軍風流譚各巻（海軍思潮研究会、ことば社）
連合艦隊参謀長の回想（草鹿龍之介、光和堂）
わが帝国海軍の興亡（阿部三郎、光人社）
幻の潜水空母（佐藤次男、図書出版社）

▽その他一般
オセアニア年鑑(日本国際問題調査会、河出書房)
愛知県刈谷中学校開校拾周年記念誌(愛知県刈谷中学校、非売品)
幾何への誘い(小平邦彦、岩波現代文庫)
九州終戦秘録(上野文雄、金文社)
空気の研究(山本七平、文春文庫)
世界大百科事典(平凡社)
戦時用語の基礎知識(北村恒信、光人社NF文庫)
高岡村誌(同編纂委員会、非売品)
永田良吉伝(同刊行同志会、非売品)
日本語雑記帳(田中章夫、岩波新書)
日本ニュース映画史(別冊一億人の昭和史、毎日新聞社)
ニューマン文書を追って(宇佐見昌三、駒沢女子大学研究紀要)
平和への努力(近衛文麿、日本電報通信社)
われらの半世紀(刈中八回生、非売品)
▽新聞
朝日新聞、鹿児島日報、官報、グラフかごしま、サンケイ新聞、南日本新聞、湾岸タイムズ
▽雑誌
航空ファン(文林堂)、心(平凡社)、写真週報(内閣情報局)、週刊サンケイ(産経新聞社)、セールスマネージャー(ダイヤモンド社)、波涛(兵術同好会)、富士(世界社)、プレジデント(プレジデント社)、文藝春秋(文藝春秋社)、丸(潮書房新社)、歴史群像(学研プラス)、
▽会報誌
雁のたより(海兵六十四期生級会)、水交誌(水交会)、芙蓉だより(芙蓉会)

境　克彦 さかい・かつひこ

ジャーナリスト。1959年、大分県生まれ。早稲田大学法学部卒業後、85年、時事通信社入社。政治部、高松支局、経済部、ワシントン支局を経て、2011年に経済部長。その後、福岡支社長などを歴任し、17年6月より編集局長。

特攻《とっこう》セズ　美濃部正《みのべただし》の生涯《しょうがい》

2017年8月10日年　第1版第1刷発行

著　者　境《さかい》　克彦《かつひこ》
発行人　宮下研一
発行所　株式会社方丈社
〒101-0051
東京都千代田区神田神保町1-32　星野ビル2F
Tel.03-3518-2272／Fax.03-3518-2273
http://www.hojosha.co.jp/
装丁デザイン　ランドフィッシュ
印刷所　中央精版印刷株式会社

ISBN978-4-908925-16-0